Bauwelt Fundamente 115

Herausgegeben von
Ulrich Conrads und Peter Neitzke

Beirat:
Gerd Albers
Hildegard Barz-Malfatti
Elisabeth Blum
Werner Durth
Eduard Führ
Werner Sewing
Thomas Sieverts
Jörn Walter

Niels Gutschow

Ordnungswahn

Architekten planen im „eingedeutschten Osten" 1939–1945

Bertelsmann Fachzeitschriften
Gütersloh · Berlin

Birkhäuser – Verlag für Architektur
Basel · Boston · Berlin

Umschlagvorderseite: „Verkehrsplan und Strukturskizze zum Bebauungsplan für die Stadt Auschwitz", Januar 1943, Hans Stosberg. Quelle: Autor
Umschlagrückseite: aus „Grundsätzliche Gedanken zum Raumproblem Lodsch" von Stadtoberbaudirektor Wilhelm Hallbauer, Lodsch, 28. Januar 1940. Quelle: Hamburgisches Architekturarchiv, Nachlaß Helmuth Baur

Herausgeber und Verlag danken der Merckschen Gesellschaft für Wissenschaft und Kunst, Darmstadt, für die Förderung dieser Publikation.

Deutsche Bibliothek Cataloging-in-Publication Data

Gutschow, Niels:
Ordnungswahn : Architekten planen im „eingedeutschten Osten" 1939-1945 / Niels Gutschow. - Gütersloh ; Berlin : Bertelsmann Fachzeitschr.; Basel ; Boston ; Berlin : Birkhäuser, 2001
(Bauwelt-Fundamente ; 115)
ISBN 3-7643-6390-8

Dieses Werk ist urheberrechtlich geschützt. Die dadurch begründeten Rechte, insbesondere die der Übersetzung, des Nachdrucks, des Vortrags, der Entnahme von Abbildungen und Tabellen, der Funksendung, der Mikroverfilmung oder der Vervielfältigung auf anderen Wegen und der Speicherung in Datenverarbeitungsanlagen, bleiben, auch bei nur auszugsweiser Verwertung, vorbehalten. Eine Vervielfältigung dieses Werkes oder von Teilen dieses Werkes ist auch im Einzelfall nur in den Grenzen der gesetzlichen Bestimmungen des Urheberrechtsgesetzes in der jeweils geltenden Fassung zulässig. Sie ist grundsätzlich vergütungspflichtig. Zuwiderhandlungen unterliegen den Strafbestimmungen des Urheberrechts.

Der Vertrieb über den Buchhandel erfolgt ausschließlich über den Birkhäuser Verlag.

© 2001 Birkhäuser – Verlag für Architektur, Postfach 133, CH-4010 Basel, Schweiz
und
Bertelsmann Fachzeitschriften GmbH, Gütersloh, Berlin

Bertelsmann
Fachzeitschriften
Eine Kooperation im Rahmen der Fachverlagsgruppe BertelsmannSpringer

Gedruckt auf säurefreiem Papier, hergestellt aus chlorfrei gebleichtem Zellstoff. TCF ∞

Printed in Switzerland
ISBN 3-7643-6390-8

9 8 7 6 5 4 3 2 1   http://www.birkhauser.ch

Inhalt

Vorwort: Chronik einer Spurensuche 9

Einleitung 13

1 „Eindeutschung" 19
   „Auf den Straßen des Sieges" – September 1939 19
   „Niederkämpfen von Raumschranken" – Raumplaner im Krieg 21
   „Deutsche Erde" – Himmler in Polen, Januar 1940 34
   „Polnischer Wohnkulturzauber"....................... 38

2 Vom Abbau polnischer Städte
   und vom Aufbau deutscher Städte.................. 43
   Vorbemerkung 43
   Warschau... 43
   Krakau... 51
   Deutsche Architekten in der Bauverwaltung
   von Lodsch/Litzmannstadt 1940–1942 57
   Städtebauliche Neuordnung im Warthegau 1940–1941 60
   Neue Städte in Oberschlesien und Südostpreußen 64

3 Drei Städte 77
   Auschwitz: Stadt und Konzentrationslager 77
   Zuständigkeiten................................... 77
   Auf der Suche nach dem Ort........................ 79
   Konkurrierende Unternehmen: Lager und Stadt 88
   „Die neue deutsche Stadt Auschwitz" 102
   Baustellen des Konzentrationslagers 1942 127
   Stadtplanung Lodsch/Litzmannstadt 143
   Stadtplanung Posen 161

4 Zur Kontinuität des Leitbildes „Stadtlandschaft" 173

5 Biographischer Anhang 183
  Architekten, Ingenieure und Planer in und um Auschwitz. ... 183
  *Landesplaner in Oberschlesien im Warthegau
  und in Danzig-Westpreußen* 202

Abkürzungen 213
Anmerkungen 214
Bibliographie............................. 229
Namenverzeichnis.......................... 237
Ortsverzeichnis 240

Für hilfreiche Hinweise und entgegenkommende Gespräche danke ich meinem Lehrer Rolf Romero sowie Hartwig Beseler, Krzysztof Bieda, Iris Demuth, Karl Dieckmann, Skalinska Dindorfowa, Wolfgang Draesel, Werner Durth, Jörn Düwel, Stanislaw Dziewulski, Hubert Groß, Susanne Heim, Hermann Henselmann, Ulrich Höhns, Stanislaw Jankowski, Adam Kaluza, Raisa Karnovna, Stanislaw Klimek, Wojciech Kosinski, Peter Neitzke, Robert-Jan van Pelt, Hans Preußner, Barbara Rang, Helmut Richter, Hans Ritter, Florian Schmaltz, Zygmunt Skibniewski, Sybille Steinbacher, Josef Umlauf, Gerhard Waldmann, Piotr Zaremba und Hadulint Ziegler.

„Der einzig gangbare Weg der Befreiung
führt durch die Erinnerung"
Imre Kertész (1998)

Vorwort: Chronik einer Spurensuche

Eine kaum stillbare Sehnsucht nach Ordnung prägte immer wieder das 20. Jahrhundert in Europa: Neue Menschen sollten in neuen, anstelle der alten errichteten Städten leben: nach Abriß, gezieltem „Abbau", auf den Trümmern der Kriege oder auch in Kolonialmanier die Zeugnisse „fremder", als „unwert" erachteter Kultur ersetzend.
Zwischen 1979 und 1995 habe ich mit einigen von denen gesprochen, die solche Wunschbilder entworfen haben: deutsche Architekten und Städtebauer, die zwischen 1895 und 1915 geboren und überwiegend in den zwanziger Jahren an den Technischen Hochschulen in Stuttgart, Berlin, Hannover oder Karlsruhe ausgebildet. Anfang der achtziger Jahre suchte ich nach den Spuren der „Träume", die nach den Luftangriffen und nach dem Ende des Krieges in den Trümmern deutscher Städte entstanden.[1] Ich führte Gespräche mit Architekten, die im Baustab Speer im Zeichen des „totalen Krieges" für die Rüstungsbetriebe geplant oder für die Organisation Todt (OT) zwischen dem Nordkap und der Cyreneika Bunker, Brücken und Flugfelder gebaut hatten.
Bestürzend war das Gespräch mit Werner Gabriel, der, vierunddreißigjährig, 1940 als Vertrauensarchitekt der OT für den Bau von Autobahnen in Baden und im Elsaß zuständig gewesen war, im darauffolgenden Jahr der OT nach Rußland gefolgt war und dort die Autobahn geplant hatte, die an Moskau vorbei bis zum Ural führen sollte. Weil für die kommenden zehn [!] Jahre mit Angriffen von Partisanen gerechnet wurde, waren an der Autobahn alle hundert Kilometer befestigte Stützpunkte in Gestalt von „Trutzburgen" vorgesehen. „Ja, das waren noch Aufgaben", entfuhr es dem Architekten, als er mir im Mai 1984 seine Entwürfe zeigte. Erstmals wurde mir klar, welche Rolle deutsche Architekten im Osten im Dienste von Unter-

Hubert Groß (1896-1991) am 13. Dezember 1989 in Augsburg. Foto: Alfred Jungraithmayr, Frankfurt

drückung und Vernichtung übernommen hatten – im vollen Bewußtsein ihrer Aufgaben und der Folgen.
Im September 1986 brachten mich polnische Architekten auf die Spur des „Pabst-Plans", der vielen Polen als Inbegriff hemmungsloser Zerstörungswut gilt. Dann stellte sich jedoch heraus, daß für den Plan, der 1940 den „Abbau der Polenstadt" und den „Aufbau der deutschen Stadt Warschau" vorgesehen hatte, nicht Friedrich Pabst, sondern sein Vorgänger in der Bauverwaltung, Hubert Groß, verantwortlich gewesen war. Als Groß im März 1945 in ein von „widerlich beizendem Brandgeruch" erfülltes Würzburg zu seiner Familie zurückkehrte – seine Uniform hatte er zuvor vergraben –, war er sich, wie er später im Rückblick notiert, „keiner Schuld bewußt"[2]. Im Mai 1989 traf ich den inzwischen Vierundneunzigjährigen in Augsburg. Noch immer bestritt er die zweifelsfrei beweisbare Autorschaft – eine Haltung, die charakteristisch ist für zahlreiche Planer, die an der „Eindeutschung" des Ostens voller Überzeugung mitgewirkt hatten.
Ich führte Gespräche mit Architekten, die im Stadtplanungsamt von Litzmannstadt (Łódź) gearbeitet hatten, sowie, im Juli 1989, mit Josef Umlauf, 1941 Leiter der Abteilung Städtebau in Himmlers Hauptamt Planung und Boden. Die Frage, ob er 1942 die von Himmler unterzeichneten *Richtlinien für die Planung und Gestaltung der Städte in den eingegliederten deutschen Ostgebieten* verfaßt habe, bejahte er, um dann – allerdings nicht ohne Stolz – hinzuzufügen, Himmler habe keine einzige Silbe geändert. Ein Jahr zuvor hatte Wolfgang Draesel, der als Mitarbeiter von Walther Bangert für Posen (Poznań), Litzmannstadt (Łódź), Marienburg und Hohensalza (Inowrołcaw) geplant hatte, eine vordergründig ambivalente Erklärung parat: Er habe nie ganz das Gefühl unterdrücken können, „unschuldigschuldig" geworden zu sein. Diese Formel suggeriert, bewußt einem Machtsystem gedient zu haben, das man erst im nachhinein habe durchschauen können. Mehr noch: Ich habe den Eindruck, Planer wie Draesel kamen nur widerstrebend zu einer solchen Schlußfolgerung. Sie konnten sich einfach dem inzwischen leicht zugänglichen Wissen über die Machtstrukturen des Nationalsozialismus nicht verschließen. Jegliches Gespräch verweigerte Hans Stosberg, 1941 bis 1943 Sonderbevollmächtigter für den Bebauungsplan der Stadt Auschwitz. Erst im August 1989, wenige Wochen vor seinem Tod, schickte er mir den von ihm 1943 unterzeichneten Generalbebauungsplan. Er hatte die Auschwitz-Akte sorgsam als Teil seines Werkes verwahrt.
Dem fehlenden Unrechtsbewußtsein einer ganzen Generation von Planern immer wieder konfrontiert gewesen zu sein, war und bleibt schockierend.

Allein Jan Wilhelm Prendel, 1942 Baudezernent beim Regierungspräsidenten in Zichenau (Ciechanów), räumte im Juli 1988 ein, „niemand, der damals im Deutschen Reich gearbeitet habe", sei „ohne Schuld".

Den Gesprächen folgte die Fahndung nach Dokumenten mit verläßlichen Aussagen: 1988 in den Stadtarchiven von Poznań, Łódź und Warszawa, 1990 im Staatsarchiv Katowice, auf dessen umfangreichen Bestand mich Susanne Heim aufmerksam gemacht hatte, 1992 im Archiv des Staatlichen Museums Auschwitz/Oświęcim und schließlich, im Mai 1993, im Sonderarchiv Moskau und im Mai 1995 im Staatsarchiv Kraków. Dank des freundlichen Entgegenkommens der Mitarbeiter war die Arbeit in all diesen Archiven außerordentlich ergiebig.

Im November 1994 machte mir Iris Demuth die Diplomarbeit ihres Vaters, Max Fischer, zugänglich. Dieser hatte als Mitarbeiter der I.G.-Farbenindustrie bis zum Januar 1944 an einer Grünplanung für Auschwitz gearbeitet und diese noch 1950 im Rahmen seiner Dissertation vorgestellt, allerdings mit nachträglich unkenntlich gemachter Ortsbezeichnung.

Auschwitz, das ist mir in zahlreichen Gesprächen klar geworden, war kein Ort im Nirgendwo, sondern ein in den Erinnerungen der Tätergeneration bis Ende der achtziger Jahre gegenwärtiger Kreuzungspunkt, gegenwärtig als „Heimat deutscher Menschen" und zugleich als Ort der Auslöschung.

Abtsteinach, im Sommer 2001   Niels Gutschow

Einleitung

Architekten und Planer dienten in der ihrer Profession eigenen Sehnsucht, Stadt und Land zu ordnen, einem menschenverachtenden, mörderischen Programm. Sie waren, wie Götz Aly und Susanne Heim es 1990 formulierten, mit Beginn des Krieges zu „Vordenkern der Vernichtung"[3] geworden. Es fällt schwer zu verstehen, daß Architekten die Vernichtung von Städten planen, das Zerstörungswerk als Erfolg verbuchen und entsprechend buchhalterisch dokumentieren. Dergleichen hatte es bislang nicht gegeben. Doch zum ersten Mal war Städtebauern die Realisierung lang gehegter Wunschbilder zum Greifen nahe. Von Verführung zu sprechen, macht keinen Sinn. Das würde die Täter entmündigen, sie also tendenziell für schuldunfähig erklären. Der vernichtende und mörderische Charakter des Systems war damals alles andere als unbekannt. Er wurde nicht stillschweigend gebilligt, er war gewollt. Wie sonst sollte man die Forderung des Landesplaners von Danzig-Westpreußen verstehen, der 1940 einen „völligen Neuaufbau des Landes unter Beseitigung des Bestehenden"[4] gefordert hatte.
Totalitäre Systeme folgen Ordnungsvorstellungen, die unbedingte Verwirklichung verlangen. Die Ausgrenzung des anderen, als fremd Denunzierten ist Teil einer menschenverachtenden Obsession. Der quasimissionarische Charakter der nationalsozialistischen Raumplanung überlebte die im Westen Deutschlands als „Zusammenbruch" bezeichnete Befreiung vom Faschismus und konnte erst in den siebziger Jahren in einer demokratischen Planungsperspektive aufgehen, die die Koexistenz unterschiedlicher Kulturen und Lebensstile anerkennt und ein immer wieder neu auszuhandelndes Nebeneinander zuläßt. Uneinsichtigkeit bewahrten sich die meisten Akteure der „Eindeutschung" gleichwohl bis ins hohe Alter, persönliche Schuld anzuerkennen, vermochten sie nicht.
Ein Schlüssel zum Verständnis der Entwicklung könnte darin liegen, daß insbesondere für die Gestalter von Materie und Raum Ordnung und Eindeutigkeit zur Obsession wurden. Nach den Erfahrungen in den Schützengräben des Ersten Weltkrieges, nach Revolution, Inflation und Wirtschaftskrise, waren Demokratie und Individualismus von reaktionären Kräften

als „geistige Fremdherrschaft" denunziert worden – entsprechend meldete sich der später für Auschwitz zuständige Bezirksplaner Udo Froese 1935 zu Beginn seiner Karriere als Raumplaner zu Wort. Alles mußte klassifiziert und einem „lebensgesetzlichen Städtebau" entsprechenden Ort zugewiesen werden. Nur ein vermeintlich überzeitlich gültiges Ordnungssystem verhieß Glück und Erlösung.

Der in England lebende polnische Soziologe und Philosoph Zygmunt Bauman hat in seinem Buch *Moderne und Ambivalenz* (1991) den Kampf um Ordnung als „Kampf der Bestimmung gegen die Mehrdeutigkeit, der semantischen Präzision gegen Ambivalenz, der Durchsichtigkeit gegen Dunkelheit, der Klarheit gegen Verschwommenheit" definiert. Baumann vergleicht die Haltung des modernen Staates mit der des „Gärtners": Es gehe ihm darum, die Bevölkerung zu trennen, „in nützliche Pflanzen, die sorgsam zu kräftigen und fortzupflanzen waren, und Unkraut - das entfernt oder samt Wurzeln herausgerissen werden mußte". „Klare Trennungslinien zwischen normal und unnormal, ordentlich und chaotisch, gesund und krank, vernünftig und verrückt" sieht der Philosoph als Leistungen der Macht: „Solche Linien zu ziehen heißt zu herrschen; Herrschaft, die die Masken der Norm oder Gesundheit trägt, erscheint einmal als Vernunft, das andere Mal als gesunder Menschenverstand, dann als Recht und Ordnung."[5]

Die Metapher vom Gärtner findet überraschende Entsprechungen: Heinrich Himmler und sein Mitarbeiter Konrad Meyer, die mit dem „Generalplan Ost" Instrumente der Vernichtung entwickelten, waren „Gärtner". Und die „Eindeutschung" des als „ungestaltet" empfunden Raums begann mit der Entsendung von „Gärtnern": Der Landschaftsanwalt Heinrich Wiepking-Jürgensmann meldete der Reichsstelle für Raumordnung bereits sieben Wochen nach dem Überfall auf Polen, er habe „18 Diplomgärtner für den Osten bereit"[6]. Und der für Raumplanung im Distrikt Warschau zuständige Friedrich Gollert illustrierte den Gegensatz von Ordnung und Chaos am 1. September 1942, dem dritten Jahrestag des deutschen Überfalls auf Polen, mit einem Vergleich: dem zwischen organisch dahinfließenden polnischen und kantenscharf ausgerichteten deutschen Gemüsebeeten.[7]

Zahlreiche Publikationen der letzten zehn Jahre behandeln in immer neuen Varianten die Eigendynamik, in der die Nazieliten handelten. Hans Safrian[8] belegt mit seiner Studie *Die Eichmann-Männer*, mit welchem „Einsatz" die Angehörigen des berüchtigten Referats „Judenangelegenheiten, Räumungsangelegenheiten" agierten. Bereits mit dem Titel seines Buches *Hitlers willige Vollstrecker*[9] beschreibt Daniel Goldhagen 1996 das „Wol-

Oben: „‚Schnurgerade' Beete in einer polnischen Gärtnerei". Unten: „Deutsche Mustergärtnerei in Warschau". Quelle: Friedrich Gollert, Warschau unter deutscher Herrschaft, Krakau 1942

len" derjenigen, die aktiv an der Vernichtung mitwirkten. Im selben Jahr betont Ulrich Herbert in seiner Biographie über Werner Best[10], dem Organisator des Reichssicherheitshauptamtes, die „große Eigenständigkeit", mit der SS-Intellektuelle den Genozid planten. Auf Anweisungen waren sie nicht angewiesen. Ähnlich sieht dies Yaacov Lozowick in seinem 2000 erschienenen Buch *Hitlers Bürokraten*.[11] Diese vollzogen nicht einfach, was ihnen aufgetragen wurde, sie handelten auf eigene Initiative. Eichmanns „willige Vollstrecker" waren weder banal noch gehorsam, sondern professionell arbeitende Deportationsspezialisten. Ian Kershaw vervollständigt dieses Bild in seiner 2000 publizierten Hitler-Biographie, wenn er feststellt, daß der unbedingte Glaube an den „Führer" bei den Untergebenen auf „vorauseilende Gefügigkeit" hinauslief. Nicht nur die Eichmann-Männer, sondern auch all die *Vordenker der Vernichtung*[12] schienen „dem Führer entgegenzuarbeiten"[13].

Die Aktivitäten von Raumplanern und Soziologen, Architekten und Städtebauern im Dienste der „Eindeutschung" des Ostens sind genau in diesem Zusammenhang zu sehen. Der nationalsozialistische Architekt, schrieb Rudolf Wolters 1943 in der Zeitschrift *Baukunst*, hatte „die einheitliche Form alles baulichen Werdens"[14] zu überwachen. Das hieß: alles zu vernichten, was von der einmal gesetzten Norm abwich. Der Osten galt insgesamt als „ungestaltet", folgerichtig war die „Neuordnung bei Menschen und allen Sachen" – so Wilhelm Hallbauer 1940 in Litzmannstadt (Łódź) – das Ziel. Deutsche Architekten sahen darin eine lang ersehnte Chance, konnten sie doch buchstäblich „rücksichtslos" darangehen, die Konturen einer „Stadtlandschaft" zu entwerfen, die „deutschen Menschen Heimat" sein sollte. Architekten sind es weithin nicht gewohnt, nach den Hintergründen von ökonomischer und politischer Macht zu fragen. Sie agieren als verlängerter Arm dieser Mächte. Im Dritten Reich gehörten sie zu der Funktionselite, die die Vernichtung in Gang setzte, um auf Vertreibung, Mord und Zerstörung aufzubauen. Die meisten Angehörigen dieser Elite waren bei der Umsetzung ihrer Ordnungsvorstellungen und Kolonisierungspläne ungemein effizient. Wenn der Nationalsozialismus – wie Michael Burleigh 2000 schreibt – eine „politische Religion" war, mit einem „Messias" an der Spitze, dann agierten Architekten und Planer wie Heilsbringer.[15] Die „Volksgemeinschaft" verlangte einen ihr angemessenen Raum, deutsche Architekten gestalteten ihn. Bevor die zerstörten Städte 1944 den Boden für ähnlich visionäre Wunschbilder abgaben, galt ihnen der Osten als tabula rasa. Dort würde sich ihnen bei der Umsetzung des Plans, „Heimat für deutsche Menschen" zu schaffen, nichts und niemand in den Weg stellen.

Zahlreiche Studien belegen, wie es den nationalsozialistischen Funktionseliten – neben Juristen[16] auch Architekten[17] – nach dem Krieg vor allem im Westen Deutschlands gelang, Deutungsmacht zu beanspruchen. Der Glaube an die Planbarkeit einer von Brüchen und Ambivalenzen befreiten „Stadtlandschaft" lebte fort. Die Erinnerung an die Ordnungsvorstellungen der Architekten und Planer, zu denen auch mein Vater, Konstanty Gutschow, gehörte, lassen sich nicht anders denn als obsessiv und wahnhaft charakterisieren. Das Wissen um die Motive und Beweggründe ihres Sendungsbewußtseins könnte uns und nachfolgenden Generationen die Augen öffnen und den Verstand schärfen für das Unplanbare der Stadt, für die Zwischentöne und die Nischen einer Gesellschaft, die weder neue Leitbilder noch eine „Leitkultur" benötigt.

Solange Architekten und Planer großdimensionierte Projekte konzipieren, neigen sie dazu, im Sinne ihrer „Visionen" den totalisierenden Anspruch, der jeglicher Großplanung innewohnt, zu übersehen, wenn nicht zu negieren. Am Beginn des 21. Jahrhunderts zeichnen sich mehr und mehr Konflikte zwischen einer global agierenden Ökonomie und nationalstaatlichen, regionalen und lokalen Interessen ab. Ob Architekten auch in diesen Interessenskonflikten die gewohnte Rolle übernehmen, vorgeblich unpolitische Auftragnehmer im Wettbewerb mit anderen zu sein?

1 „Eindeutschung"

„Auf den Straßen des Sieges" – September 1939

Nach dem Überfall auf Polen in den frühen Morgenstunden des 1. September 1939 war Warschau innerhalb von drei Wochen eingeschlossen. Der „Blitzkrieg" hinterließ eine Spur der Zerstörung, die vor allem durch die Luftangriffe auf die Stadt weite Gebiete in Trümmern zurückließ. Wenige Wochen später erschien unter dem Titel *Auf den Straßen des Sieges*[18] ein Buch des Reichspressechefs Otto Dietrich, das von den „Frontfahrten des Führers" berichtete. Zwischen dem 4. und dem 25. September fuhr Adolf Hitler unentwegt im Rücken der Front durch Polen, um dadurch auf eigene Weise das Land zu vereinnahmen. Die ersten drei Tage führten durch die Tucheler Heide in Westpreußen, um demonstrativ „deutsches Land" wieder in Besitz zu nehmen. Es folgten Flüge nach Südpolen in die Gegend von Kielce am 10. September, nach Tomaszów am 11. September, nach Pabjanice und Łódź am 13. und nach Jarosław an die mit der Sowjetunion vereinbarte Interessensgrenze am Bug am 15. September. Ab 19. September war Hitler in Danzig und Gdingen, das bald in „Gotenhafen" umbenannt wurde, und unternahm von dort aus am 22. und 25. Flüge an die Peripherie des eingeschlossenen Warschau. Am 25. September landete er bereits auf dem Flughafen Okecie, um die „Feuerwalze der deutschen Artillerie"[19] aus nächster Nähe beobachten zu können.

Als er in Warschau landete, stand Friedrich Gollert, später Leiter des Amtes für Raumordnung beim Gouverneur des Distriktes Warschau, mit seiner Einheit in Okecie. Zwei Jahre später schildert er in dem von ihm herausgegebenen Erfolgsbericht *Warschau unter deutscher Herrschaft* die Belagerung der Stadt:

„So mußten denn die Waffen sprechen, und sie sprachen eine eindeutige Sprache. Wer damals das Bombardement von Warschau durch die um die ganze Stadt aufgestellten Batterien und durch die ständigen Luftangriffe der deutschen Flieger miterlebt hat, wird diese Tage in unauslöschlicher Erinnerung behalten. Hunderte von Geschützen schleuderten die Granaten in die Stadt hinein, die bald an allen Ecken und Kanten brannte. Zwischendurch aber warfen deutsche Kampfflugzeuge in rollendem Einsatz ihre Bomben auf die Stadt hernieder, so daß bald eine ungeheure Brand- und Feuerwolke über der Stadt stand."[20] Nach Polens Kapitulation vom 27. September rückte auch Gollerts Einheit am 1. Oktober in die Stadt ein. Während Hitler das geschundene Land reisend vereinnahmt, haben nicht nur Architekten und Raumplaner, sondern auch „Künstler an der Front gekämpft, als Soldaten der Kampftruppe oder aber im Einsatz der Propagandakompanien an den kriegerischen Ereignissen teilgenommen und das aufwühlende Geschehen in ihren kurzen Marsch- und Ruhepausen festgehalten"[21]. Als am 18. Januar 1940 in Berlin eine Ausstellung eröffnet wird, heißt es: „Die Bilddokumente dieses soldatischen Einsatzes sind von der Hauptstelle Bildende Kunst in der Dienststelle des Beauftragten des Führers für die Überwachung der gesamten geistigen und weltanschaulichen Schulung und Erziehung der NSDAP in Berlin unter dem Titel ‚Polenfeldzug in Bildern und Bildnissen' als erstes künstlerisches Zeugnis des deutschen Abwehrkrieges gegen die Plutokratie im Berliner Künstlerhaus ausgestellt worden."[22] Der Chronist Walter Horn vermerkt in der Zeitschrift *Kunst im Deutschen Reich*, Kunst habe mehr zu sein als „ein Tatsachenbericht mit Pinsel und Bleistift", Kunst stärke die „innere Front" und „den Willen zu erhöhtem Einsatz". Sie solle außerdem „den Widerschein der Seele auf die Feuerbrände der Schlacht in sich tragen, die Erschütterung, die nach dem Sinn des Geschehens fragt", sie soll „mit der Bejahung des soldatischen Einsatzes und seiner letzten Steigerung im Opfer ein Sinnbild unserer Zeit schaffen". Unter den ausgestellten Bildern befindet sich auch ein Aquarell von Ernst Vollbehr – einst Schlachtenmaler im Ersten Weltkrieg und jetzt Maler auf den Baustellen der Organisation Todt. Vom Beobachtungssitz eines der von Gollert erwähnten Kampfflugzeuge malt er den „Blick auf das brennende Warschau" und fügt neben das Datum – es ist der 28. September – auch die genaue Uhrzeit – 16 Uhr – hinzu, um seinem künstlerischen Tatsachenbericht eine neue Form von Authentizität zu verleihen. Der Betrachter ist gewissermaßen dabei.

Mit einem Bericht über die „Führerparade" in Warschau vom 5. Oktober 1939 schließt Otto Dietrichs Bericht über die „Straßen des Sieges" ab. Er läßt bereits erahnen, mit welchem Ordnungssinn Architekten und Raumplaner dem Führer folgen würden. Voller Abscheu berichtet Dietrich etwa von der Fahrt nach Gdingen:

„Dieses Bild vor uns und dann im Hintergrund die armseligen Siedlungen, hier und überall in den Provinzen, die verkommenen Straßen im ganzen Land, die verlotterte Verwaltung, zerlumpte, verhungerte Bauern, dieses

Unternehmen [der Bau des Hafens Gdingen, A. d. V.] ohne Rücksicht auf seine Lage, auf seine natürliche Begrenzung, auf seine mögliche Verwendung, das ist der polnische Taumel, die ewige Trunkenheit, unausgeglichen, ohne Selbstkritik, maßlos, sprunghaft und darum zu diesem vernichtenden Abschluß letzten Endes so oder so verurteilt. Und dann diese Stadt! Hätte es einer Demonstration polnischer Seelenlosigkeit bedurft, hier dieses Gdingen wäre der beste Beweis gewesen."[23]
Nach dem Auftritt in Warschau wurden in Berlin die Rahmenbedingungen für die Inbesitznahme und Ausbeutung des Ostens geschaffen. Tags darauf, am 7. Oktober, wurde Heinrich Himmler eine Führungsrolle zuerkannt: Er wird zum Reichskommissar für die Festigung deutschen Volkstums ernannt. Sein Aufgabenbereich war fortan die „Gestaltung neuer deutscher Siedlungsgebiete durch Umsiedlung, insbesondere durch Seßhaftmachung der aus dem Ausland heimkehrenden Reichs- und Volksdeutschen". Zur Abwicklung der Umsiedlung gründete Hermann Göring am 19. Oktober die Haupttreuhandstelle Ost, die in den Gauen des Ostens sofort Zweigstellen einrichtete, während die höheren SS- und Polizeiführer als Beauftragte des neuen Reichskommissars agierten. Die Haupttreuhandstelle verwaltet und übereignet, liquidiert und verkauft „das der Beschlagnahme verfallene"[24] Vermögen in den Gebieten, die kurz zuvor „eingegliedert" worden waren: Am 8. Oktober hatte bereits ein Erlaß über die Gliederung und Verwaltung der Ostgebiete den Anschluß von Großpolen (Wielkopolska) mit Posen (Poznań) und Hohensalza (Inowrocław), Pommerellen (Pomorze) mit Bromberg (Bydgoszcz) und Thorn (Toruń) und Ostoberschlesien (Slask) mit Kattowitz (Katowice) und Auschwitz (Oświęcim) sowie Masowien (Mazowsze) mit Zichenau (Ciechanów) an das Deutsche Reich vollzogen. Die Region Kutno/Łódź wurde dem „Reichsgau Posen" erst am 9. November zugeschlagen, um zusätzlich Platz für die Ansiedlung der zu erwartenden „Umsiedler" zu gewinnen. Die Regierungsbezirke Posen, Hohensalza und Łódź (wenige Monate später „Litzmannstadt") bildeten fortan den „Reichsgau Wartheland".

„Niederkämpfen von Raumschranken" – Raumplaner im Krieg

In einem Rückblick meldet sich 1941 ein Mitarbeiter der Reichsstelle für Raumordnung zu Wort. Heinrich Dörr spricht von den von der Wehrmacht „erlösten und besetzten Gebieten"[25] und berichtet von einem „über-

wältigenden Erleben für einen räumlich wachen Sinn und für einen raumpolitisch geschulten Verstand beim Niederkämpfen der Versailler Raumschranken im Osten und Westen". Sein Beitrag in der Zeitschrift *Raumforschung und Raumordnung* steht unter dem Motto „Der Krieg ist der Vater aller Dinge". Dem fügt die „Schriftleitung" hinzu, es sei doch die Aufgabe des künftigen Städtebaus, „aus den umstürzenden Erfahrungen dieses Krieges auch ein neues Bild der Stadtplangestaltung zu gewinnen". Zu den „Raumschranken" stellt Dörr ganz lapidar fest, „der fechtenden Truppe" seien „alsbald Planungsreferenten gefolgt, die den neuen Raum in Ost und West raumplanerisch erkunden, auswerten und erobern".
Dörrs Bemerkung erinnert an den Vers „Wer marschiert hinter dem ersten Tank? - Das ist der Dr. Rasche von der Dresdner Bank!"[26] Es handelte sich dabei zwar um den Refrain eines Spottliedes der tschechischen Widerstandsbewegung von 1939, doch charakterisierte er die Tätigkeit des SS-Obersturmbannführers und Mitglieds des Vorstands der Dresdner Bank ganz allgemein. Mit der Broschüre *Volk und Wirtschaft in Polen* dokumentierte die Dresdner Bank im Dezember 1939 schließlich auch ihren „Drang nach Osten".
Die Zusammenhänge zwischen dem vertraulichen Protokoll zum gegenseitigen Bevölkerungsaustausch, das Ribbentrop und Molotow am 28. September 1939 unterschrieben hatten, der Ernennung Himmlers zum „Umsiedlungskommissar" vom 7. Oktober, zwischen „ethnischer Flurbereinigung" und der „Ermächtigung zum Töten" sind von Götz Aly (*Endlösung*, 1995) überzeugend dargestellt worden, so daß hier auf diese Arbeit verwiesen werden kann. Bereits am 6. Oktober erhielt Eichmann den Auftrag, die „Abschiebung von 70-80 000 Juden aus dem Kattowitzer Bezirk" in die Wege zu leiten. Am selben Tag teilte Hitler im Reichstag mit, er wolle die „ethnographischen Verhältnisse" in Europa mit Umsiedlungen neu ordnen. Am 9. Oktober versendete das Reichsinnenministerium Meldebögen an alle deutschen Heil- und Pflegeanstalten, um potentielle „Euthanasie"-Opfer zu erfassen: 70 000 Patienten sollten ermordet werden. Am selben Tag notierte Heydrich den „Abtransport der baltendeutschen Volksgruppe aus Lettland und Estland nach Gotenhafen". In den darauffolgenden Wochen wurden die Heil- und Pflegeanstalten im Umkreis der Hafenstädte geräumt und die Patienten ermordet, um die „Umsiedler" vorläufig unterbringen zu können. Zur Verdeutlichung der Dimensionen hier einige Zahlen: Anfang Dezember 1939 wurden im Rahmen dessen, was Götz Aly als „1. Nahplan"[27] identifizierte, 87 838 Menschen aus den annektierten westpolnischen Provinzen in das Generalgouvernement deportiert. Der

noch im Dezember formulierte „2. Nahplan" sah für Januar und Februar 1940 die Aussiedlung von 220 000 Polen und Juden vor. Zur Verdeutlichung der Aufgaben der Generalreferenten für Raumordnung, die als Mitarbeiter der dem Reichsarbeitsministerium zugeordneten Reichsstelle für Raumordnung zwar einerseits den Reichsstatthaltern direkt unterstellt waren, andererseits jedoch als Beauftragte des Reichskommissars für die Festigung deutschen Volkstums agierten, seien im folgenden die Details des Erlasses wiedergegeben, die Himmler zum „Umsiedlungskommissar" machten. In der Vorbemerkung heißt es: „Die Folgen von Versailles in Europa sind beseitigt. Damit hat das Großdeutsche Reich die Möglichkeit, deutsche Menschen, die bisher in der Fremde leben mußten, in seinen Raum aufzunehmen und anzusiedeln und innerhalb seiner Interessensgrenzen die Siedlung der Volksgruppen so zu gestalten, daß bessere Trennungslinien zwischen ihnen erreicht werden." Im einzelnen werden folgende Ziele genannt: „1. Die Zurückführung der für die endgültige Heimkehr in das Reich in Betracht kommenden Reichs- und Volksdeutschen im Ausland; 2. die Ausschaltung des schädigenden Einflusses von solchen volksfremden Bevölkerungsteilen, die eine Gefahr für das Reich und die deutsche Volksgemeinschaft bedeuten; 3. Die Gestaltung neuer deutscher Siedlungsgebiete durch Umsiedlung, im besonderen durch Seßhaftmachung der aus dem Ausland heimkehrenden Reichs- und Volksdeutschen."[28]

Kurz darauf richtete Himmler zur Umsetzung der im Erlaß genannten Ziele ein Stabshauptamt ein, dem drei „Amtsgruppen" unterstellt waren. Zur Leitung der Amtsgruppe C wurde SS-Oberführer Konrad Meyer berufen, seit 1932 Mitglied der NSDAP und von 1936 bis 1939 Leiter der Reichsarbeitsgemeinschaft für Raumforschung und Raumordnung. Schon 1933 war er anläßlich seines Eintritts in die SS als „rassisch und weltanschaulich geeigneter Diplomlandwirt"[29] bezeichnet worden. Sicher war es kein Zufall, wenn Himmler, selbst Diplomlandwirt, sich einen Fachmann dieser Qualifikation holte, um „neue deutsche Siedlungsgebiete" einrichten zu lassen.

Meyer benötigte etwa zwei Monate, um die von der Planungsabteilung des Reichskommissars erarbeiteten „Planungsgrundlagen für den Aufbau der Ostgebiete"[30] in Form einer Denkschrift vorzulegen. Die von Rolf Dieter Müller auf den Februar 1940 datierten Planungsgrundlagen wurden vorweg den Landes- und Bezirksplanern aus Posen, Danzig, Königsberg, Breslau, Kattowitz und Krakau bereits am 24. Januar in Posen erläutert. Meyer sprach dabei von „ersten Richtlinien und Grundlagen für die Umsiedlung

Generalplan Ost: Darstellung der „Siedlungszone 1. Ordnung" (schraffiert), durch die in den Gauen Wartheland, Danzig-Westpreußen und Ostpreußen entlang der Grenze zum Generalgouvernement ein „Ostwall" und zum „Altreich" über Posen und Bromberg „Volkstumsbrücken" entstehen sollten. Erstmals wurden diese Planungsvorgaben durch Konrad Meyer am 24. Januar 1940 den Landesplanern in Posen vorgestellt. Quelle: Umzeichnung des Autors nach Czeslaw Madaiczyk, 1988, mit zusätzlichen Ortsangaben

in den Ostgebieten"[31]. Eher nebenbei erwähnte er, daß die 560000 Juden „inzwischen evakuiert" sein würden, und daß zusätzlich „3,4 Millionen Deutsche [...] eingewiesen" und „Zug um Zug 3,4 Millionen Polen abgeschoben" werden müßten. Entscheidend für die Landesplaner war, mit der „Siedlungszone 1. Ordnung" bekannt gemacht zu werden, in der vordringlich etwa 1,8 Millionen Deutsche angesiedelt werden sollten. Für den Bezirksplaner Udo Froese bedeutete das, für den Bereich von Auschwitz die Aufnahmefähigkeit im Rahmen von Raumordnungsskizzen nachzuweisen. Auf den Landesplaner Willi Richert kam die Aufgabe zu, einen „Wall deutschen Volkstums zwischen dem Reich und dem Generalgouvernement" zu schaffen, um die im Reich verbliebenen Polen von den „Gouvernementspolen" trennen zu können. Innerhalb dieses Walls sollte zudem das „Hinterland der größeren Städte vordringlich mit deutschen Bauern besiedelt" werden. Schließlich sollten „Volkstumsbrücken" die „Verbindung zwischen dem Grenzwall und dem Altreich herstellen". Eine „Volkstumsbrücke" sollte sich „von Birnbaum über Neu-Tomischel, Posen, Wreschen, Konin, Koło zum Lodscher Industriegebiet" hinziehen, eine zweite sollte den „ehemaligen Korridor" durchschneiden und „die Kreise Zempelburg, Bromberg, Kulm und Graudenz" erfassen. Durch diese Maßnahmen würden „polnische Inseln" geschaffen, deren „Eindeutschung" Meyer in Kürze erwartete. Dazu war die Bildung von rund 2800 Gemeinden „in Form des planvoll aufgelockerten Haufendorfes oder Reihendorfes mit einem Dorfkern" notwendig. Von Städten war vorerst noch nicht die Rede. Einigermaßen verärgert kehrte Richert, der bereits seit Oktober als Generalreferent für Raumordnung bei Reichsstatthalter Greiser in Posen agierte, von der Besprechung an seinen Schreibtisch zurück. Da seiner Meinung nach „die Theorie des Volksbrückenbaues"[32] unsinnig ist, stellt er einige Wochen später in Berlin ein alternatives Modell vor. In einem zwei Jahre später mit dem Titel *Zum Neubau des Warthegaues* verfaßten Memorandum rekapitulierte er resigniert und verbissen das Kompetenzgerangel mit Meyers Planungsamt in Berlin-Dahlem: Die „Verdeutschung des Gaues und damit [die] Festigung und Sicherung des Deutschtums" sei mit den von ihm vorgeschlagenen Maßnahmen sehr viel besser zu erreichen. Die Landesplanung habe nämlich „die vorliegende Situation als Ganzes gesehen" und sei „in den Vorschlägen für die Friedensarbeit dem Gedanken der kühnen Eroberungszüge des deutschen Heeres" gefolgt. Die Landesplanung habe zudem „als Grundlage die Bedeutung des Verkehrs in jeder Neuordnung und Sicherung eines Gebietes" erkannt und sei der Auffassung gewesen, „daß die über das ganze Wartheland gleichmäßig verteilte polnische Bevölkerung durch eine natürliche und wirksame Neubesiedlung in ihrem Zusammenhalt gesprengt" werden müsse. „Alle neuen Besiedlungsmaßnahmen mußten dazu führen, die anzusetzenden deutschen und rückgewanderten Siedler wirksam in den Wirtschaftsprozeß einzugliedern", wobei die „leistungsfähigen, an den Großverkehr angebundenen Städte [...] die Strahlungs- und Ausgangspunkte" sein sollten. Schließlich greift Richert „die störende Beeinflußung durch neue Stellen" an, obwohl doch „die Kenntnisse der schon amtierenden unteren Dienststellen" der Aufgabe der Umsetzung gewachsen wären. Denn schließlich sei, „die Verdeutschung des Gaues und damit die Festigung und Sicherung des Deutschtums eine Selbstverständlichkeit, über die man keine weiteren oder viele Worte zu verlieren" brauche. Zur Isolierung der polnischen Bevölkerung heißt es, sie solle „durch natürliche Abriegelung zersprengt und unter die Aufsicht und Führung der deutschen Bevölkerung gestellt" werden. Gemeint war damit eine „streifenförmige Besiedlung", die den gesamten Gau mit einem gleichmäßigen Raster überzogen hätte. Bezeichnend ist, daß ein erfahrener Wissenschaftler und Raumplaner mit der Verwendung des Adjektivs „natürlich" seine Vorstellung von einer mit Sprengkraft versehenen Abriegelung legitimiert.

Überraschenderweise fanden diese Empfehlungen keinen Zuspruch in Berlin. Statt dessen wurden sie als „liberalistisch" bezeichnet, mit „dem Bau potemkinscher Dörfer" verglichen und schließlich als eine „Zersplitterung der Kräfte" hingestellt. In Richerts Kommentar heißt es, der „Aufbau schöner deutscher Anwesen an den Straßen" sei doch nicht mit einem potemkinschen Dorf zu vergleichen. Hinter diesen Riegeln sollten selbstverständlich „Polen hausen": „Leben, Einrichtung und äußeres Bild bei der polnischen Bevölkerung" könnte „uns gleichgültig sein". Im „selbstverständlichen Bewußtsein der Richtigkeit ihrer [der Landesplanung, Anm. d. V.] Auffassungen" habe er die Kritik durch Konrad Meyer hingenommen. Vollends von der Reichsstelle für Raumordnung im Stich gelassen habe er sich gefühlt, denn deren Leitung habe seine Vorschläge nicht gedeckt, sondern sich dem Führungsanspruch Himmlers gefügt.

Abschätzig äußerte sich Richert über „die Ästheten und Liberalen von den grünen Tischen der Großstadtbüros", die „das wirkliche, harte und jeder hohlen Schwärmerei bare Volksleben beeinflussen und reglementieren wollen". Keineswegs sieht er den Kampf mit den Berliner Kontrahenten als verloren, denn er berichtet eher stolz davon, wie er „in langwierigen und völlig unnötigen Auseinandersetzungen" die eingeschränkte Kompetenz der Landesregierung bei den Bezirksstellen verteidigt habe. Auch als der Führererlaß vom 25. Januar 1942 die Einstellung aller „friedensmäßigen Planung" fordert und die Widersacher die Einstellung der Landesplanung erwarten, bleibt Richert zuversichtlich. Ein Brief des Leiters der Reichsstelle für Raumordnung, Hermann Muß, vom August 1942 betont, daß bei der Raumplanung „militärische und wehrwirtschaftliche Gesichtspunkte auch in einer zukünftigen Friedensarbeit"[33] eine entscheidende Rolle spielen sollen. Schließlich sei „die militärische Schlagkraft des Volkes der wichtigste Garant seiner Existenz".

Die Entwicklung war längst an Richert vorbeigegangen: Am 23. Oktober 1940 wurde die Ausstellung „Planung und Aufbau im Osten" in Posen eröffnet, und nach dem Überfall auf die Sowjetunion am 22. Juni 1941 richteten sich Meyers Begehrlichkeiten auf das Baltikum, auf Weißruthenien und die Ukraine. Von einem „Generalsiedlungsplan" war im Herbst 1941 die Rede.

Bevor die Aktivitäten der anderen Landesplaner skizziert werden können, soll Richert noch einmal zu Worte kommen. Vom Gauleiter im Juni 1941 aufgefordert, zu „Aufgabe und Organisation" der „Planung im Warthegau"[34] Stellung zu nehmen, schreibt er, die Landesplanung sei „nichts anderes als der planliche und textliche Niederschlag des nationalsozialistischen Gestaltungswillens in einem größeren oder kleineren Reichsteile". Das ließe „sich begrifflich und allgemein gültig überhaupt nicht festlegen". Denn „der politische Wille" werde ja „getragen und dargestellt, geweckt und verkündet: im Reich vom Führer, in den Reichsgauen von seinen Gauleitern und Reichsstatthaltern". Unversehens entwickelte sich die Definition von Landesplanung zu einer Ergebenheitsadresse an Richerts Gauleiter, und der „verkündet" die Rahmenbedingungen nationalsozialistischen Gestaltungswillens: Sein Wille wird zum Dogma.

Wenig später als Richert tritt Ewald Liedecke seine Stellung als Generalreferent für Raumordnung in Danzig an, so daß auch er an Konrad Meyers Besprechung am 24. Januar 1940 teilnimmt. Liedecke hatte nach Lehrjahren im Büro von Hermann Jansen in Berlin noch vor 1933 auf den „Kameradschaftshöfen" des freiwilligen württembergischen Arbeitsdienstes junge Menschen „für die Ostwanderung" vorbereitet. 1934 war er dann selbst nach Ostpreußen gegangen und hatte dort seit 1935 als Referent der Reichsstelle für Raumordnung die Landesplanung aufgebaut. Nach Danzig-Westpreußen versetzt, erweist er sich in den darauffolgenden zwei Jahren in zahlreichen Schriften als militanter Verfechter der „Eindeutschung", auf der Grundlage einer erbarmungslosen tabula rasa. Kategorisch stellt er im Dezember 1940 in der Hauszeitschrift der Deutschen Arbeitsfront, *Bauen*,

Siedeln, Wohnen, fest, daß es „im Bereich des neuen deutschen Ostens [...] entweder deutsche Kultur gibt oder keine", denn es gebe „keine polnische Kultur, die räumlich Gestalt gewonnen hätte"³⁵. Weite Gebiete des „deutschen Ostens" seien „völlig formlos", so daß „ein völliger Neuaufbau des Landes unter Beseitigung des Bestehenden" stattzufinden habe. Eine Aufgabe, die „zu den erfreulichsten für einen Planer und Städtebauer" zähle. Diese Aufgabe wuchs über sich hinaus und wurde gewissermaßen als eine Mission empfunden, die „ebenso zielbewußt und kurzfristig gelöst werden [sollte] wie etwa die Aufrüstung": „Den neuen deutschen Osten als deutschen Raum endgültig zu prägen, ist eine der uns gestellten geschichtlichen Aufgaben, für die jetzt die Voraussetzungen wie nie zuvor geschaffen sind." In der Zeitschrift *Neues Bauerntum* macht Liedecke „Deutsche Kultur" zum „echten Maßstab", wobei er drei Zonen unterscheidet: die „Ergänzungszone" als „Zone hoher Kultur", in der nur Ergänzungen notwendig seien; die „Umbauzone", die „Umbauten des Raumes nötig" mache, „um die deutsche Art wieder herauszuarbeiten"; schließlich die „Neubauzone", eine „Zone verfallener oder von jeher niederer Kultur", in der „unter Beseitigung des Überkommenen ein völlig neuer Aufbau nötig" sei, „um eine dem deutschen Volk angemessene Landschaft zu schaffen". In dieser Zone sei es nötig, „die deutschen Verwaltungs- und Gewerbemittelpunkte [...] völlig neu aufzubauen und Zug um Zug die alten Städte zu beseitigen als allzu eindringliche Zeugen polnischer Wirtschaft". Entscheidend sei der Eindruck, „große Teile des Ostens" seien „noch Rohmaterial", das „dem westlichen Europäer wie unwirtliche dumpfe Schwere"³⁶ erscheine.

Liedecke gehört zu den wenigen Raumplanern, die auch als Architekten Ambitionen haben. Er lehrt zudem an der Technischen Universität Danzig und wirkt an „Architektenschulungslehrgängen" mit. So etwa im März 1941 am Lehrgang in Posen, der für 30 „in dem Gau bereits bestätigte Architekten"³⁷ von der Fachgruppe Bauwesen zusammen mit der Arbeitsgemeinschaft „Junges Schaffen" beim Kulturamt der Reichsjugendführung durchgeführt wurde. Liedecke stellt hier die bereits erwähnte Raumanalyse vor und warnt vor „Schematismus" beim Bau neuer Siedlungen. Paul Schultze-Naumburg berichtet von Bausünden der Vergangenheit, Josef Umlauf und Herbert Frank vom Planungsamt des Reichskommissars für die Festigung deutschen Volkstums propagieren „die Aufgliederung der Stadt" und „das Prinzip der Ganzheit". Im Frühjahr 1941 gewinnt Liedecke zudem einen zweiten Preis im „Wettbewerb zur Erlangung von Entwürfen für neue Dörfer in den wiedergewonnenen Ostgebieten".

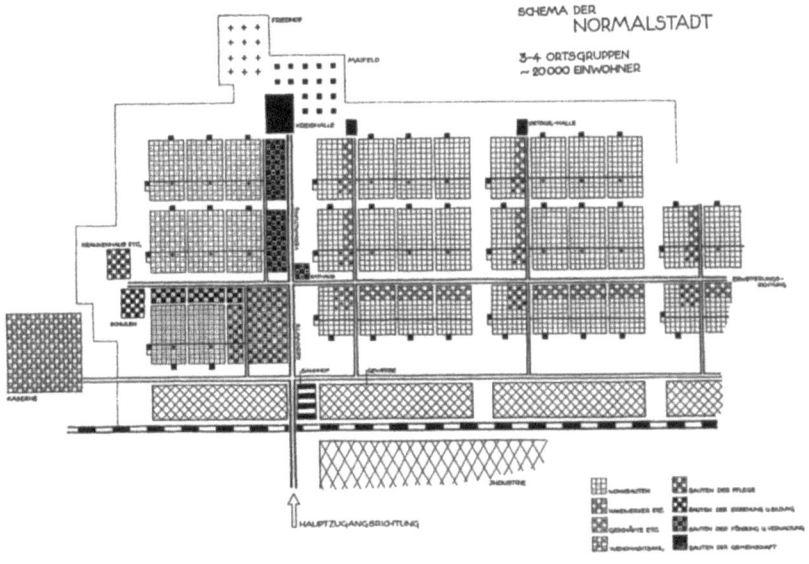

Entwurf von Carl Culemann für das „Schema einer Normalstadt" mit drei bis vier Ortsgruppen und etwa 20000 Einwohnern, Dezember 1940: „Die Gestaltung der Siedlungsmasse durch den Städtebau und die Gestaltung der Masse des Volkes durch die Partei sind gleichlaufende und verwandte Aufgaben. Und die beste Methode, nach der die Masse zu gestalten ist, ist notwendig die gleiche für die Zuordnung von Wohneinheiten in der städtischen Siedlung wie für die Zuordnung von Menschen in der politischen Organisation der Partei." Quelle: Raumforschung und Raumordnung, H. 3/4, 1941, 130

Von größerer Bedeutung sind Liedeckes Entwürfe für die neuen Städte Leipe (Lipno) und Dobrin (Dobrzyń) aus den Jahren 1941 und 1943. Der erste Entwurf für Leipe illustriert im Frühjahr 1941 in der Zeitschrift *Raumforschung und Raumordnung* Carl Culemanns Vorschläge zur „Gestaltung der Siedlungsmasse"[38]. Danach sollten den „Hoheitsbereichen der Partei klar ablesbare Einheiten im Siedlungsraum entsprechen". Mit immer neuen Formulierungen wird gefordert, mit der „Organisation der Partei [...] eine Durchgliederung und damit wirksame Erfassung und Gestaltung des Volksganzen bis hinunter zu seinen kleinsten Einheiten" zu erreichen. Die räumliche Organisation der „Volksgemeinschaft" wurde in der Tat nirgends so konsequent errechnet und planerisch umgesetzt wie im Büro des Generalreferenten für Raumordnung in Gotenhafen. Liedeckes erster Entwurf setzt Culemanns Stadtdiagramm wörtlich um und wirkt dadurch starr. Liedecke zeigte sich überwältigt von der ungeahnten Möglichkeit, „im Osten in einem Wurf und ohne Bindung an Vorhandenes die Vorstellungen eines politisch bestimmten Städtebaus"[39] verwirklichen zu können. Da es galt, „die nationalsozialistische Wertordnung auf Jahrhunderte im Raum zu dokumentieren", sei es nicht möglich, die vorhandenen „verwahrlosten" Städte zu „Symbolen deutschen Wesens umzuprägen". Und da „die neuen Städte Symbole [...] des politischen Willens sein müssen", sollten sie sich nicht verstecken, sondern „weithin im Lande sichtbar sein". Die Gliederung der drei Ortsgruppen von Leipe erscheint im zweiten Entwurf differenzierter, wiewohl „nach den Gesetzen des Gemeinschaftslebens" organisiert. Diesen „Gesetzen" liege zweifelsfrei „eine politische Wertordnung" zugrunde, die bedinge, daß „die ganze Stadt vom politischen Zentrum beherrscht" werde. Liedeckes Entwurf für Dobrin, 1942 und 1943 unter Mitarbeit von Toni Miller und dem Diplom-Gärtner Helmut Löhmer entstanden, lehnt sich an die Siedlungsentwürfe des Reichsheimstättenamtes an und läßt deutlich die Schulung des Verfassers durch Heinz Wetzel erkennen:
Differenzierte Hausgruppen, gestaffelte und in der Tiefe sich verengende Bebauung an angerförmigen Straßenräumen bewirken eher das Bild eines Dorfes oder einer Siedlung. Dobrin sollte eine Landstadt werden, „nach den Richtlinien des Reichskommissars für die Festigung deutschen Volkstums ein Hauptdorf mit zusätzlichen zentralen Aufgaben, den Mittelpunkt von drei sehr fruchtbaren Hauptdorfbereichen"[40] bildend. Die soziale Gliederung entspreche den Angaben von Walter Christaller und Gerhard Isenberg. Der dezidierte Bezug auf „Richtlinien des RKF" hätte dem Internationalen Militärgerichtshof in Nürnberg fünf Jahre später als Be-

weis dafür dienen können, daß Konrad Meyers „Planungsgrundlagen" auch tatsächlich umgesetzt wurden. Während Leipes Zukunft auf dem Papier blieb, entstand der größte Teil der neuen Landstadt Dobrin bis 1944 neben einer alten Ordensstadt am Hochufer der Weichsel. Nicht nur die Gefährdung durch Erosion ließ den Planer eine Verlagerung erwägen. Der Stadt habe die „dem Deutschen arteigene Gestaltung" gefehlt. Mit solchen Sprüchen übertrifft Liedecke seine Kollegen, obwohl doch allerorts die Bindung an „Blut und Boden" ähnliches suggeriert: Die Existenz einer „arteigenen Gestaltung" legitimiert zudem einen Hegemonialanspruch und hebt ihn auf eine überzeitliche Ebene. Und was bedeutsamer erscheint: Jenseits der Volksgemeinschaft herrscht artfremde Gestaltung, die, das hatte Liedecke bereits an anderer Stelle herausgestellt, zur Ungestalt wird – einem „Rohstoff, der erst noch gestaltet" werden müsse.

Wenige Wochen nach dem Überfall auf die Sowjetunion geht Liedecke in seinen Betrachtungen weit über den Raum hinaus, der ihm als Landesplaner anvertraut war. In einer Denkschrift vom 23. August 1941 äußerte er sich zur „raumpolitischen Sicherung des Reiches gegen Osten", und zwar „unter besonderer Berücksichtigung des Nordostens"[41]. Danach bilde „das deutsche Reich den Kernraum Europas", dem die „übrigen Völker des Westens, Nordens und Südens zugeordnet" seien. Die „Sicherung des Reiches" war „gleichbedeutend mit der Sicherung Europas". Da aber „das Reich auf die Dauer im Osten am meisten anfällig" sei, bedurfte es besonderer Maßnahmen, für die der Landesplaner ganz wörtlich das entsprechende Rüstzeug liefert. Liedecke erinnert an „Abdichtungen [von Reichen] durch Befestigungsanlagen", empfiehlt jedoch „lebendige, tiefgestaffelte Abwehrlandschaften, die nicht nur aus militärischen Anlagen bestehen, sondern zugleich ganze Völkerschaften wehrhaft und abwehrbereit organisieren". Zwischen der „Abwehrlandschaft" und „dem hochkultivierten deutschen Volksboden" soll im Baltikum ein „europäisches Vorfeld" entstehen, in dem „die deutsche Stadt als wesentlicher Repräsentant deutscher Macht und deutschen Wesens" Bedeutung gewinnen werde. Erklärtes Ziel sei „die Gestaltung einer biologisch und gärtnerisch gleichermaßen fruchtbaren Stadtlandschaft", zu der „ein rund um die Stadt liegendes deutsches Bauernland" gehört, „mindestens aus einem Kranz bäuerlicher Hauptdorfbereiche". Die Hauptdörfer sollten Ortsgruppengröße haben, in diesem Falle „je zusammengesetzt aus rund sechs bäuerlichen Gemeinden mit je 100 Familien und einem Hauptdorf mit je mindestens 200 Familien".

Liedecke hatte sich etwas vorschnell in die Angelegenheiten eines Gebietes eingemischt, das ihm nicht unterstand. Alfred Rosenberg beruft nämlich für das Reichskommissariat Ostland den Planer Gottfried Müller nach Riga. Bis zum 17. November 1942 entsteht unter dessen Anleitung ein „Raumordnungsplan für das Ostland"; der Plan sieht nach dem Richertschen Konzept der „Volkstumsbrücken [...] städtische Siedlungsstützpunkte" außerhalb der Volkstumsbrücken vor. Schon zu Beginn des Jahres hatte sich auch Albert Speer als Generalbauinspektor für die Reichshauptstadt mit *Grundsätzen zur Planung deutscher Städte im Osten*[42] zu Wort gemeldet. Danach sollen „Neugründungen [...] auch in ferneren Zeiten als Stadtgründungen des Führers gelten", dabei sei „ein hoher Maßstab" anzulegen. Um Uniformität zu vermeiden, schlug Speer deshalb vor, in einer Art von „Patenschaft" den „Neubau deutscher Städte im Osten" in Planung und Durchführung großen deutschen Städten zu übertragen. Zu konkreten Planungen kommt es nicht – Alfred Rosenberg versagte dem Vorschlag seine Zustimmung, auf eine andere Zuständigkeit konnte man sich einstweilen nicht einigen.

Als dritter der im Osten zuständigen Generalreferenten für Raumordnung wird Gerhard Ziegler erst im Januar 1940 aus dem Sudetengau nach Breslau geschickt. An der Sitzung, zu der Konrad Meyer am 24. Januar geladen hatte, nimmt Ziegler noch nicht teil. Gleichwohl zeigt er sich gut informiert und läßt für den Ausbau der im Februar 1940 durch die „Planungsgrundlagen" genau definierten „Siedlungszone 1" zahlreiche „Raumordnungsskizzen erstellen", die durch freie Architekten erarbeitet wurden. In diesem Zusammenhang erhält Hans Stosberg den Auftrag, in Ostoberschlesien für 13 Gemeinden, darunter auch Auschwitz, zu planen. Zieglers Haltung spiegelt sich beredt am 1. Januar 1941 in einer Neujahrsansprache, mit der er offenbar die „Gefolgschaft" seines Amtes auf die zukünftige Arbeit einschwört. Er spricht von der „großen Aufbauleistung, die man in späteren Zeiten als die großdeutsche Raumordnung der Zeit Adolf Hitlers erkennen""[43] werde; dessen Leistung sei, „ein Programm aufgestellt [zu haben] zur Schaffung einer ganzen Kulturlandschaft für ein geeintes Volk, das selbstverständlich wirtschaftlich richtig, darüber hinaus aber vorsorglich schließlich für das äußere und innere Wohl jedes einzelnen Volksgenossen gedacht" sei. Diese Kulturlandschaft habe „eine dem deutschen Menschen lebensgemäße" Landschaft zu sein, in der „jeder deutsche Mensch [...] eine anständige artgemäße Wohnung erhalten [solle], in der er mit seinen Kindern gesund, arbeits- und lebensfroh wohnen" könne. Ziegler erinnert an „die planmäßig gewollte Raumordnung der mittelalterlichen Be-

siedlung", die eine „deutsche Landschaft" zum Ergebnis gehabt habe, und setzt dagegen „den geradezu ungeheuerlichen Kulturabfall von dieser deutschen Landschaft zur polnischen". Diesen will er dem „halben deutschen Volk" auf KdF [Kraft durch Freude]-Reisen vorführen, „um jedem den Unterschied zwischen einer deutschen Ordnung des Raumes und einer polnischen ein für allemal klarzumachen".
Zum 1. Juli 1941 wechselt Ziegler nach Kattowitz, um dort, nachdem Oberschlesien zum eigenen Gau erklärt wurde, das neu eingerichtete Generalreferat für Raumordnung beim Oberpräsidium zu übernehmen.
Eine Landesplanungsgemeinschaft war bereits am 1. April – sieben Tage vor der Gründungssitzung des Buna-Werkes in Auschwitz, an der auch Ziegler teilnahm – begründet worden, doch erfolgte erst am 2. Dezember deren formelle Bestätigung durch den Gauleiter. Anfangs arbeiteten in der Dienststelle der Landesplanungsgemeinschaft sechs Mitarbeiter, im Oktober 1941 ist von „24 kriegshilfsdienstverpflichteten Arbeitsmaiden bei den Sachbearbeitern"" die Rede, die die Stellungnahmen für den Ausbau von Auschwitz und Sosnowitz bearbeiten.
Als Verfasser konkreter Stadtplanungen tritt Ziegler nicht hervor. Nachdem für Ostoberschlesien der Status eines Reichsgaues angestrebt wurde, taucht bereits im Herbst 1940 die Frage nach dem Standort der zukünftigen Gauhauptstadt auf, und da sich Kattowitz nicht eignete, „deutsche Ordnung" zu repräsentieren, werden anfangs drei Standorte bei Gleiwitz (Gliwice), Ratibor (Racibórz) oder Tichau (Tychy) bestimmt. Ziegler vermerkt im November 1940, der zukünftige Gauleiter Bracht habe ihn „mit der Aufstellung der Pläne beauftragt". Der Reichsstelle für Raumordnung teilte er mit, „eine solche Stadt" könne „nur aus der Landschaft entwickelt werden", und „wenn die Pläne dem Führer vorgelegt werden, müssen sie Format haben und dürfen nicht kümmerlich sein". In einer Besprechung am 8. Februar 1941 entscheidet sich der designierte Gauleiter für Tichau und empfiehlt sofort, Himmler solle Robert Ley und Albert Speer hinzuziehen. Ziegler erhielt einstweilen einen „Sonderauftrag des Reichsführers SS und des Gauleiters für die Planung" der Gauhauptstadt. Später schaltete sich zusätzlich Josef Umlauf vom Planungsamt Himmlers ein und forderte mit Bezug auf eine Sitzung im Reichsarbeitsministerium, zur Planung die Architekten Gerhard Graubner aus Düsseldorf und Georg Gsaenger sowie Blecken aus Breslau zu beteiligen. Außerdem sollten Fritz Rechenberg sowie ein Ministerialbeamter des Reichsarbeitsministeriums und Karl Pfeiffer beauftragt werden, der aus dem Reichsarbeitsministerium an die Staatliche Kunstakademie Düsseldorf berufen worden war und sich durch Bebau-

ungspläne für Wilhelmshaven einen Namen gemacht hatte. Auch vom Bürgermeister von Sosnowitz, Schönwälder, wurden Vorschläge erwartet. Zu einer konkreten Planung kam es 1942 nicht mehr. Die Planungen für Auschwitz und die neuen Städte Heydebreck und Zombkowitz gingen zu diesem Zeitpunkt bereits weit über die Koordinierungskapazität des Amtes hinaus. Im Vordergrund stand zudem die Aufgabe der „Eindeutschung" durch Umsiedlung und Aussiedlung. Für repräsentative Stadtplanungen blieb kein Raum.

„Deutsche Erde" – Himmler in Polen, Januar 1940

Himmler fährt nach Przemysl, um an der neuen Interessensgrenze gegenüber der Sowjetunion am 24. Januar 1940 wolhyniendeutsche „Umsiedler" zu begrüßen. Begleitet wird er von Hanns Johst, dem seit 1935 amtierenden Präsidenten der Reichsschrifttumskammer, der nach dem Ersten Weltkrieg durch seine ekstatisch-expressionistischen Dramen bekannt geworden war.
Johst beschreibt die Umsiedler als Volk, „das sich immer treu blieb im Wandel der dramatischen Wechselfälle"[45]. Nun erlebe es „zum ersten Mal in der Geschichte seines schmerzlichen Schicksals, daß Deutschland sich nicht nur statistisch mit ihnen befaßt, sondern daß ein neues, junges Reich ein Herz für Volksgenossen außerhalb seiner zufälligen Gemarkungen" habe, „daß der Führer dieses erwachten großdeutschen Lebensraumes die Grenzen weit für sie öffnet und sie zu sich ruft zu Dienst und Arbeit in der unmittelbaren Volksgemeinschaft". Himmler werde ihnen „eine neue, wahre, natürliche Blutheimat" schaffen. Nachdem der „letzte Wagen des letzten Trecks auf die Brücke eingeschwenkt ist", sieht Johst über den Fluß und glaubt eine andere Welt zu erkennen: „Der Himmel ist flach, ohne die Kraft, sich zu erheben. Er scheint slawisch, über die Erde hingeworfen, ein reuiger Sünder, der sein Gesicht verbirgt."[46] Zu den Heimkehrern gehören auch „versprengte Stadtmenschen", die in Przemysl, „deutsche Erde" betreten.
Wochen zuvor war Johst bereits „an der Seite des Reichsführers SS kreuz und quer durch das Land gefahren". Bei einem Zwischenstopp in Krakau stellt er fest: „Die Polen sind kein staatsbildendes Volk. Ein Land, das so wenig Sinn für das Wesen der Siedlung hat, so daß es nicht einmal für den Stil eines Dorfes reicht, hat keinen Anspruch auf irgendeine selbständige Machtstellung im europäischen Raum. Es ist Kolonialland."[47] Derartige Ge-

danken werden in die Chronik gewissermaßen als Einstimmung eingeflochten, um von einem Ereignis zu berichten, das sich Wochen zuvor auf einer Fahrt von Lodsch (Łódź) nach Warschau „zutrug": „Immer wieder hielt der Reichsführer den Wagen an, kletterte über den schlierigen Graben, trat in den Acker, der von Granaten aufgerissen war, nahm zwischen die Fingerspitzen eine Prise Erde, roch mit geschrägtem Kopfe daran, zerbröckelte die Ackerkrume zwischen den Fingern und sah dann über die weite, weite Fläche voll, übervoll von dieser guten, nahrhaften Erde. So standen wir wie uralte Bauern und lächelten uns blinzelnd an. [...] Dies war nun alles deutsche Erde! Hier würde der deutsche Pflug das Bild bald verändern."

Ein Blick „über die lieblos behandelten Flächen" ist für Johst Anlaß, in die Zukunft zu schauen: „Wir bevölkern sie mit Dörfern, eingebettet in wipfelrauschende Obstgärten. [...] Wir sehen Waldränder, und aus den dunkelgrünen Hecken klingen die Spieldosen der Vogelkehlen unserer Heimat, die mit uns Einzug halten soll. [...] Die westliche Welt kann diese reine Freude an Aufgabe und Arbeit, an Schweiß und Schwiele nicht begreifen. Sie denkt in Geschäften, in Umsatz, wo wir uns auf den Einsatz freuen!!"[48]

In einer Beziehung sollte Johst Recht behalten: Bereits seit am 16. November 1939 zwischen der Sowjetunion und dem Deutschen Reich der Vertrag zur Umsiedlung der Volksdeutschen aus den von der Sowjetunion annektierten Gebieten Ost- und Südostpolens geschlossen worden war und die „Evakuierung" von Polen und Juden aus dem Warthegau betrieben wurde, machten sich Architekten daran, Siedlerstellen zu entwerfen. Anfangs versucht das Reichsheimstättenamt der Deutschen Arbeitsfront, dieses Arbeitsgebiet zu monopolisieren, doch dann koordiniert Herbert Frank, der im Planungsamt des Reichskommissars für die Festigung deutschen Volkstums die Abteilung „Dorfbau" leitet, die Arbeit zahlreicher Architekten, die als Berater tätig werden.[49] Gert Gröning und Joachim Wolschke-Bulmahn haben in ihrer Arbeit über die „Landespflege" in den „eingegliederten Ostgebieten" Teilaspekte des Dorfbaus berücksichtigt, eine differenzierte und flächendeckende Darstellung steht jedoch noch aus.

An einem einzigen Beispiel seien die Entwurfsarbeiten von Architekten erläutert. Es handelt sich um den Neuaufbau einiger Bauernhöfe in Balzweiler (Balczewo) unweit von Hohensalza (Inowrocław), die beim Rückzug der polnischen Armee in den ersten Tagen des Krieges abbrannten. In der Erläuterung des Projekts durch Hermann Henselmann und Günther Wentzel heißt es, „die Männer des Reichsernährungsministeriums und der Reichsstatthalterei in Posen" hätten sich zusammengefunden, „Bauernsied-

lungsgesellschaften" gegründet und freischaffende Architekten hinzugezogen. Dabei wird suggeriert, es würden Gehöfte von „kriegsbrandgeschädigten volksdeutschen Bauern" auf dem „Boden uralten deutschen Siedlungs- und Kulturraumes" errichtet.
Im August 1991 erzählte ein Bauer in Balczewo, er sei über Nacht von seinem abgebrannten Hof vertrieben und in das Generalgouvernement abgeschoben worden. Auf den neu erbauten Höfen seien 1942 volksdeutsche Bauern eingesetzt worden, die drei Jahre später bei ihm als dem zurückgekehrten Eigner Dienst taten, bevor sie das Land verließen.
Drei Tage später erzählte Hermann Henselmann in Berlin seine Version der Ereignisse: Ihm sei im Oktober 1940 von der Reichskammer der bildenden Künste die Berechtigung abgesprochen worden, den Beruf des Architekten auszuüben. Die Reichsstelle für Sippenforschung hatte ihn kurz zuvor im „Abstammungsbescheid" als „jüdischen Mischling" identifiziert: Sein jüdischer Großvater war nach Pogromen in Odessa emigriert. Im Juni 1941 erhält Henselmann die „jederzeit widerruflich eingeschränkte Sondergenehmigung", als Architekt tätig zu sein, mit der Auflage, nicht selbständig zu arbeiten oder für „Behörden oder Dienststellen der Partei" tätig zu werden. So schließt er sich also seinem Berliner Freund Günther Wentzel in Hohensalza an, bevor er sich dort bedroht fühlt und 1943 nach Prag ins Büro von Godber Nissen wechselt.
Ähnlich wie Henselmann finden zahlreiche Architekten mit jüdischen Vorfahren und/oder kommunistischer Vergangenheit im Warthegau Beschäftigung. Dazu gehört auch Waldemar Alder[50], der am Bauhaus studiert und zu den bewaffneten Kadern des Rotfrontkämpferverbandes gehört hatte. Nach dreijähriger Haft im Zuchthaus Brandenburg ist er anfangs in Berlin tätig, 1940 durch Vermittlung des Leiters der Umsiedlungsbehörde in Posen, wo er im Januar 1941 vom Reichspropagandaamt des Reichsstatthalters die „Zulassungsgenehmigung als freischaffender Architekt" erhält. Zehn polnische Architekten arbeiten in seinem Büro, unter anderem für die Allgemeine Filmtreuhand. Ähnlich wie Alder ging es Klaus Tippel aus Berlin, dessen Bruder von der „Bank für Landwirtschaft" ihm und seiner halbjüdischen Lebensgefährtin, die für Egon Eiermann beim Bau der Feuerlöschfabrik in Apolda die Bauleitung besorgt hatte, Aufträge in Posen verschaffte. Gemeinsam bauten sie dem stellvertretenden Gauleiter in Posen ein Haus. Erst 1941 erhielt Maria Mahlberg nach sechsmaliger „Vermessung" durch das Reichsamt für Sippenforschung die Genehmigung zur Heirat. Ihre jüdische Mutter blieb in Posen unerkannt. Alder wurde 1943 zur berüchtigten Strafkompanie 999 eingezogen und kehrte 1947 aus briti-

scher Kriegsgefangenschaft in Suez in die DDR zurück, Tippel nahm im Oktober 1945 Wilhelm Wortmanns Platz als Oberbaudirektor in Bremen ein.
Eine kurze Einführung in die vermeintliche Eigenart „deutscher Erde" wäre unvollständig, ohne die Bedeutung von Hermann Wiepking-Jürgensmann herauszustreichen, der als „Sonderbeauftragter des Reichskommissars für die Festigung deutschen Volkstums" für die Landschaftsgestaltung im „neuen Osten" zuständig war. Ernst Jarmer, der stellvertretende Leiter der Reichsstelle für Raumordnung, definierte anläßlich der bereits erwähnten jährlichen Arbeitstagung der Landesplaner in Zoppot Anfang Dezember 1940 den Rahmen der Landschaftsgestaltung, zu der Wiepking-Jürgensmann referierte. Um das „mit dem Blut deutscher Söhne zurückeroberte Gebiet zu einer in jeder Beziehung deutschen Landschaft zu machen"[51], müsse, so Jarmer, Pionierarbeit geleistet werden. Und „weil hierin die Reichsstelle für Raumordnung im Interesse des ganzen Deutschen Reiches ihre vordringliche Aufgabe" erblicke, sei Danzig zum Tagungsort gewählt worden.
Heinrich Wiepking-Jürgensmann zitiert Hitler mit dem Ausruf: „Vergeßt nie, daß das heiligste Recht auf dieser Welt das Recht auf Erde ist, die man selbst bebauen will, und das heiligste Opfer das Blut, das man für diese Erde vergießt!"[52], und sorgt damit für die rechte Einstimmung, denn es geht um nichts Geringeres als um „die Erhaltung der Schöpferkraft des deutschen Menschen". Mit unerschütterlicher Überzeugung muß die Umgestaltung der Landschaft im Osten betrieben werden. Dazu sind Überlegenheitsphantasien notwendig: „Die Quelle unserer völkischen Kraft", heißt es bei Wiepking-Jürgensmann, ist „nächst der des Blutes, unsere von tätigen, schöpfungsfrohen Menschen bewohnte und gestaltete Landschaft": „Sie spricht zu uns, sie segnet uns. Kein Volk der ganzen weiten Welt ist so tiefinnerlich mit ihr verbunden wie das unsrige."
Zu den ersten Aufgaben Wiepking-Jürgensmanns gehört 1940 ein Vorschlag zur „Neubewaldung des deutschen Ostens bei Posen". In Posen plant er im darauffolgenden Jahr gemeinsam mit Helmut Richter[53] ein Erd-Stadion. Unentwegt betreut er die Kollegen im „neuen Osten". Anläßlich des Architektenlehrgangs in Posen propagiert er im März 1941 die „Landschafts-Neugestaltung"[54] unter Beseitigung von Schäden. Aus „arteigen gestalteter Landschaft" erwüchsen „die Heimstätten des deutschen Menschen als leuchtende Beispiele einer gemeinschaftsgebundenen Gesinnung". 1943 betreut er die Diplomarbeit von Max Fischer zur Grünplanung von Auschwitz und überwacht dort die Bestandsaufnahmen seines

Studenten, der bei der I.G. Farbenindustrie für das Großgrün der Werke und die Grünplanung der Bereitschaftssiedlungen zuständig ist. Zuletzt organisierte er im Herbst 1944 Tarnpflanzungen[55] für den geplanten Rückzug der Wehrmacht im Kreis Sieradsch (Sieradz), südöstlich von Łódź. Bäume und Gärtner waren für diesen Zweck von den Baumschulen in Pinneberg bei Hamburg herangeschafft worden. Gerhard Waldmann, ein Mitarbeiter von Helmut Richter, der Wiepking-Jürgensmann bei dieser Gelegenheit in einem Gasthof in Kutno traf, flüchtete erst am 18. Januar 1945 gemeinsam mit einem Gärtner der Hamburger Elektrizitätswerke. Andere Gärtner aus Pinneberg waren bereits von ihrem Weihnachtsurlaub nicht mehr zurückgekehrt.

„Polnischer Wohnkulturzauber"

Bereits am 24. Oktober 1939, nur 18 Tage nach seiner Ernennung zum Reichskommissar für die Festigung deutschen Volkstums, nahm Himmler als Gast von Gauleiter Arthur Greiser in Posen vor SS-Führern zu Fragen der Siedlung Stellung. Vehement wendet er sich gegen die Siedlung „rein kapitalistischer Art"[56], der „das Einkommen gerade zum kümmerlichen Leben langte". Dagegen stellt er den „Gedanken des Wehrbauern"; dazu gehöre auch das „Zwangssparen", das er in der „Schutzstaffel" eingeführt habe. Dadurch werde ein Grundstock für die Siedlung gelegt, für die dann die von ihm angelegten „Ziegeleien und Steinbrüche" das nötige Material lieferten. Mit Blick auf die Konzentrationslager sagt Himmler, „die Ziegeleien würden „mit billigem Geld" arbeiten, und zur Bebauung der Äcker müsse der polnische Arbeiter „billige Arbeitskraft" hergeben. In den Häusern müsse „aller Kitsch und städtischer Unrat" verschwinden. Denn die Siedler sollen „in gesundem, bäuerlichen Milieu leben".
Mit der Bemerkung zu „Kitsch" und „Unrat" war ein Thema angesprochen, das in den darauffolgenden vier Jahren zahlreiche Architekten beschäftigen sollte. Nachdem der Leiter des Berliner Gauheimstättenamtes, Hermann Wagner, das Gauheimstättenamt Warthegau aufgebaut hatte, kehrte er „in seinen alten Wirkungskreis" im Herbst 1940 zurück, und Willy Hornung vom Gauheimstättenamt Württemberg-Hohenzollern übernahm die Aufgabe.[57] Die Abteilung „Schönheit des Wohnens" wird von dem Innenarchitekten Manke geleitet, dem im Mai 1941 ein Arbeitsausschuß zugeordnet wird, der von der NS-Frauenschaft bis zum Gauhandwerkswalter der DAF vierzehn Institutionen koordiniert. In einem Rück-

blick auf seine zweijährige Tätigkeit schreibt Manke kurz vor seiner Einberufung zur Wehrmacht, das Aufgabengebiet seiner Abteilung habe darin bestanden, „hier im Warthegau den überall auftretenden polnischen Wohnkulturzauber durch guten deutschen Hausrat zu ersetzen, damit der neu gewonnene Lebensraum im Osten auch im Wohnungsinnern so bald wie möglich ein deutsches Gepräge erhält"[58]. Selbstverständlich sei doch, „daß alle neu zu errichtenden Bauten, Dörfer und Städte in ihrem äußeren Gesicht dem Kulturausdruck unserer großen Zeit entsprechen". Ebenso müsse angestrebt werden, daß „jetzt und in Zukunft in allen Wohnräumen, wo Deutsche wohnen, nur noch Hausrat hineinkommt, welcher der deutschen Wesensart entspricht". Seine Abteilung habe sich mit Erfolg dafür eingesetzt, daß „schwulstige und überladene Judenformen verschwinden und dafür formschöner und preiswerter deutscher Hausrat, der in jeder Weise unserem Kulturwollen" entspreche, auf den Markt gekommen sei. Auf dem Gebiet der Hausratsgestaltung war schließlich im Warthegau, der in jeder Beziehung als „Mustergau" bezeichnet wurde, die Möglichkeit gegeben, „wirklich etwas Positives zu leisten [und] dem Altreich etwas vorzuleben". Denn nach dem Willen des Gauleiters soll im Warthegau „jeder schöner und besser wohnen als im Altreich". Manke ist das alles nicht genug. Er will im Kulturamt der Partei eine „Gaustelle für Heimgestaltung" einrichten und seine Abteilung im „Gaukulturring" besser vertreten.
Für die Leipziger Messe werden Musterzimmer von verschiedenen Möbelfabriken hergestellt, wobei die „entwurfsmäßige Führung" immer bei der Abteilung Schönheit der Arbeit geblieben war. Und für die „Dauerausstellung für deutschen Hausrat im Kaiser-Friedrich-Museum"[59] in Posen wird eine „Sonderabteilung" für „deutschen Hausrat" geplant. Nicht verwirklichen zu lassen scheint sich der Wunsch, „in Litzmannstadt [Łódź] ein großes Ausstellungs- und Verkaufshaus für deutschen Hausrat" einzurichten. Der Standort erscheint dabei nicht ganz zufällig, denn im dortigen Ghetto sind bereits die meisten der über 5000 Zimmereinrichtungen für „Rückwanderer" hergestellt worden, die dem „heutigen Kulturwollen" entsprechen. Zeichen dieses Kulturwollens sind auch die Entwürfe von Hans Schwippert für „Behelfsmöbel zur Selbstherstellung"[60], die 1943 im Auftrage des Reichskommissars für die Festigung deutschen Volkstums entstehen. Auch andere prominente Architekten sahen in den Amtszimmern des Ostens durch Entwürfe für Möbel Gesamtkunstwerke entstehen. Zu nennen sind Hans Döllgasts Entwürfe[61] für den Sessel des Oberbürgermeisters von Thorn (Toruń) und die Einrichtung des dortigen Ratskellers vom Dezember 1941. Vom Generalbebauungsplan über Entwürfe für die

Modell der „Sitzecke einer Wohnküche", nach Entwurf von Hermann Gretsch, 1942. Die Gestaltung soll „fortschrittliche bäuerliche Haltung" demonstrieren, eine „klare und wohnliche Raumwirkung" haben, selbstverständlich in „handwerksgerechter Ausführung". Vorgestellt ist die Sitzecke im Heft *Planung und Aufbau im Osten*, 1942 herausgegeben von der Hauptabteilung Planung und Boden im Stabshauptamt des Reichskommissars für die Festigung deutschen Volkstums. - Hermann Gretsch hatte bis 1922 bei Bonatz und Schmitthenner in Stuttgart Architektur studiert, war dann aber Mitarbeiter der Porzellanfabrik Arzberg (1931) und Vorstand des Landesgewerbemuseums in Stuttgart (seit 1932) gewesen. In einem Nachruf schrieb Rudolf Pfister 1950 als „Schriftleiter" der Zeitschrift *Baumeister*, Gretsch habe sich damit ein Denkmal gesetzt, „daß Tausende von Menschen von anständigen Tellern mit gutem Besteck essen können". Tatsächlich trinken zumindest Architekten ihren Tee seit 1932 aus Arzberger Tassen, die auch 1949 und 1950 auf der Ausstellung „wie wohnen" in Stuttgart und Karlsruhe wieder vorgestellt wurden. Quelle: Planung und Aufbau im Osten, Berlin 1942, 60

neue Weichselbrücke und Stühle lag bei Döllgast tatsächlich die gesamte Gestaltung in einer Hand. Zu nennen ist auch der Entwurf für den „Polsterstuhl"[62] im Arbeitszimmer des „Generalquartiers" des Reichsführers SS in Auschwitz, gezeichnet in der Zentralbauleitung der Waffen-SS in Auschwitz. Bereits 1941 waren „Rückwanderer-Mustermöbel"[63] in einer „Sonderausstellung" gezeigt und von Himmler und Greiser „besichtigt und für gut befunden" worden. In einer weiteren, „Schönheit des Wohnens" betitelten Leistungsschau wurden im Mai 1942 „Möbel für bäuerliche Wohnhäuser im Wartheland"[64] gezeigt, unter anderem von Hermann Gretsch entworfen, dem prominentesten Gestalter „deutschen Hausrats", der vor 1933 und auch nach 1945 dafür gesorgt hatte, daß vor allem der gehobene Mittelstand Deutschlands mit „anständigen" Tellern und Tassen versorgt wurde.

Willy Hornung äußert sich ein Jahr nach der Übernahme des Gauheimstättenamtes im November 1941 ganz ähnlich. Im Aufbau des Warthegaus mißt er dem Wohnungsbau besondere Bedeutung zu, denn „die rasche Eindeutschung dieses Gaues" werde „in erster Linie von der Intensität, dem Umfang und auch der Art des Wohnungsbaues abhängen"[65]. Und da „anständige Gaststätten, Kinos usw. erst geschaffen werden müssen", komme „dem Bau von guten Wohnungen eine ganz besondere Bedeutung bei". Der große Auftrag, „den Osten für alle Zeiten – in den Menschen, der baulichen und landschaftlichen Gestaltung – deutsch zu machen", werde erfüllt, „denn nur dann" werde „der deutsche Mensch auch innerlich in diesem deutschen Osten Wurzel fassen und seine geschichtliche Mission erfüllen können". Einen generellen „Marschbefehl" für die Aufbauarbeit formuliert der Inspekteur des Gauwohnungskommissars, Derichsweiler: „Klar steht vor unseren Augen die Aufgabe, durch klug gelenkte Sozialpolitik den von der Wehrmacht eroberten Raum durch den deutschen Menschen für immer zu sichern. Nicht klingende Münze und ungerechtfertigte materielle Vorteile werden die Mittel sein, mit denen dieser Raum seine Besiedlung durch Deutsche erfahren wird, sondern die Einrichtungen, die die Voraussetzung für ein schaffensfrohes und glückliches Leben sind: Ordentliche Arbeitsstätten, nationalsozialistische Freizeitgestaltung und deutsche Wohnheime. Schlechthin die Voraussetzung der Verdeutschung dieser Landstriche ist die Errichtung eines deutschen Lebensraumes nach nationalsozialistischen Grundsätzen"[66]. Derichsweilers Einleitung zu einem Heft der Zeitschrift *Der soziale Wohnungsbau in Deutschland* liest sich wie die Verheißung einer neuen Religion: „Wie im Osten die Sonne aufgeht, wird auch hier unser Sozialmaß seine Verwirklichung finden durch die Erfüllung der Wünsche des rechten deutschen Menschen nach einem schönen Heim mit Glück und Sonne und einem schönen Arbeitsplatz, wo er Volk und Reich unter Sicherung seiner Arbeitskraft lange dienen kann."

2 Vom Abbau polnischer Städte und vom Aufbau deutscher Städte

Vorbemerkung

Den Stadtplanern kam eine andere Rolle zu als den Raumplanern, die „der fechtenden Truppe" gefolgt waren, um den „neuen Raum zu erkunden, auszuwerten und zu erobern"[67]. Die bereits seit Oktober 1939 im „neuen Osten" agierenden Raumplaner hatten als Beauftragte des Reichskommissars für die Festigung deutschen Volkstums vor allem auf dem Lande die Voraussetzungen für die „Umsiedlung" durch „Aussiedlung" zu schaffen. Erst Monate später wurde den Gauleitern in den neuen „Reichsgauen" und den Distriktgouverneuren im Generalgouvernement klar, daß die Ansiedlung der „Deutschbalten" in Posen (Poznań) oder Gotenhafen (Gdingen) und die Schaffung von „jüdischen Wohnbezirken" in Łódź oder Warschau (Warszawa) nur im Rahmen einer umfassenden Stadtplanung möglich war, die dazu beizutragen hatte, die Rolle der Städte im Osten neu zu definieren.
Ende Dezember 1939 wurde Wilhelm Hallbauer von Wilhelmshaven nach Łódź abgeordnet, um dort als „Stadtbaudirektor" eine neue Bauverwaltung nach deutschem Muster aufzubauen. Aus Jena folgte Luers als Stadtbaurat nach Posen und Hubert Groß als Leiter der Bauverwaltung Warschaus aus Würzburg.

Warschau

In Warschau übernahm Oskar Dengel[68] die Initiative. Ehemals Kämmerer in Würzburg, war er am 20. September 1939 als Leutnant der Reserve zwar zur Wehrmacht einberufen, zwei Tage später jedoch auf Antrag des Reichsinnenministeriums zum Chef der Zivilverwaltung bei der 8. Armee beordert worden. Nach Übergabe der Stadt am 25. September wurde er zum stellvertretenden Reichskommissar für die Stadt Warschau ernannt, am 4. November – Himmler und Frank waren an diesem Tag in der Stadt – zum

Warschau: Luftbild des Gebietes um das Schloß nach den Luftangriffen vom September 1939. In der Zeitschrift *Raumforschung und Raumordnung* ist das Bild abgedruckt, um die verheerende Wirkung von „Luftangriffswirkungen auf das Wohn- und Geschäftsgebiet einer Großstadt" zu demonstrieren. Karl Otto vom Reichsluftfahrtministerium erklärte dazu auf der Jahrestagung der Deutschen Akademie für Städtebau-, Reichs- und Landesplanung am 16. Februar 1940: „Aus den Erfahrungen des Luftkrieges haben sich Lehren ergeben, die dazu zwingen, schon bei der Planung neuer Stadtanlagen ebenso wie für die Umgestaltung bestehender Städte einschneidende Forderungen aufzustellen, die nicht ernst genug genommen werden können. Diese Forderungen werden bei der wachsenden Bedeutung, die die Luftwaffe in künftigen Kriegen haben wird, in einem heute vielleicht noch unvorstellbaren Maße das gesamte Bild unserer Siedlungsstruktur bestimmen." Quelle: Raumforschung und Raumordnung, H. 9, 1940, Abb.LXI

Stadtpräsidenten. Neben zehn Landkreisen war der Stadtkreis Warschau dem Distriktgouverneur Ludwig Fischer unterstellt. Frank hatte bereits am 15. September mit einen „Sonderbefehl" aufgefordert, „diesen Bereich [das spätere Generalgouvernement] als Kriegsgebiet und Beuteland rücksichtslos auszupowern, es in seiner wirtschaftlichen, sozialen, kulturellen und politischen Struktur sozusagen zu einem Trümmerfeld zu machen"[69]. Ungeachtet der Tatsache, daß er später sein „Hoheitsgebiet" zu einem „wertvollen Bestandteil des deutschen Lebensraumes"[70] machen wollte, waren mit dieser Tagebucheintragung die Rahmenbedingungen geklärt, unter denen auch Stadtplaner und Architekten der Herstellung einer tabula rasa Vorschub leisten. Für Warschau ließ sich Frank am Nachmittag des 4. November seine Ziele, „insbesondere die Niederlegung des Schlosses in Warschau und den Nicht-Wiederaufbau der Stadt"[71] von Hitler bestätigen. Fischer ergänzte diese Angaben vier Jahre später in einem Rückblick, in dem es hieß, er habe Weisung erhalten, „Warschau seines bisherigen Charakters als Mittelpunkt der Polnischen Republik zu entkleiden und gleichzeitig alles darauf abzustellen, daß Warschau auch seiner äußeren Ausdehnung nach keine weitere Vergrößerung, sondern eine Verkleinerung erfahre"[72].
Bereits in den frühen Novembertagen des Jahres 1939 schien also das Schicksal der Stadt besiegelt. Die Belassung der Ruinen und die Forderung nach „Verkleinerung" lassen erahnen, mit welchen Motiven und welchem Auftrag zur Vernichtung Dengel wenige Wochen später die Planung zum „Abbau" der Stadt von seinen Kollegen aus den Ämtern der Stadt Würzburg betreiben läßt. Seit Anfang Dezember beorderte er Mitarbeiter der dortigen Stadtverwaltung nach Warschau, um „eine deutsche Fachaufsichtsbehörde für die polnische Kommunalverwaltung"[73] einzurichten. Hubert Groß[74] schrieb vierunddreißig Jahre später in seinen Erinnerungen, er sei „noch vor Weihnachten"[75] von seiner Truppeneinheit in Sterkrade bei Oberhausen, wo er mit Gewehren „aus Beutebeständen in Polen" das Scharfschießen lernte, nach Warschau abkommandiert worden. Groß war nach dem Architekturstudium in München Baureferendar bei der Oberpostdirektion in Speyer gewesen, bevor er 1931 als Leiter des Hochbauamtes seinen Dienst bei der Stadt Würzburg begann. Nachdem Würzburg im März 1939 zur Neugestaltungsstadt erklärt worden war, arbeitet er an weitreichenden Plänen, die er im Mai und Juni Speer und schließlich auf dem Obersalzberg auch Hitler vorstellt. Die „Anerkennung des Führers" bildet für Dengel die notwendige Legitimation zum Einsatz der Experten aus Würzburg. Mit seinen ehrgeizigen Plänen zum „Abbau der Polenstadt" und zum „Aufbau der deutschen Stadt" wollte Dengel sich, wie Groß spä-

ter vermutete, offenbar „im Verwaltungsstreit mit dem Distriktsgouverneur" höheren Orts Geltung verschaffen. Zur Planung läßt er auch Erwin Suppinger, den Leiter des Würzburger Tiefbauamtes, Max Kretschmar, den Leiter des Vermessungsamtes, Groß' Mitarbeiter Otto Nürnberger, sowie Hans Grimm, einen freiberuflich tätigen Ingenieur abordnen. Befragt nach den anfänglichen Zielen der Planung, wiederholte Groß im Gespräch 1989 fast wörtlich seine bereits 1973 aufgeschriebenen Erinnerungen: „Es ging darum, einen Planungsgedanken zu entwickeln, wie und wo dem Stadtbilde mit umfangreichen Bauten für Partei und Staat der Stempel der deutschen Stadt aufgeprägt werden kann."[76]
Die von polnischen Mitarbeitern versteckte und dadurch überlieferte Planung, die in Polen bis heute fälschlich unter der Bezeichnung „Pabst-Plan" bekannt ist, sah die Schrumpfung der Millionenstadt auf die Größe einer Provinzstadt mit nicht mehr als 400 000 Einwohnern vor. In der Darstellung des Planes fällt besonders das Netz von Straßen und Eisenbahnen auf, so daß man den Eindruck gewinnt, das zukünftige Warschau sei vor allem ein Angelpunkt des Verkehrs – und das zu einem Zeitpunkt, als von einer Drehscheibe für den Aufmarsch gegen die Sowjetunion noch nicht die Rede war. Ein innerstädtisches Achsenkreuz macht den Schloßplatz (Plac Zamkowy) zum Mittelpunkt. Im Stadtkern bilden die drei bestehenden Brücken Festpunkte der gesamten Planung, ebenso wie die Altstadt, die als „deutsche Stadt" die Kontinuität der Besiedlung suggerieren soll. Einen weiteren wichtigen Bezugspunkt bildet der Sächsische Garten als Symbol der Herrschaft August des Starken im 18. Jahrhundert. In der Achse des Gartens ist ein schloßähnliches Gebäude an einem Gauforum mit den Einrichtungen der Partei und einem Turm geplant. Ein Turm durfte in keinem der seit 1937 entworfenen Gauforen fehlen: Türme wurden zu Erkennungszeichen der nationalsozialistischen „Volksgemeinschaft" und konkurrierten mit den historischen Silhouetten der Gauhauptstädte. Die Wohnquartiere der „neuen deutschen Stadt Warschau" sind einem Oval von etwa 2000 mal 1500 Metern einbeschrieben, das sich um den Sächsischen Garten herum erstreckt und damit etwa die Fläche des im Oktober 1940 eingerichteten Ghettos einnimmt. Da die Legende des Planes nicht überliefert ist, lassen sich über die Nutzung der in Umrissen angedeuteten Bebauung nur Vermutungen anstellen. Insgesamt zehn „Siedlungszellen" sind erkennbar, denen Schulen und Hitler-Jugend-Heime in Grünzügen zugeordnet sind. Man kann annehmen, daß die Planer zu diesem Zeitpunkt auf die Arbeiten von Gottfried Feder zurückgriffen, der als Grundeinheit der „neuen Stadt"[77] Volksschulkreise mit jeweils 3500 Einwohnern propagierte.

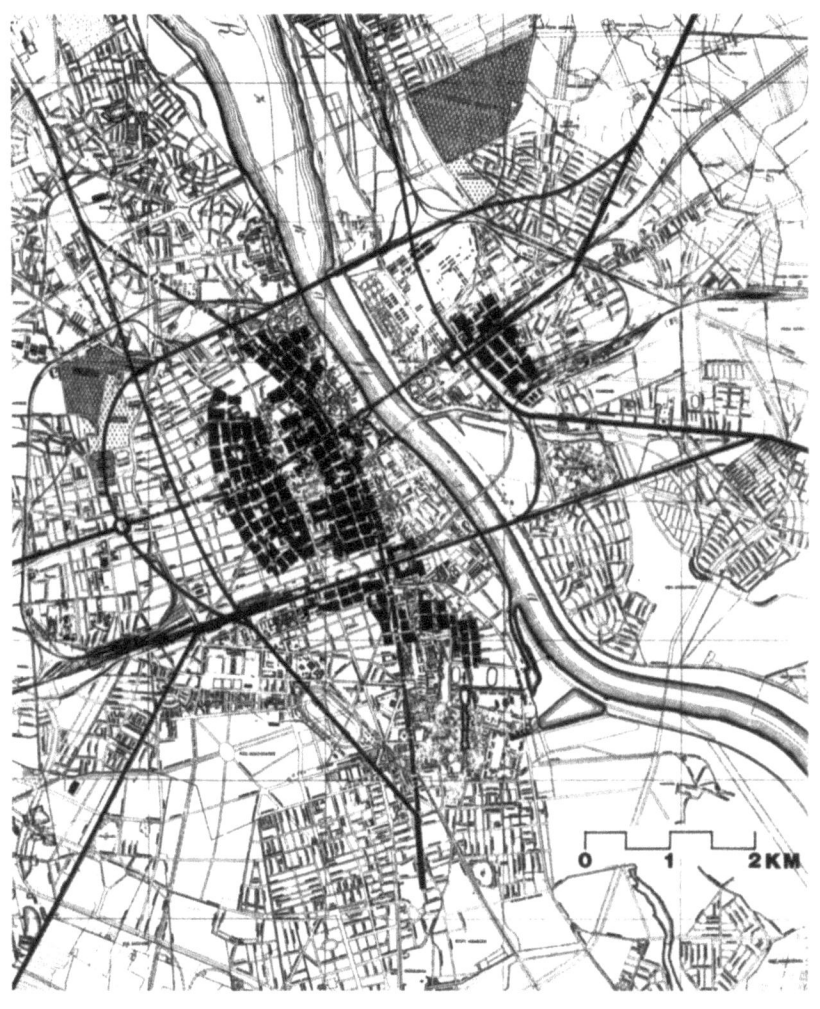

Warschau: Übertragung der Baublöcke und des Netzes der Verkehrsstraßen der Planung von Hubert Groß für „Die neue Deutsche Stadt Warschau" vom 6. Februar 1940 in den Stadtplan von 1935. Quelle: Autor auf der Grundlage des Plan Miasta Stolecznego Warszawy, 1:20 000

Warschau: Planung von Hubert Groß für „die neue Deutsche Stadt Warschau" vom 6. Februar 1940, ohne Kennzeichnung der Grünzüge. Statt der ursprünglichen Numerierung, deren Legende nicht überliefert ist, sind neue Ziffern und Buchstaben eingeführt, um die identifizierbaren Elemente der Planung zu erläutern: 1 Schloß im Lazienki Park (Belvedere – Seegarten) als Residenz des Gouverneurs des Distrikts Warschau, 2 Regierungsviertel und Gauforum mit einem Turm an der Stelle des Plac Pilsudskiego, der in Adolf-Hitler-Platz umbenannt worden war, 3 Sächsischer Garten (Ogrod Saski), 4 Bahnhof (östlich des bestehenden Bahnhofs), 5 Altstadt (Stare Miasto), 6 Zitadelle (Cytadela), 7 Sportgelände, 8 Hafen, 9 Neuer Ostbahnhof in Praga. Mit ‚a' und ‚b' (im Original 8 und 9) sind wahrscheinlich die öffentlichen Einrichtungen gekennzeichnet - Schulen und Hitler-Jugend-Heime von insgesamt zehn Siedlungseinheiten. An der Peripherie der Stadt befinden sich fünf Feier- und Erholungseinrichtungen, die mit ‚c' gekennzeichnet sind. Quelle: Umzeichnung des Autors

Am 6. Februar übergab Dengel die Planung dem Generalgouverneur, doch die erhoffte Wirkung blieb aus. Im Streit mit konkurrierenden Behörden fuhr er nach Berlin, um sich der Unterstützung des Reichsinnenministeriums zu versichern. Doch als auch das nichts fruchtete, trat er zurück und verließ, „enttäuscht über diesen groben Undank und in tiefer Besorgnis über die Weiterentwicklung der deutschen Verwaltungsführung in Polen", die Stadt, da er zur Militärverwaltung nach Brüssel versetzt wurde und schließlich zum Stadtkommissar von Lille avancierte. Groß kehrte zu seiner Truppe zurück und war beim Einmarsch in die Niederlande und nach Frankreich dabei. Doch im November 1940 war er wieder in Polen, denn in den Wäldern nördlich von Warschau hatte seine Pioniereinheit Treibstoff- und Munitionslager einzurichten. Noch vor dem Überfall auf die Sowjetunion kehrte er jedoch nach Würzburg zurück, wo er in Abwesenheit zum Stadtbaurat gewählt worden war. Die Neugestaltung der Stadt schien 1941 weitaus wichtiger als der Dienst an der Front. Bis zum Sommer 1942 waren zahlreiche Architekten für derartige Entwurfsaufgaben „unabkömmlich" gestellt worden. Groß wurde erst im Januar 1943 erneut in den Osten abgeordnet, nicht jedoch als Soldat: Im Range eines Oberbauleiters der Organisation Todt leitete er das Technische Zentralamt im Reichskommissariat Ostland in Riga. Die Organisation Todt beschäftigte nicht nur im Straßen- und Brückenbau, sondern auch in der Planung zahlreiche Architekten. Eine der letzten Nummern der eigens unter dem Titel *Der Deutsche Baumeister* herausgegebenen Zeitschrift der OT stand deshalb im März 1943 unter dem bezeichnenden Motto „Bauen/Rüsten/Kämpfen"[78]. Die Planung zum Abbau Warschaus mag als eine Episode gelten, da sie keine Beachtung fand und erst im Januar 1945 in den Amtsräumen von Frank auf der Wawel-Burg in Krakau aufgefunden wurde und seitdem als Beleg für sorgfältig geplante Verbrechen galt. Konfrontiert mit Dokumenten der Planung, leugnete Hubert Groß im August 1989 seine eigene Beteiligung; die Entwürfe vermochte er nicht wiederzuerkennen und war höchst überrascht, daß sie erhalten geblieben waren. In seinen 1973 aufgeschriebenen Erinnerungen ging er davon aus, daß alle Zeugnisse seiner Tätigkeit vernichtet sein würden.

Eine zweite Phase der deutschen Stadtplanung für Warschau war geprägt durch den Diplomingenieur und Oberbaurat Friedrich Pabst, dem die Planung vom Februar 1940 fälschlich zugeschrieben wird. In Dortmund geboren, hatte er an der Technischen Hochschule Danzig Architektur studiert und war dann bereits Anfang 1940 im Stadtplanungsamt Posen (Poznań) tätig. Im Februar 1941 wechselte er ins Stadtplanungsamt von Litzmannstadt

(Łódź), wo er im Februar 1942 die Bauverwaltung kommissarisch leitete. Im Rahmen der Neuordnung der Verwaltung von Warschau wurde Pabst schließlich im April 1942 nach Hubert Groß, Ludwig Leist (der zum Stadthauptmann avancierte) und Erwin Suppinger vierter Leiter der Bauverwaltung. In dieser Funktion widmete er sich dem Projekt für den Bau einer Volkshalle an der Stelle des Schlosses, wofür er aus Berlin Hans-Hubert Leufgen gewann, einen bekannten Architekten, der zur selben Zeit im Büro von Herbert Rimpl an den Fassaden für den Berliner Südbahnhof arbeitete. Pabst widmete sich Musterentwürfen für „deutsche Siedlungsbauten", bis er am 13. Dezember 1943 vor seinem Amtsgebäude in der Danillowiczowska von Angehörigen des polnischen Widerstands erschossen wurde. Friedrich Gollert kümmerte sich als Referent für Raumplanung des Distrikts Warschau um den „kulturellen Aufbau der deutschen Gemeinschaft", die „innerlich geordnet [und] kolonisatorisch befähigt"[79] zu sein hatte. Noch 1942 geht er davon aus, nach Beendigung der Bausperre in allen Kreisen des Distrikts mit dem „Bau der deutschen Wohnbezirke und Siedlungen" beginnen zu können. Aus dem „Altreich" melden sich dafür zunehmend Architekten auf der Suche nach Aufträgen. Das Hauptamt für Raumordnung[80] in Krakau empfahl zum Beispiel, den Hamburger Architekten Max Zoder mit einer „kriegswichtigen Stadtplanung" zu beauftragen. Und aus Dresden bewerben sich Hans Hänisch und Wolfgang Rauda (seit September 1940 zudem Baudezernent des Regierungsbezirks Litzmannstadt) für Stadtplanungen im Distrikt Warschau.
Ganz unabhängig von den eher peripheren Ergebnissen der Stadtplanung ordnete der Distriktgouverneur am 2. Oktober 1940 die Bildung eines geschlossenen jüdischen Wohnbezirks an – eine Aufgabe, deren „Vollzug" von der „Abteilung Umsiedlung" sechs Wochen später gemeldet wurde. Fast gleichzeitig ordnete der Gouverneur, dem Vorbild in Krakau folgend, auch die klare Begrenzung eines deutschen Wohnbezirks an. Als der SS- und Polizeiführer Jürgen Stroop im Mai 1943 bekannt gibt, es gebe „keinen jüdischen Wohnbezirk mehr", ist der erste Schritt zum Abbau der Stadt vollzogen. Zur „endgültigen Lösung des Problems Warschau"[81] meldet sich der Referent für Raumordnung noch einmal Anfang 1944 zu Wort: Durch verschiedene Maßnahmen könne die derzeitige Bevölkerung von einer Million Polen auf ein Drittel gesenkt werden, während nach dem Kriege „im Zeitraum weniger Jahre die Bevölkerung Warschaus um Hunderttausende von Deutschen" vermehrt werden könne. Schließlich handele es sich bei der Inbesitznahme der Stadt nicht um eine Episode, denn diesmal werde „eine dauernde deutsche Epoche eingeleitet".

Die Hoffnung des Raumplaners sollte sich nicht bewahrheiten. Im Zuge des Aufstandes begann im August 1944 die dritte Phase der Vernichtung der Stadt, die bis zum 16. Januar andauerte, als die Rote Armee die Weichsel überquerte. Im Rahmen der von Gauleiter Greiser veranlaßten „Technischen Nothilfe" zerstörten Sprengkommandos Block für Block. Auch bei dieser Aktion war ein Architekt zur Stelle: Ein Diplomingenieur Alfred Mensebach aus Lissa im Wartheland dokumentierte auf Karteikarten[82] Brand, Vertreibung und Zerstörung.

Krakau

Am 26. Oktober 1939 trat Hans Frank sein Amt als Generalgouverneur an und bestimmte mit der „1. Verordnung über den Aufbau der Verwaltung der besetzten polnischen Gebiete" Krakau zum Dienstsitz. Doch erst am 9. November waren die Grenzen seines Herrschaftsgebiets genau definiert, nachdem die Gebiete um Kutno und Łódź dem Warthegau zugeschlagen wurden. Nur die Distrikte Krakau, Radom und Warschau verblieben beim Generalgouvernement.
Etwa im Juli 1940 erreichte den Leipziger Architekten Hubert Ritter während eines Aufenthaltes in Böhmen ein Schnellbrief aus Berlin mit dem Auftrag, für Krakau einen Generalbebauungsplan zu entwickeln. Zum „Sonderbevollmächtigten für den Generalbebauungsplan von Krakau" bestimmt, tritt Ritter seinen Dienst im Herbst an. Seine Berufung erscheint merkwürdig vor dem Hintergrund, daß er als einer der Heroen der Moderne galt, der sich mit der Vorlage des Generalbebauungsplanes der Stadt Leipzig im Jahr 1929 einen Namen gemacht hatte. Nachdem er jedoch 1930 mit den Stimmen von KPD, SPD und NSDAP wegen diverser Bauskandale abgewählt worden war, promovierte er 1932 an der Technischen Hochschule Hannover und entwickelte sich zum Fachmann im Krankenhauswesen. Es war wahrscheinlich die Empfehlung eines Studienfreundes[83], die den Kontakt zu Hans Frank ermöglicht hatte.
Im Frühjahr 1941 verließ Ritter Krakau überstürzt[84], da er sich mit Stadthauptmann Schmid überworfen hatte und die Inanspruchnahme der Gebiete im westlichen Weichselbogen für das zukünftige Regierungsviertel vom Generalgouverneur nicht unterstützt wurde. Im Mai schloß er die Arbeit am Generalbebauungsplan für Krakau in Leipzig ab und folgte dann einem Ruf nach Luxemburg.

Krakau: Generalbebauungsplan von Hubert Ritter vom 15. März 1941. Jenseits der Weichsel ist gegenüber der Wawel-Burg ein deutsches Regierungsviertel mit einem repräsentativen Aufmarschplatz geplant, um die Stadt herum sind zahlreiche neue Siedlungsgebiete vorgesehen.
Quelle: Architekturmuseum der Universität München, Nachlaß Hubert Ritter

In einer ausführlichen Erläuterungsschrift[85] zum Generalbebauungsplan betont Ritter das eigentliche Ziel: „Der Osten Europas soll dem Deutschtum gewonnen werden. Eines der stärksten und am längsten anhaltenden Mittel wird dabei der deutsche Städtebau sein." Der Unterschied zu den in das Reich „eingegliederten Gebieten" solle bei dieser Gelegenheit noch einmal herausgestellt werden. Die „Planungsgrundlagen" des Reichskommissars für die Festigung deutschen Volkstums ziele bei der „Eindeutschung" auf die Sicherung der neuen Reichsgaue durch „Wälle" und „Brücken" von deutschen Siedlern. Im Generalgouvernement – und später auch im Reichskommissariat Ostland – gehe die Sicherung der Herrschaft von der Stärkung des „Deutschtums" in den Städten aus. Ganz selbstverständlich sprach Ritter vom „Ausbau dieser schönen deutschen Stadt", von deren geplanten 500 000 Einwohnern nach Zuwanderung von 10 000 deutschen Beamten und 10 000 deutschen privaten Unternehmern etwa zehn Prozent das erwünschte „Deutschtum" ausmachen würden. Etwa gleich viele Juden müßten „mit geringen Ausnahmen die Stadt verlassen". Zu den Juden heißt es an anderer Stelle, sie hätten „die größten und schönsten Wohnungen in Krakau" bewohnt, seien jedoch aus diesen „entfernt und in einem Ghetto auf dem Südufer der Weichsel zusammengedrängt" worden. Und da „mit dem völligen Verschwinden der Juden gerechnet" werde, könnten die „Verhältnisse" im Ghetto „vorerst auf sich beruhen bleiben". Später werde man dann „das Ghetto abreißen und einen neuen Stadtteil aufbauen".

Ritters Wahl der Gebiete im Weichselbogen (Debniki und Ludwinow) zur Anlegung des Regierungsviertels folgte dem Ziel, „das Gesicht der Stadt bewußt nach Osten zu wenden". Die Regierung des Generalgouvernements sollte dabei „in großzügiger und einheitlicher Form in Erscheinung" treten. Mit Blick auf „die großen Bauten des Führers" und in Erinnerung an die Regierungsgebäude an der Elbe in Dresden und an der Donau in Budapest fordert Ritter, die „beiden Ufer [des Flusses] mit Monumentalbauten einzufassen und ihnen damit städtebaulichen Halt zu geben". Selbst mit „Anlagen wie Washington und Canberra" verglich er die Aufgabe in Krakau; es ging darum, „zahlreiche Verwaltungsgebäude an einer Stelle zu vereinigen". Die Neubauten „der letzten polnischen" Zeit seien „an sich betrachtet nicht schlecht", entbehrten jedoch „jeglichen organischen Zusammenhangs". Die „Systemlosigkeit" der Bauten am äußeren Ring verlange „einschneidende Korrekturen" und lasse es als nicht empfehlenswert erscheinen, „im Zusammenhang mit ihnen eine größere Anlage deutscher repräsentativer Gebäude zu schaffen". Dennoch solle hier und zu Füßen des

Kosciuszkohügels im Norden der Stadt auf besonderen Wunsch des Generalgouverneurs dessen Amt errichtet werden.
Für die zukünftige Entwicklung der Stadt forderte Ritter eine „klare Gliederung des Stadtkörpers" und eine „organische Verteilung des Raumes" nach den verschiedenen Funktionen – Ziele, die 1941 zum Grundbestand von Planern gehörten, für Krakau und die Stärkung des „Deutschtums" jedoch besondere Lösungen forderten. Die entscheidende Frage war die, „ob man die Deutschen in Krakau in einem ‚Deutschen Viertel' zusammen wohnen ließe oder ob man im Interesse eines ‚Deutschen Krakau' von einer solchen Maßnahme Abstand nehme und die deutschen Wohnungen in einigen größeren Gruppen über die Stadt verteilt". Ritter vertrat die zweite Option und sah deshalb fünf verschiedene Gebiete vor, in denen „für den Reichsdeutschen", der seinen Dienst im Osten als „Kolonialdienst" betrachten werde, zum Ausgleich für Entbehrungen „große, schöne und billige Wohnungen" bereitgestellt werden. Insbesondere „das Einfamilienhaus im eigenen Besitz" werde „vor allem dazu angetan sein, dem Deutschen den Dienst im Generalgouvernement zu erleichtern". Den Polen dagegen wurden „Zweiraum- und Dreiraumwohnungen, vor allem in Stockwerksbauten" zugebilligt. Die Aufteilung der Stadt in polnische und deutsche Gebiete hatte weitere Folgen: Selbstverständlich solle es „für Deutsche und Polen getrennte Sportplätze" geben. Selbst bei der Anlegung von Schrebergärten entdeckte der Planer gewichtige Probleme. Die Deutschen würden „einen eigenen Garten am eigenen Haus haben", 25 Prozent aller polnischen Familien sollten dagegen mit Schreber- und Pachtgärten versehen werden. In einer Besprechung vom Januar 1941 wurde jedoch befürchtet, diese würden „keine besondere Zierde für die Stadt sein"[86], auch nicht nach einer „straffen Organisation und Schulung der polnischen Klein- und Pachtgärtner". Um den Stadthauptmann und das Wirtschaftsamt zu beruhigen, vereinbarte Ritter deshalb mit der Gartendirektion, „die polnischen Schreber- und Pachtgärten im Inneren der großen, bis an den Stadtkern heranreichenden Grünzungen" einzubetten und „auf beiden Seiten von öffentlichen Grünanlagen" begleiten zu lassen.
Noch während Ritter an dem Generalbebauungsplan für Krakau arbeitete, legte die „Baudirektion des Generalgouverneurs" im Oktober 1940 den Entwurf für ein „Deutsches Viertel" vor, das im Bereich zwischen dem äußeren Ring und dem Kosciuszkohügel „Regierungsgebäude, Distriktsgebäude, Verwaltungsgebäude" aufnehmen sollte. Unter Leitung von Oberbaurat Hofer war diese „Baudirektion" im Sommer 1940 eingerichtet worden und für alle vom Generalgouverneur direkt verfügten Bauarbeiten zu-

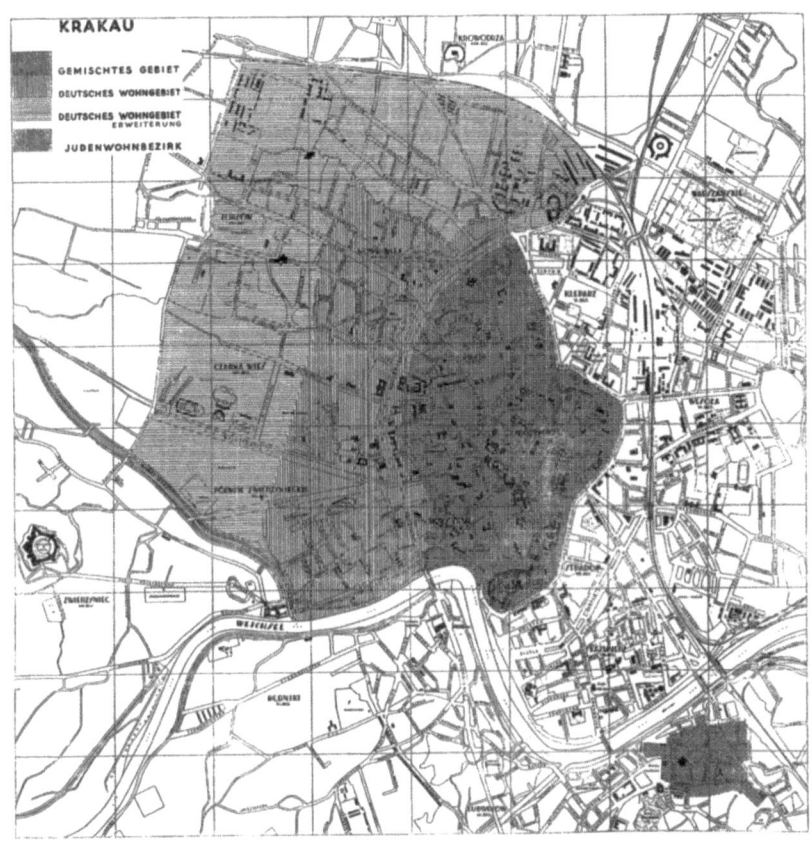

Krakau: Teilung der Stadt in verschiedene Siedlungsgebiete, 1941. Die Altstadt ist als „gemischtes Gebiet" ausgewiesen, ein Streifen westlich davon als „deutsches Wohngebiet", dem sich ein „Erweiterungsgebiet" anschließt. Südlich der Weichsel der „Judenwohnbezirk".
Quelle: Wojciech Kosinski, Kraków

ständig.[87] In Nachahmung ähnlicher Entwürfe für Gauforen führt eine Achse über einen Aufmarschplatz bis an den inneren Ring. Im Jahr darauf klärte Stadthauptmann Robert Pavlu, zuvor „Stabsleiter der Aussiedlungsstelle beim Distrikt Krakau", die Situation bereits grundsätzlich und im Gegensatz zum Ritterschen Vorschlag: Das gesamte Gebiet östlich des Außenringes wurde in einer Tiefe von einem Kilometer zum „Deutschen Wohngebiet" erklärt und ein daran anschließendes Gebiet als „Erweiterungsgebiet". Für die dortigen Bewohner hatte das weitere Folgen. Längst war den Juden „das Betreten der Wege und Plätze in den Anlagen des inneren Ringes" und „der Aufenthalt in den Tuchhallen und das Betreten des Alten Marktes" (ab 1941 „Adolf-Hitler-Platz") verboten. Mit der Anordnung über ein „Aufenthaltsverbot für Nichtdeutsche im Krakauer Park" vom 20. Juli 1942 ging Pavlu noch einen Schritt weiter. Dabei handelte es sich nicht um die übereifrige Aktion eines Herrenmenschen, sondern um eine Reaktion auf zahlreiche Beschwerden. So etwa schrieb ein Hauptmann der Schutzpolizei, Hans Hüttner, dem Stadthauptmann einen Brief, der die Anordnung schließlich verursachte: „Als Familienvater – ich habe Frau, 2 Kinder und eine reichsdeutsche Hausgehilfin hier – stelle ich hiermit den Antrag, den Krakauer Park (am Außenring) für Polen zu sperren, damit endlich die Reichsdeutschen im deutschen Wohnviertel eine Gelegenheit finden, sich ungestört auf einem netten Stückchen Erde zu erholen. Für die Gesundheit unserer Kinder ist dies ein gleich starkes Erfordernis, da sich leider im ‚deutschen Viertel' nach meiner Feststellung noch zu viele Polen und Polenkinder herumtreiben bzw. aufhalten, meist in der Form von Hausmeisterfamilien."[88]
In einer Schrift zum zweiten Jahrestag der Erklärung Krakaus zur Hauptstadt des Generalgouvernements bezeichnete Pavlu die Stadt „als Brennpunkt der deutschen Ostinteressen"[89], die nun „in den glanzvollen Kreis deutscher Städte im Herzen eines neuen Europa einzureihen" sei. Pavlu machte deutlich, daß „wertvollstes deutsches Blut zum Aufgehen im Fremdvolk verurteilt sei, wenn nicht eine absolute Grenzziehung zwischen eigenem Volksgut und fremdem vorgenommen" werde und begründet damit die Ausweisung eines „Deutschen Viertels". Das „Deutschtum" sei „unter allem Umständen reinzuhalten". Mehr noch, „das kommende Geschlecht deutscher Ostpioniere" müsse „schon heute den Abstand dem fremden Volk gegenüber, in dessen Mitte es aufwächst, fühlen lernen". Aus Krakau solle insgesamt „eine blühende Wohn- und Gartenstadt" werden, nicht aus „repräsentativen Gründen", sondern weil „dem deutschen Menschen [...] die Sehnsucht nach Wald und grünen Flächen eingeboren

ist und weil er hier eine Heimat finden muß, die ihm entspricht, wenn er seinen großen kolonisatorischen Aufgaben im Lande einsatzfreudig und leistungsfähig nachkommen soll".

Im zweiten Jahr deutscher Herrschaft begann auch der Umbau der „Burg", wobei besondere Bedeutung dem Entwurf des „Verwaltungsgebäudes Kanzlei Burg"[90] zukam, dessen Entwurf Franz Koettgen und Edgar Horstmann bereits im Januar 1941 auf der Ausstellung „Deutsche Künstler sehen das Generalgouvernement" gezeigt hatten. Der „Schriftleiter" der *Krakauer Zeitung*, Herbert Urban, lobte „die Verschmelzung des neuzeitlichen Baustils [...] mit den alten Stilelementen der Kathedrale und des Burgturms". Mehr als drei Jahre später protestierte Urban in einem Brief an den seit März 1943 amtierenden Stadthauptmann Josef Krämer gegen „unwürdige" Zustände im Stadtbild Krakaus. Im Zuge alles erfassender Räuberei waren nämlich alle öffentlichen Uhren in der Stadt abmontiert worden. Urban machte geltend, eine Uhr sei doch „kein solches Wertobjekt, daß sie unbedingt gerettet werden müßte, wenn wir einmal Krakau zu verlassen gezwungen sein sollten"[91]. Es mache den Eindruck, „als wenn wir uns unserer Sache an der Front nicht sicher" wären.
Drei Monate später war der Spuk vorüber, Krakau war befreit.

Deutsche Architekten in der Bauverwaltung von Lodsch/Litzmannstadt 1940–1942

Mit der Planung für den „Abbau der Polenstadt Warschau" war ein frühes Zeichen für das Zerstörungspotential deutscher Planer gesetzt, das nicht etwa einer zentralen Lenkung bedurfte, sondern durch die „ungeahnten Möglichkeiten" geweckt wurde, die die „Eindeutschung" der Städte und der Landschaft verhießen. Fünf Tage bevor Hubert Groß die Planung in Warschau abschloß, war Wilhelm Hallbauer in Lodsch (Łódź) zu ähnlich weitreichenden Vorschlägen gekommen. Dem Auftrag seines Oberbürgermeisters entsprechend, der von ihm gefordert hatte „aus Lodsch eine deutsche Stadt" zu machen, hatte er *Grundsätzliche Gedanken zum Raumproblem Lodsch* notiert, die auf „eine Neuordnung von Grund auf, bei den Menschen wie bei allen Sachen" hinauslief. Neuordnung hatte zudem auch „Neugestaltung" zu sein, und da das über die Kapazität der Bauverwaltung hinausging, sorgte der Gauleiter dafür, daß im April 1940 der Berliner Architekt Walther Bangert mit der Gesamtplanung beauftragt wurde. In den nachfolgenden Monaten hatte Hallbauer mit der Rekrutierung weiterer

deutscher Mitarbeiter Erfolg. Am 16. Januar 1940 beantragte er die Freistellung des bislang unter ihm in Wilhelmshaven tätigen Hans Bartning[92] zur Übernahme des Stadtplanungsamtes in Lodsch. Wenig später kam Heinz Killus[93] hinzu. Nach seiner Einberufung zur Wehrmacht als untauglich entlassen, bewarb er sich bei Hallbauer in Lodsch. Dort übernahm er nach anfänglicher Tätigkeit unter Karl Delisle aus München die Leitung des Amtes für Wohnungs- und Siedlungswesen. Im Hochbauamt arbeitete neben dem Leiter Walter Eplinius aus Hamburg ein renommierter Architekt der Moderne aus Celle, Otto Haesler[94], als stellvertretender Abteilungsleiter. Das Stadtsanierungsamt übernahm Hans Richter[95] Anfang Januar 1940, Gerhard Waldmann[96] aus Hamburg wurde im Mai 1940 sein Stellvertreter. Richter hatte ab 1920 bei dem Städtebauer Adolf Muesmann in Dresden studiert und dort Wilhelm Wortmann kennengelernt. Bis 1929 studierte er weiter in Berlin bei Heinrich Tessenow, um dann gemeinsam mit Josef Umlauf die Herausgabe der *Baugilde* zu betreiben. Bis Ende 1939 war er im Landratsamt von Rügen für Bauberatung und Landschaftspflege zuständig gewesen und hatte dort mit Gerhard Waldmann anläßlich der „Entschandelung und Gestaltung" der Semlower Straße in Stralsund zusammengearbeitet. Auf Empfehlung von Wolfgang Rauda konnte er sich Anfang 1941 mit einem ähnlichen Auftrag für Kalisch (Kalisz) selbständig machen und Waldmann als Mitarbeiter gewinnen. Den Entwurf für die Farbgebung der Häuser am Markt besorgte Alfred Dorn vom Reichsinnungsverband des Malerhandwerks, beim Rückbau der Dächer und Ladeneinbauten beriet Werner Lindner vom Deutschen Heimatbund. Alle vier hatten bis 1940 gemeinsam „an der Entschandelung der Semlowerstraße"[97] mitgewirkt, wie es im Postskriptum einer Publikation heißt. Dieser knappe Überblick über das Personal einer Bauverwaltung im Osten macht erneut deutlich, daß sich dort nicht Hilfskräfte verdingten, sondern fachlich ausgewiesene Architekten einen Wirkungskreis suchten.
Die bereits 1933 von Wilhelm Pinder geforderte Aktion „Einschäumen, Rasieren", die zur „Gesundung" der Stadtbilder führen sollte, zeitigte tatsächlich bis in die letzten Winkel des „neuen Ostens" wenigstens auf dem Papier Ergebnisse. Als Sachbearbeiter der Beilage *Heimatpflege / Heimatgestaltung* der Zeitschrift der Organisation Todt, *Der Deutsche Baumeister*, machte Lindner 1943 selbst für die Einordnung von „Feuerlöschteichen im Ortsbild"[98] Vorschläge.
Die Kooperation der Architekten in der Bauverwaltung von Litzmannstadt – so hieß Lodsch/Łódź seit Februar 1940 – war offenbar gut. Der Eindruck überwog, der Einsatz sei gerechtfertigt; das geht vor allem auch aus

den monatlichen Berichten der Ämter hervor, in denen sich unter der Rubrik „politische Fragen" nicht Ergebenheitsadressen finden, sondern Erlebnisse, die die Protokollanten als schockierend empfanden. So berichtet zum Beispiel Hans Bartning in einem Aktenvermerk vom 31. Januar 1941 von einem Erlebnis in einer Bäckerei, es errege „immer noch starkes Befremden, wenn man von Geschäftsleuten in Litzmannstadt in polnischer Sprache angesprochen" werde „oder wenn sich Käufer und Verkäufer in polnischer Sprache unterhalten, obwohl sie die deutsche Sprache gut" verstünden. In einem anderen Fall berichtete Bartning, er habe „Anzeige bei der Preisüberwachungsstelle" erstellt, weil Markenartikel mit einem Aufschlag von 100 Prozent verkauft worden seien.

Anfang 1942 war in den Ämter nicht nur die Euphorie verflogen. Otto Haesler war schon 1941 der Wehrmacht gefolgt, um auf der Krim zu arbeiten, Hallbauer siedelte nach Lemberg über, wo er anfangs als Stadtbaurat agierte, dann jedoch zum kommissarischen Stadthauptmann ernannt wurde. Killus meldete sich, wie er 1988 berichtete[99], schon Ende 1941 freiwillig zur Wehrmacht, trat 1944 in Oberschlesien der SS bei. Bartning wurde im Oktober 1942 einberufen und kam im Mai 1943 an der russischen Front um. Richter gehörte zu einem „weißen Jahrgang" und war deshalb 1943 nicht einberufen worden. Erst im April 1944 wurde er in Ostpreußen zu einem Eisenbahnpionier ausgebildet, war dann aber ein ganzes Jahr damit beschäftigt, in Königsberg den Dachstuhl des Schlosses zu reparieren, der durch Verschulden der Wehrmacht abgebrannt war. Auf dem Rückzug bereitete er die Brücken zwischen Stettin und Güstrow zur Sprengung vor und geriet wie Killus in Schleswig-Holstein in englische Gefangenschaft. Waldmann wechselte 1942 in Posen ins Amt für Umsiedlung bei der Dienststelle des Reichskommissars für die Festigung deutschen Volkstums, um dort Wolfram Vogel bei der Gestaltung des Hauptdorfbereiches Wiesenstadt (Wielichowo) zur Hand zu gehen. Wie sich der Leiter der Dienststelle, Wilhelm Zoch, 1989 in einem Brief an Waldmann erinnerte, seien für die Neugestaltung der Hauptdörfer die Planungsunterlagen zwar bis zur Ausschreibung gediehen gewesen, doch umgesetzt worden sei nichts. 1943 wurde Waldmann nach Litzmannstadt abgeordnet, um auf dem nahegelegenen Güterbahnhof von Pabianice die aus dem Süden Rußlands kommenden Züge mit „Umsiedlern" in die verschiedenen Orte des Warthegaus umzuleiten. Von Tarnpflanzaktionen flüchtete Waldmann Mitte Januar nach Stralsund, meldete sich jedoch noch Mitte Februar freiwillig zur Wehrmacht und geriet bei Gadebusch in englische Gefangenschaft.

59

Städtebauliche Neuordnung im Warthegau 1940-1941

Zu den frühesten Planungen im „Mustergau" Wartheland gehört möglicherweise Wolfgang Raudas Entwurf für eine Siedlung von Reichsbediensteten in Kempen (Kępno), unweit von Breslau. Rauda hatte anfangs bei Bonatz in Stuttgart studiert, sein Studium jedoch 1931 mit einem Städtebauseminar bei Adolf Muesmann in Dresden abgeschlossen. Seit 1935 war er in der Baugruppe des Oberfinanzpräsidenten Dresden und im Reichsbauamt Dresden bei der Reichsfinanzverwaltung tätig gewesen und wahrscheinlich schon im Dezember 1939 von dort aus ans Reichsbauamt Kempen abgeordnet worden. Nach seinem städtebaulichen Entwurf entstand dort 1941 die Reichsbahnsiedlung, deren Detaillierung die Wohnungsbaugesellschaft „Wartheland" übernahm.
Anläßlich der Übernahme des Baudezernats der Regierung in Litzmannstadt im September 1940 bescheinigte der Reichsbund der Deutschen Beamten (Gau Sachsen) Rauda, der seit 1. Mai 1933 Mitglied der NSDAP war, politische Zuverlässigkeit: „An seinem vollen persönlichen Einsatz für die nationalsozialistische Bewegung und den nationalsozialistischen Staat besteht kein Zweifel."[100] Von Litzmannstadt aus betreute Rauda intensiv die Planung für Kempen, so daß bis zum September 1943 ein „Strukturplan zum Aufbau der Stadt" entstand, den er im Hinblick auf seine Methodik nicht nur in den von Helmut Richter herausgegebenen *Blättern des Arbeitskreises Baugestaltung und Baupflege im Reichsgau Wartheland* publiziert, sondern auch in der Zeitschrift *Wohnungswesen, Städtebau und Raumordnung*, die dreisprachig internationale Verbreitung fand. Dort heißt es, in „planvollem Zusammenhang zwischen Stadt und Land" werde „mit der Neuordnung der deutschen Ostgebiete ein Aufbau eingeleitet, der bestimmt sei, „dem weiten Raum ein endgültiges Kulturgesicht zu geben". Mit deutlichem Bezug auf die „Richtlinien für die Planung und Gestaltung der Städte in den eingegliederten Ostgebieten" schrieb Rauda von „siedlungsformender Eignung" der Flächen im Wirtschaftsplan und schlug die Bildung von „4 Ortsgruppen von je etwa 4000 Einwohnern" vor, die „als Siedlungseinheiten ihren baulichen Höhepunkt in den Gemeinschaftshäusern der NSDAP"[101] finden würden. Ähnlich wie in Kempen war Rauda auch in Litzmannstadt an konkreten Planungen beteiligt, so etwa mit einem Entwurf für die Siedlung „Am Wiesenhang"[102], die ebenfalls im Rahmen des „Sonderwohnungsbauprogramms 1941/42" auch tatsächlich gebaut wurde.

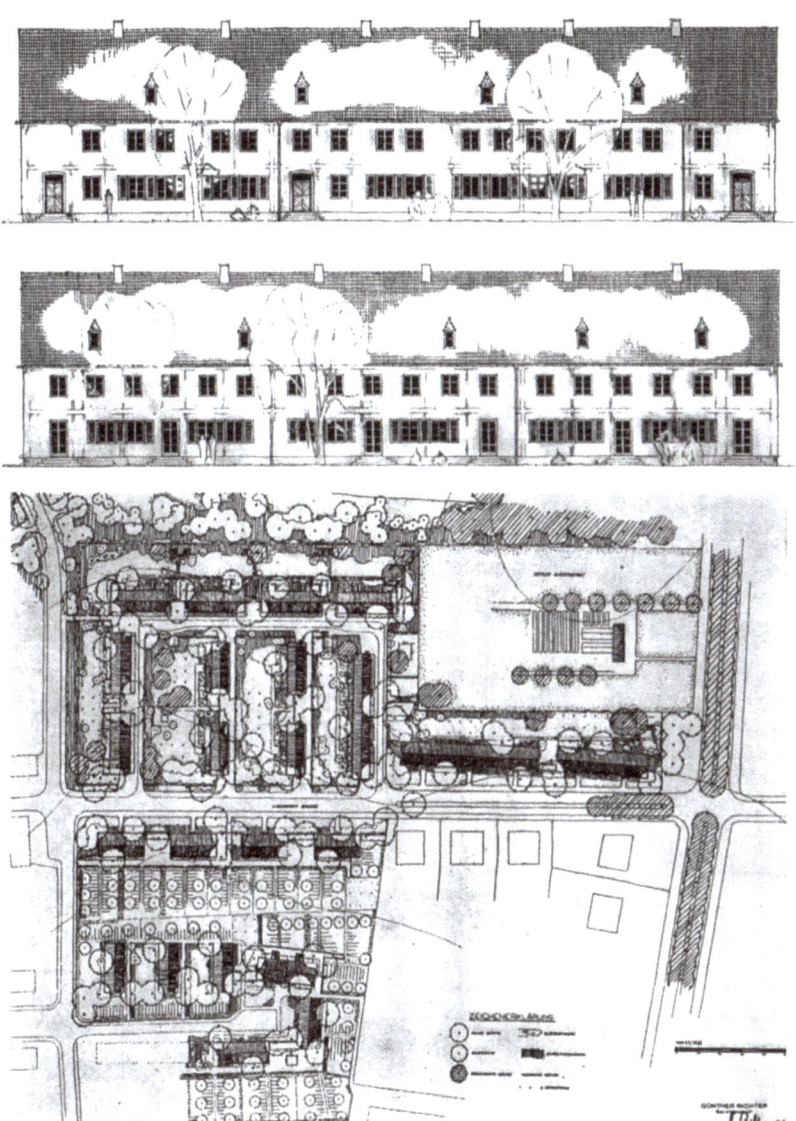

Kempen: Entwurf für eine Siedlung von Reichsbediensteten und Reichsbahnbediensteten von Wolfgang Rauda, Reichsbauamt Kempen, September 1940. Oben: Straßen- und Gartenansicht der „Gruppenhäuser". Unten: Gartenplan für die Bebauung an der Ludendorffstraße, Entwurf Günther Richter, Berlin. Quellen: oben: Bauwelt, H. 19/20, 1943, S. 3, unten: Wartheland, H. 4/5, 1943, 30, 31

Für Wieluń (Welungen), der Kempen benachbarten Kreisstadt, entstand ebenfalls sehr zeitig eine Planung im Berliner Büro von Hermann Jansen, möglicherweise im Auftrage des Gauleiters und durch Vermittlung seines Schülers Walther Bangert. Jansen hatte den Generalbebauungsplan für Dortmund[103] noch nicht abgeschlossen und arbeitete zur gleichen Zeit an Planungen für die Türkei. Bis zum September 1941 war die Planung weiter detailliert und durch zahlreiche Skizzen erläutert worden. Im Büro Jansen arbeiteten an ihr Alfred Cuda und Walter Moest. Cuda war wie Bangert bis 1939 Assistent am Lehrstuhl Jansen gewesen und nach dessen Emeritierung Bürochef. Moest war als ‚Halbjude' 1933 nicht in den Staatsdienst übernommen worden und kam erst 1936 in Jansens Büro. Nach der Tätigkeit für Wieluń wechselte er ins Büro von Herbert Rimpl und arbeitete 1944/1945 gemeinsam mit Franz Rosenberg für den Wiederaufbau von Wuppertal.
Als der „Arbeitskreis für Baugestaltung und Baupflege im Reichsgau Wartheland" die Planung in der Sitzung vom 17. Januar 1941 zu begutachten hatte, heißt es, Jansen erarbeite „für kleine Landstädte vollkommen unzeitgemäße Mammutplanungen"[104]. In der Tat erwies sich der Plan für die Anfang September 1939 völlig zerstörte Stadt Wieluń als überzogen. Er trennt die Stadt in einen kompakten Kern mit geschlossener Blockbebauung und einen weitgefächerten Ring mit Doppelhausbebauung. Der Marktplatz wirkt mit dem Kreishaus, Brunnen und Turm vordergründig und unbeholfen den Anforderungen der Zeit angepaßt. Hohe Dächer und spitze Giebel beschwören die Zeit des Deutschen Ritterordens. Wie sehr ein Turm nicht nur an den großen Gauforen, sondern auch in den Kleinstädten des „neuen Ostens" zum Repertoire gehörte, verdeutlicht eine Bemerkung Josef Umlaufs, die kurz zuvor in der Zeitschrift *Raumforschung und Raumordnung* erschienen war. Danach ist der Turm „der stärkste, in der Vorstellungswelt jedes, auch des einfachsten Menschen verankerte Ausdruck des Ideellen. Er ist geradezu die notwendige Vollendung jeder Siedlungsgestaltung, die über das Materialistische hinausstrebt."[105] Bei der Betrachtung des Entwurfs für Wieluń wird deutlich, daß der große Meister des deutschen Städtebaus, der in den zwanziger Jahren mit Wettbewerbsgewinnen in ganz Europa das Instrument des Generalbebauungsplans wesentlich mitentwickelt hatte, im „Mustergau" vergeblich versuchte, Anschluß zu gewinnen. Wesentlich geschickter erwiesen sich seine Schüler Bangert und Draesel mit Entwürfen für Posen und Litzmannstadt oder sein ehemaliger Mitarbeiter Liedecke mit Entwürfen für Leipe und Dobrin.
Der am 9. September 1940 mit der „Anordnung über die Baugestaltung im Reichsgau Wartheland" gegründete Arbeitskreis bildete eine ehrgeizige In-

Welungen: Studie zur Gestaltung des Stadtkerns – „Hauptplatz mit Kreishaus" und Turm, mit Blick durch die Landsberger Straße auf das Finanzamt – und Gesamtplan. Entwurf von Hermann Jansen, mit Alfred Cuda und Walter Moest, etwa September 1941. Quelle: Plansammlung der Universitätsbibliothek der Technischen Universität Berlin, Nachlaß Hermann Jansen

stanz, die alle Planungen zu passieren hatte. Als „Gaubaupfleger" fungierte bis zu seiner Einberufung zur Organisation Todt im Sommer 1942 Stadtbaurat Luers, der seine Arbeit im Herbst 1940 mit den folgenden Worten begann: „Nachdem das Großdeutsche Reich endgültig für alle Zeiten vom deutschen Osten Besitz ergriffen hat, ist es die vornehmste Pflicht aller im Bauwesen Schaffenden, dafür zu sorgen, daß echte deutsche Baugesinnung noch nach Jahrhunderten Zeugnis von dem gewaltigen Umbruch dieser Zeit ablegt."

Noch im Herbst 1940 begutachtete der Arbeitskreis für Baupflege und Baugestaltung weitere Generalbebauungspläne für Städte im Warthegau: für Kalisch (Kalisz) von Helmut Richter, für Spatenfelde (Opatowek) von H. Zeller, für Kutno von Ernst Vetterlein, für Gerstingen (Gostyń) von Kühn und Gostinin von Helmigk sowie für Wirschau (Weroszow) von Hermann Jansen. Es ging aber nicht nur um konkrete Planungen, sondern auch um die Zulassung von Architekten, die entweder bereits zugezogen waren, oder aber von Berlin aus ihren Wirkungskreis zu vergrößern suchten – schließlich lockte der „deutsche Osten" mit neuen Aufgaben und Aufträgen. Aus Posen erhielten Georg Münter und Klaus Tippel ihre Anerkennung – zwei Architekten, die fünf Jahre später die Bauverwaltungen in Lübeck und Bremen leiteten. Aus Berlin bemühte sich Godber Nissen und die Architektengemeinschaft Max Säume / Günther Hafemann um Zulassung.[106]

Wenige Monate später meldete die Hauszeitschrift des Reichswohnungskommissars, die Planungsabteilung des Gauheimstättenamtes habe alle in Bearbeitung befindlichen Pläne zusammengestellt. Das Ergebnis demonstrierte Zuversicht: Der „neue Osten" war keineswegs nur das Aufmarschfeld von Glücksrittern. Zumindest im Sommer 1941 erschien die Zukunft grenzenlos: Im Regierungsbezirk Posen waren Pläne für 26 Städte fertiggestellt, im Regierungsbezirk Hohensalza (Inowrocław) ebenfalls für 26 Städte und im Regierungsbezirk Litzmannstadt (Łódź) für 33 Städte.[107]

Neue Städte in Oberschlesien und Südostpreußen

Im neugebildeten „Reichsgau Oberschlesien", in Danzig-Westpreußen und in Südostpreußen sind zwar nicht, wie im Warthegau, flächendeckend Planungen erarbeitet worden, doch kam es punktuell zur Planung von neuen Städten, die zum Teil die alten Städte ersetzten, oder aber, wie im Falle von Thorn (Planung von Hans Döllgast, 1940-1942) und Bromberg (Pla-

nung von Josef Umlauf, 1942) das historische Gefüge respektierten und lediglich durch die Planung von „Hoheitsbauten" aufzutrumpfen versuchten.
In Oberschlesien ging es neben der Planung für eine neue Gauhauptstadt (die bereits erwähnt wurde) um Heydebreck im Kreis Cosel (Koźle) und Sosnowitz (Sosnowiec). Bei Heydebreck (Kędzierzyn) baute die I.G. Farbenindustrie nach der Planung ihres im April 1941 zum Baudirektor ernannten Ingenieurs Camill Santo ein Stickstoff- und Treibstoff-Werk mit einem Bauvolumen von 160 Millionen Reichsmark – eine Anlage, die den großen Bunawerken in Schkopau und Hüls vergleichbar war. Bereits im Herbst 1940 mußte Paul Schmitthenner den Auftrag zur Planung der „Wohn- und Waldstadt Heydebreck" von seinem in Schlesien als Landesplaner agierenden Schüler Gerhard Ziegler erhalten haben. Kurz darauf sprach sich Gauleiter Bracht gegen einen ersten Entwurf aus und befürwortete die Vergabe des Auftrages an den Breslauer Professor Blecken. Ungeachtet dieser eher üblichen Schwierigkeiten und Konkurrenzen konnte Schmitthenners Mitarbeiter Erich Heck den Plan am 26. Juni 1941 dem Gauwohnungskommissar Perret vorstellen. Tags darauf erschien auch Schmitthenner in Kattowitz und erreichte die Zustimmung des Gauleiters zur Planung. Dabei wurde verabredet, „die inzwischen herausgekommenen Richtlinien für Parteigebäude zu beachten, insbesondere die Schaffung von Ortsgruppenzentren"[108]. Der von Schmitthenners Studentin und späterer Frau Elisabeth Prüß gezeichnete endgültige Entwurf[109] wurde der Landesplanungsgemeinschaft Oberschlesien am 2. Dezember 1941 übergeben. Im Umfang wenig geringer als Stosbergs Planung für Auschwitz, war die neue Stadt nach Schmitthenners Entwurf von dem kleinen Dorf Heydebreck durch einen Grünzug deutlich abgesetzt. In Anlehnung an die Stadtgründungen des Ritterordens basiert die Planung auf einem Raster, dessen Hauptachsen nur leicht verschwenkt sind. Zwei Plätze mit dem Haus der Partei und dem Rathaus bilden Zentren, doch sind die Achsen nicht auf diese Plätze, sondern auf die vier Ortsgruppenhäuser ausgerichtet. Insgesamt soll die Stadt „30.000 Menschen Wohnung in Ein- und Mehrfamilienhäusern" bieten, wie Schmitthenner der Legende handschriftlich hinzufügt.
Zu einer besonders skurrilen Planung kam es in der unmittelbaren Nachbarschaft von Kattowitz, wo seit dem Sommer 1940 auf Betreiben des Architekten und Oberbürgermeisters Franz Josef Schönwälder bei Sosnowitz eine neue Stadt geplant wurde. Mehr als zwei Jahre später notierte Heinrich Dörr, Referent der Reichsstelle für Raumordnung, anläßlich ei-

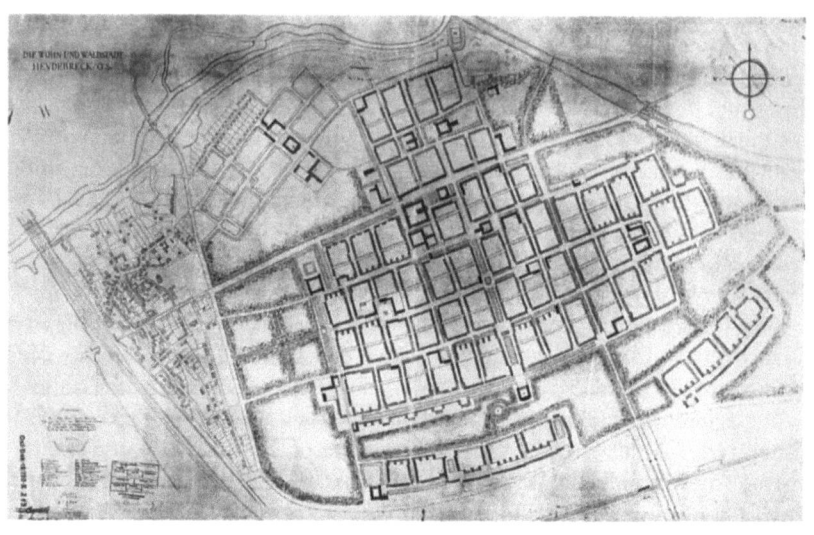

Entwurf für die „Wohn- und Waldstadt Heydebreck/O.S." (Kędzierzyn) von Paul Schmitthenner, gezeichnet von Elisabeth Prüß, Dezember 1941. Schmitthenners handschriftliche Beschreibung lautet: „Die Stadt bietet 30 000 Menschen Wohnung in Ein- und Mehrfamilienhäusern. Sie enthält die notwendigen Gebäude der Gemeinschaft, der Verwaltung, der Erziehung wie diese nachstehend aufgeführt". Quelle: Bundesarchiv Koblenz, Ost-Dok 10/780-k 213

ner Planertagung in Berlin, auf der der stellvertretende Landesplaner aus Kattowitz, Beutler, berichtete, „der Gedanke einer grundsätzlichen Aussiedlung aus dem engeren Oberschlesischen Kohlenrevier" stamme von der Landesplanung. Dabei sei man von einer Stadt von 120 000 Einwohnern ausgegangen. Als jedoch der Oberbürgermeister von Sosnowitz von der Idee hörte, habe er „mit der ihm eigenen Energie den Plan aufgegriffen und mit einem besonderen Planungsstab von etwa 15 Köpfen die Projektierung auf eigene Faust begonnen". Die Kritik fiel hart aus: „Muß schon", so Dörr, „die Landesplanung wegen der willkürlichen Festsetzung der Groß-Stadt-Größe die eigenmächtige Planung des Oberbürgermeisters verurteilen, so muß sie noch entschiedener den vorliegenden Entwurf ablehnen. Es ist dies nichts anders als eine Haufenstadt, die sich auch noch in unglücklicher Weise über das landschaftlich sehr empfindliche Hügelland legt."[110] Die erste „Denkschrift" Schönwälders ist nicht erhalten, die zweite vom Dezember 1940, die der Bezirksplaner Froese von Kattowitz an den Landesplaner Ziegler nach Breslau weiterreichte, äußert sich zu „Umsiedlung" und „Neuplanung" und stellt zudem eine ganze Reihe von Fragen. Schönwälder fordert die volle Zuständigkeit und erwartet für die Planung „die Genehmigung durch den Führer", um rechtzeitig einen hohen Anspruch geltend zu machen. Die Voraussetzungen werden unumwunden beschrieben: Nach der „Evakuierung des Judentums", das „90 % aller Geschäfte" betrieben hatte, sei „eine zwingende Notwendigkeit [...] die Besetzung aller wichtigen Stellen mit Deutschen". Und da besonders „die bauliche Neugestaltung des Raumes eine große Zahl neuer Kräfte beansprucht", stellte sich die Frage, ob „diese Kräfte durch deutsche Menschen gestellt werden sollen oder ob dafür die im Raum ansässigen Polen zum Teil behalten werden". Obwohl Sosnowitz nicht zur „Siedlungszone 1" gehörte, stellte sich schon im Herbst 1940 die Frage, „ob die Besiedlung restlos mit Deutschen erfolgen" sollte, oder ob „wertvolle Menschen [...] in das deutsche Volkstum eingegliedert werden" sollen, zumal Schönwälder „ein stark verschüttetes Deutschtum" in der Region ortet. Jedenfalls ermittelte der umtriebige Oberbürgermeister den Bedarf einer neuen Stadt für „200 000 deutsche Menschen", eine Größenordnung, die im Falle „restloser Eindeutschung" verdoppelt werden könne. Wichtig sei vor allem „eine scharfe Trennung" zwischen „deutscher und polnischer Bevölkerung". Doch dann stellte sich die drängende Frage, ob „in dieser Stadt auch Polen als Hausangestellte, als Verkäufer oder in ähnlichen Berufen beschäftigt werden", oder ob „die Zahl der deutschen Ansiedler von vornherein" höher zu sein habe. Schönwälder hielt es für möglich, jährlich 3000 neue Wohnungen zu bauen; er

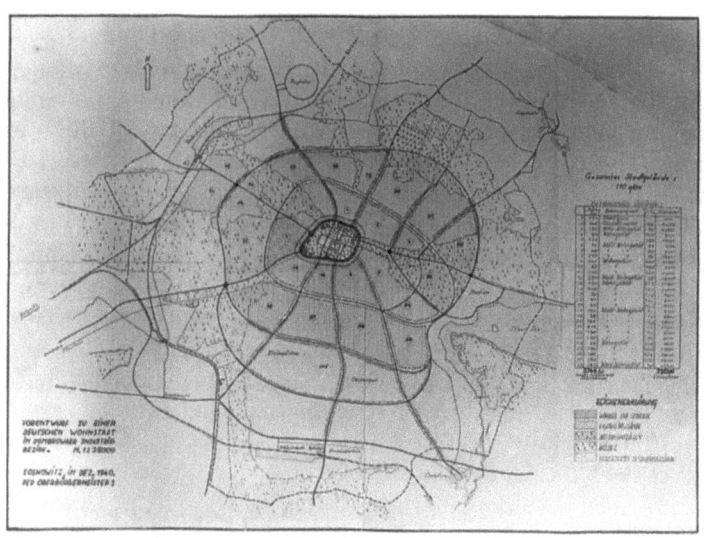
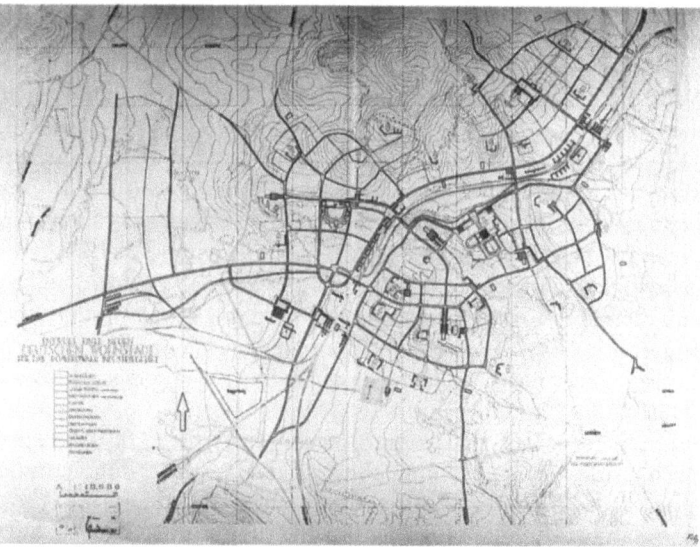

Sosnowitz: Oben der Vorentwurf einer Deutschen Wohnstadt im Dombrowaer Industriebezirk, Dezember 1940, unten der nach Maßgabe der Landesplanungsgemeinschaft überarbeitete Entwurf vom Februar 1943. Quellen: Oben: APK, Land PlG O/S 1193 (Staatsarchiv Kattowitz), unten: BArchK, Ost-Dok-10/780-K, 215

rechnete mit einer Zeit von 12 Jahren für „die Bebauung und Besiedlung der Stadt". Eher Ratlosigkeit signalisert die Frage, wer denn „für die Beschaffung der deutschen Menschen zuständig" sei. Zum Plan selbst gibt es keine schriftlichen Aussagen. Die bestehende Bevölkerung wird allenfalls unter ästhetischen Gesichtspunkten gestreift: Der „letzte Rest des noch halbwegs kulturellen Polentums" soll proletarisiert werden, andererseits solle das „Polentum schon allein aus rein äußerlichen Gründen kulturell und wirtschaftlich gehoben"[111] werden.

Im Januar 1941 nahm der Landesplaner anläßlich einer „Ministerialbereisung" von Vertretern des Reichsministerium des Innern zur Planung für die neue Stadt Stellung. Aus Gründen „des Volkswachstums" seien große Städte nicht erwünscht, so daß man „die Bevölkerung außerhalb des Reviers ansetzen" wolle. Bei dieser Gelegenheit hatte auch Schönwälder Gelegenheit, seine Vorstellungen zu erläutern: Es gelte, „ganz neue deutsche Städte zu errichten und die polnisch-jüdischen Städte allmählich schrittweise abzubauen". Himmler solle die „Einreihung in die Führerstädte" erwirken, das heißt, das Vorhaben neben die Neugestaltungsplanungen für München, Nürnberg, Hamburg und Linz zu stellen. Eine Vorstellung der Planung bei Ley und Speer sei ebenfalls beabsichtigt – der Landesplaner konnte sich gerade noch ausbedingen, dabei anwesend sein zu dürfen. Nach Beurteilung auch der Planungen für die anderen Städte des Reviers zeigte sich Landesplaner Ziegler resigniert und forderte für „die bisher durchweg sehr vernächlässigten Städte ein in jeder Hinsicht deutsches nationalsozialistisches Antlitz", damit „auch deutsche Menschen darin arbeiten und aufwachsen können, und damit sie stolze Zeichen deutscher Kultur werden". Auf jeden Fall sei es notwendig, „den im Revier lebenden und ins Revier zuziehenden Deutschen eine anständige Umgebung zu schaffen". Vorrangig erschien ihm auch, „in alles nunmehr neu und damit gut zu Schaffende, ob in oder außerhalb des Reviers, die Deutschen zu setzen"[112].

Mit der weiteren Diskussion vergingen zwei Jahre, bis das schließlich als „kriegsunwichtig" eingestufte Projekt zu den Akten gelegt wurde. Der Landesplaner hatte die Idee einer Zellenstadt entwickelt und zudem einen anderen Standort vorgeschlagen. Umplanungen hielt Schönwälder jedoch für „Arbeitsverschwendung" und erhob dementsprechend vehement Einspruch. Nachdem Ziegler und der beim Reichskommissar für die Festigung deutschen Volkstums zuständige Stadtplaner Josef Umlauf die Planung im August 1942 erneut ablehnten, verschaffte sich Schönwälder Zuspruch und Unterstützung beim Gauleiter. Ziegler erschien schließlich gemeinsam mit Umlauf in Sosnowitz. Bei dieser Gelegenheit machte Umlauf

darauf aufmerksam, daß Himmler „keine neuen Großstädte" wünsche, und schlug vor, die geplante Stadt „in drei Einzelstädte zu zerlegen". Schönwälder war verunsichert, und da Umlauf seines Erachtens ein „maßgebender Sachbearbeiter des Reichsführers" sei, sehe er sich nicht in der Lage, die Arbeit weiterzuführen. Er habe „keine Lust, Arbeiten zu leisten, die später durch irgend eine Stelle für Null und nichtig erklärt" würden; wenn es keine Entscheidung gebe, würde er den Gauleiter bitten, ihn „von dieser Aufgabe zu entbinden"[113].
Bracht beruft sich auf Himmler, der „durch seine Hinweise das jetzige Projekt und die Planungen dafür" ausgelöst habe. Umlauf überschreite seine Befugnisse. Und ironisch nahm er auf „sogenannte Grundsätze" von Planern Bezug, die „auf Grund unterschiedlichster Gegebenheiten eine genügende Elastizität" erforderten. „Entscheidungen" lägen schließlich bei ihm als Gauleiter und Oberpräsidenten, und wenn sie nicht irgendwelchen Richtlinien entsprächen, so würde er „erforderlichenfalls die Willensmeinung der letztverantwortlichen Persönlichkeiten"[114] herbeiführen.
Ungeachtet dieser Rückenstärkung agitierte die Reichsstelle für Raumordnung, die sich 1942 in vieler Hinsicht gegen Himmlers Alleinvertretungsanspruch zu wehren suchte, mit einer „raumplanlichen Stellungnahme". Darin wird Schönwälders Entwurf als „altmodische konzentrische Anlage"[115] verworfen, die „allen stadtplanlichen Grundsätzen" widerspreche.
Der Regierungspräsident übermittelte deshalb den Entwurf der Reichsstelle für Raumordnung nicht mit der Bitte um Mitwirkung, sondern verlangte geradewegs die „Erteilung des Sichtvermerks"[116]. Mit seinem „Gegenvorschlag" brachte Dörr das von ihm favorisierte und zuvor bereits auch in der Zeitschrift *Raumforschung und Raumordnung* vorgestellte Modell der „Strahlenstadt"[117] ins Gespräch. Nach seinem Vorschlag solle ein „ideales 6-Strahlensystem" entstehen. Spätestens zu diesem Zeitpunkt sind alle beteiligten Stellen verunsichert, so daß es bei Ulrich Greifelt in Berlin zu einer Besprechung kam, an der auch Konrad Meyer und sein Mitarbeiter in Stadtplanungsfragen, Umlauf, teilnahmen. Letzterer machte geltend, daß „die volkspolitischen und bautechnischen Möglichkeiten" noch nicht zu übersehen seien, so daß der Reichsarbeitsminister und die Reichsstelle für Raumordnung die Planung zunächst zurückgestellt hätten. Als Alternative zu Schönwälders Entwurf, den er als eine „von barocken Vorbildern beeinflußte Form" kritisierte, schlug Umlauf die Entwicklung einer „Stadtlandschaft" vor, eine „Auflockerung der geplanten Stadt in mehrere in sich abgeschlossene kleinere Teile"[118]. Schönwälder erklärte sich schließlich bereit, den Vorschlägen von Umlauf und Ziegler zu folgen. Im Januar 1943

fragte der Reichsinnenminister beim Reichsarbeitsminister nach[119], ob die Planung tatsächlich soweit gediehen sei, daß der Abschluß von Architektenverträgen durch den Oberbürgermeister von Sosnowitz gerechtfertigt sei. Ende Januar ist Ziegler drei Tage lang in Berlin, um zahlreiche Planungen mit der Reichsstelle für Raumordnung abzustimmen. Dabei kam auch die Planung für Sosnowitz[120] zur Sprache, für die ein neuer Standort gefunden sei. Ziegler schlug vor, die Stadt in zwei Siedlungseinheiten mit je 100 000 Einwohnern zu gliedern.
Zum abschließenden Gespräch kam es am 27. Februar 1943 „unter Leitung des Herrn Gauleiters und Oberpräsidenten"[121], von dem die widerstreitenden Parteien endlich ein Machtwort erwarteten. Aus Berlin waren Meyer und Umlauf angereist, während als Beauftragter des Gauleiters und des Reichskommissars für die Festigung deutschen Volkstums der Stabsführer und SS-Obersturmbannführer Fritz Arlt erschienen war. Dieser leitete Himmlers Außenstelle in Kattowitz seit September 1940. Sein Stellvertreter Helmut Stutzke hatte im Februar 1941 die bevölkerungspolitischen Ziele in Oberschlesien unmißverständlich zum Ausdruck gebracht: „Wir haben die wiedergewonnenen Ostgebiete in den nächsten Jahren im Landschaftsbild und in der Bevölkerung deutsch zu gestalten."[122] Damit war auch den Stadt- und Landesplanern frühzeitig vorgegeben, daß mit umfangreichen „Evakuierungen" zu rechnen war. Anläßlich der hochrangigen Besprechung hatte Oberbürgermeister Schönwälder die im Jahr zuvor von der Landesplanungsgemeinschaft vorgelegten Skizzen für eine anfangs verschmähte Tallage bei Zombkowitz von seinem Architekten Zahn überarbeiten lassen. Der mit Forum und Ortsgruppenmittelpunkten bereits im Detail gestaltete Entwurf fand auf der Besprechung breite Zustimmung. Ziegler sprach von einer „Stadt-Landeinheit". Der Gauleiter bemängelte den „Siedlungscharakter", doch konnten die Anwesenden ihn davon überzeugen, daß „die Tallage ein einheitliches großartiges Stadtbild" ergebe. Allein in der Größenordnung setzte sich der Gauleiter durch. Während Ziegler für 130 000 Einwohner plädierte, „bestimmt" der Gauleiter „aufgrund besonderer Rücksichten und der zu erwartenden großen Zukunft des Gebietes" 150 000 bis 200 000 Einwohner als Grundlage weiterer Überlegungen. Ziegler berichtete daraufhin der Reichsstelle für Raumordnung, die wiederum dem Reichsminister des Innern Bericht erstattete. Über den Oberpräsidenten teilte das Reichsministerium des Innern wiederum dem Regierungspräsidenten Walter Springorum in Kattowitz mit Schreiben vom 19. März mit, daß an den Abschluß der „in Aussicht genommenen Architektenverträge"[123] nicht zu denken sei. Damit kam die Episode von Sos-

nowitz zu einem Ende – war doch auf der Besprechung im Februar unmißverständlich betont worden, daß die Weiterbearbeitung der Planung „im Sinne des Führererlasses vom Januar 1943" einzustellen sei. Ähnlich wie in Oberschlesien sollte auch im annektierten Südostpreußen zwischen Narew und Weichsel ein „deutscher Lebensraum" entstehen. Wolfgang von Auer von der Bezirksplanungsstelle des Regierungsbezirks Zichenau (Ciechanów) erarbeitete deshalb bis zum Frühjahr 1941 für die „Siedlungszone Ia" im Auftrage des Reichskommissars für die Festigung deutschen Volkstums „Kreisraumordnungsskizzen", die den Standort der Hauptorte sowie deren kulturelle und wirtschaftliche Einflußbereiche festlegten. Eine der ersten Nummern der vom Reichswohnungskommissar, Robert Ley, begründeten Zeitschrift *Der soziale Wohnungsbau in Deutschland* war im Juli 1941 dem Wohnungsbau in Ostpreußen gewidmet. In Geleitworten bezeichnete Gauleiter Robert Koch, der wenige Wochen später auch Reichskommissar der Ukraine sein sollte, „den planmäßigen Einsatz des Wohnungsbaus" als „Aufbauwerkzeug im deutschen Osten"[124], während der Regierungspräsident von Zichenau von einem „Rohstoff Zichenau" spricht und einem „traurigen Erbe polnischer Mißwirtschaft": Es müsse „unter restloser Beseitigung des übernommenen Bestandes ein völlig neuer Aufbau durchgeführt werden." Der Bezirksplaner schloß sich dieser Einschätzung an: Wie während der Ordenszeit „können und müssen die Städte neu gestaltet werden". Es handle „sich hierbei nicht um einen Umbau, sondern um die Schaffung völlig neuer Siedlungskörper". Von Auer beschwört „gewaltige Anstrengungen" und den „Einsatz der besten Kräfte", damit die neuen Städte, „das besondere Gesicht der Landschaft in sich tragen und die städtebaulichen Ideen der nationalsozialistischen Weltanschauung verwirklichen"[125]. Die Voraussetzungen des Wohnungsbaus „als volkspolitische Waffe" beschrieb ganz ähnlich Dietrich Reiser von der Außenstelle des Instituts für ostdeutsche Wirtschaft in Königsberg: Beim Regierungsbezirk Zichenau handele es sich um „ein kulturell, wirtschaftlich und baulich völlig heruntergekommenes Land", und darin siedle „ein Menschentum, das nicht nur in seinem völkischen und rassischen Gemisch, sondern auch in seinem äußeren Auftreten und in seiner inneren Haltung ganz dem Bilde des Verfalls" entspreche. Folglich sei „die Aufgabe, das Gebiet zum deutschen Volksboden umzuformen, ihrem Wesen nach ein totaler Auftrag". Reiser spricht von einer „großen osteuropäischen Umsiedlungsaktion": Die großen Städte seien bereits „judenfrei"[126], die Aufnahme der Litauendeutschen sei im Gange. Ein Volkswirt der Landesplanungsgemeinschaft Ostpreußen bestätigte, der Regierungsbezirk stehe "vor der gigantischen Aufgabe eines völligen Um- und Neuaufbaues"[127].

Bereits seit Sommer 1940 war der "völlige Um- und Neuaufbau" der Städte im Regierungsbezirk Zichenau in den Händen der Bauabteilung des Preußischen Finanzministeriums. Deren Leiter, Artur Reck, hatte nach dem Waffenstillstand in Frankreich Jan Wilhelm Prendel für diese Planungen "unabkömmlich" stellen lassen. Prendel hatte nach dem Architekturstudium in Hannover im Büro von Wilhelm Fricke seine Ausbildung als Regierungsbauführer absolviert und war bereits seit 1934 bei der Preußischen Staatshochbauverwaltung in Berlin tätig gewesen. In verschiedenen Abteilungen hatte er Umbauten vom Amtsgerichten in der Eifel sowie in Ostpreußen und schließlich ein Lehrerausbildungsseminar in Oldenburg geplant. Von Städtebau dagegen hatte er, wie Prendel 1988 berichtete[128], "nicht die geringste Ahnung". Deshalb studierte er nun eiligst Schriften von Heinz Wetzel, Gottfried Feder und auch Camillo Sitte – eine unvereinbare Mischung, die, wie er später einräumte, wenig Wirkung zeitigte. Prendels Entwürfe für Zichenau (Ciechanów), Mielau (Mława) und Ostenburg (Pułtusk) sind eher imperiale Phantasien, die ihre Versatzstücke aus den Planungen von Gauforen der vergangenen Jahre bezogen. Der Entwurf für Zichenau baut tatsächlich auf einer tabula rasa auf. Eine nahezu quadratische Stadtanlage von fünf mal fünf Blöcken mit durchgehend dreigeschossiger Bauweise ist durch eine Achse gegliedert, auf der die schloßartigen Bauten der NSDAP mit der Volkshalle und der Regierung einander gegenüberstehen. In die Mitte der Stadt ist dagegen der Marktplatz mit turmbekröntem Rathaus plaziert. Artur Reck schrieb in einer Erläuterung von der "Sonderverpflichtung" der Staatshochbauverwaltung, "das städtebauliche Problem im Sinne des von ihr gepflegten Erbgutes der preußischklassizistischen Baugesinnung nach der architektonischen Seite hin zu vertiefen"[129]. Die "Epoche des friderizianischen Kraftzentrums" stehe, "gerade unserer Zeit mit ihrem heroischen Lebensstil und der Wertung der Führerpersönlichkeit so nahe".

Im Frühjahr 1941 gelang es Reck, von den Planungen für die drei Städte Repräsentationszeichnungen durch einen Graphiker anfertigen zu lassen, der von Albert Speers Entwürfen Kupferstiche herstellte und zuvor in der Österreichischen Staatsdruckerei Banknoten für den Balkan entworfen hatte. Diese Verbindung führte schließlich dazu, daß die Entwürfe im November 1941 in der von Speer herausgegebenen Zeitschrift *Die Baukunst*[130] veröffentlicht wurden. Prendel erinnerte sich, deshalb auch in der Reichskanzlei gewesen zu sein, in der die Redaktion der Zeitschrift ihren Sitz hatte.

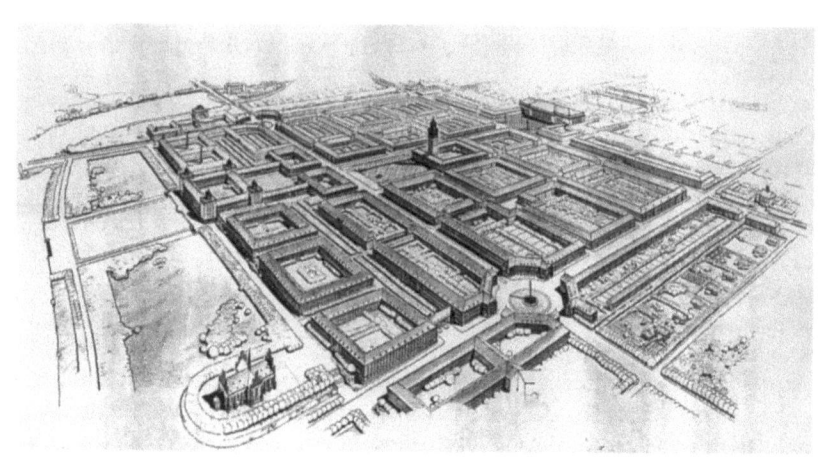

Zichenau: Entwurf zur Neugestaltung der Innenstadt von Artur Reck und Jan W. Prendel, 1941. Quelle: Die Baukunst, November 1941, 225

Ende 1942 trat Prendel die Nachfolge Kurt Fiebelkorns als Leiter des Baudezernats in Zichenau an und bezog ein von der Gauheimstätte nach einem Entwurf Fiebelkorns eben erst fertiggestelltes Einfamilienhaus. Zur „Beseitigung [der] chaotischen Unkultur"[131] und „zur Sicherung der geistig-seelischen Besitzergreifung des Neulandes" im Zichenauer Regierungsbezirk sollte es nicht mehr kommen. Die ehrgeizigen Pläne für ein neues Zichenau oder zum Bau von Hauptdörfern, für die Hermann Mattern die Landschaftsplanung übernommen hatte, blieben auf dem Papier. Die Wirklichkeit war lediglich von Raubzügen geprägt, die offenbar jeden Gegenstand erfaßten. Prendel erinnerte sich, der Gauleiter habe sich im Osten des Bezirks ein Schloß ausgestalten lassen, für das er die Heizungskörper aus einem Krankenhaus in Warschau habe demontieren lassen.

Wie seine Kollegen Stosberg in Auschwitz oder Umlauf in Berlin wurde Prendel im August 1943 erneut zur Wehrmacht eingezogen. Nach einer Ausbildung in der Festung Modlin bei Warschau (wo 1941 Hubert Groß stationiert war) war er an verschiedenen Fronten in Norwegen und Rußland und erlebte das Ende des Krieges in einem Lazarett in Ludwigslust. Noch vor der Entlassung aus englischer Kriegsgefangenschaft im August 1945 bat ihn der Bischof von Hildesheim um Mithilfe beim Wiederaufbau von Krankenhäusern. Ab Sommer 1946 übernahm er jedoch die Leitung derjenigen Abteilung der Staatshochbauverwaltung in Hannover, in der er bis 1933 ausgebildet worden war. Später wechselte er in die Bauabteilung des Finanzministeriums, die ein Bruder Gollerts leitete. Wenige Jahre zuvor war der Bruder in der Bauverwaltung der Luftwaffe, Friedrich Gollert als Raumplaner in Warschau tätig gewesen.

3 Drei Städte

Auschwitz: Stadt und Konzentrationslager

Zuständigkeiten
Raumplanung: Beim Regierungspräsidenten in Kattowitz war bereits im November 1939 eine Bezirksstelle der Landesplanungsgemeinschaft Schlesien eingerichtet worden, deren Leitung Udo Froese übernahm, seit 1936 Referent bei der Reichsstelle für Raumordnung. Die dem Oberpräsidenten zugeordnete Landesplanungsgemeinschaft hatte ihren Sitz in Breslau, als die Reichsstelle für Raumordnung zu deren Leitung Gerhard Ziegler berief. Nachdem Oberschlesien zu einem eigenen Gau mit Sitz eines Oberpräsidenten und eines Regierungspräsidenten in Kattowitz wurde, war Ziegler dort als Landesrat Leiter der Planungsbehörde beim Oberpräsidenten (und Gauleiter) als dem Vertreter der Reichsregierung, Froese dagegen Leiter des Generalreferats für Raumordnung beim Regierungspräsidenten. In beiden Situationen war Ziegler zugleich Planungsbeauftragter des Reichskommissars für die Festigung deutschen Volkstums und damit der von Konrad Meyer geleiteten Amtsgruppe C in Berlin berichtspflichtig. In der Hauptabteilung Planung und Boden war dort ab Mai 1940 Josef Umlauf für Raumplanung und Städtebau zuständig, Heinrich Wiepking-Jürgensmann agierte als Sonderbeauftragter für Landschaftsgestaltung.
Stadtplanung: Im Juni 1941 wurde Hans Stosberg zum Sonderbevollmächtigten für den Generalbebauungsplan der Stadt Auschwitz ernannt. Formell unterstand er dem Amtskommissar von Auschwitz und war damit dem Kreisbaurat in Bielitz (Bielsko) verantwortlich, seine Arbeit finanzierte jedoch das Reicharbeitsministerium, in dem Helmut Döscher[132] und Max Büge[133] zuständig waren. Die Prüfstelle des Reichswohnungskommissars übernahm lediglich eine Beratungsfunktion bei der Planung von Auschwitz.
Konzentrationslager: In dem von Oswald Pohl geleiteten Wirtschafts-Verwaltungshauptamt (WHVA) unterstand die Amtsgruppe C dem Architekten Hans Kammler, der nach seinem Ausscheiden aus dem Reichsministerium für Luftfahrt zum 1. Juni 1941 deren Leitung übernahm. Im Amt

IV – „Künstlerische Fachgebiete" – erarbeitet Georg Werkmann den ersten (Juni 1941 – um diese Zeit noch SS-Hauptamt Planung und Boden genannt) und zweiten (Februar 1942) Generalbebauungsplan für das „K.L. Auschwitz", Lothar Hartjenstein den dritten (Sommer 1942) und vierten (November 1942). Georg Werkmann war zudem für die Detailplanung zahlreicher Einzelprojekte zuständig. Für die Durchführung aller Bauarbeiten war die SS-Neubauleitung Auschwitz verantwortlich, die der Architekt August Schlachter aus Biberach leitete. Ab 1. Oktober 1941 stand Karl Bischoff dem in „Zentralbauleitung der Waffen SS und Polizei Auschwitz" umbenannten Baubüro vor, in dem etwa hundert polnische Architekten Zwangsarbeit leisteten. Am 1. November 1943 folgte ihm der an den Höheren Technischen Lehranstalten in Neustadt und Buxtehude ausgebildete Werner Jothann, „Fachführer der Waffen SS – Fachgruppe Bauwesen", in der Leitung. Die wichtigsten Mitarbeiter der Bauleitung waren der in Innsbruck geborene Bauleiter Walter Dejaco als Leiter der Planung und der in Linz geborene und 1931 am Bauhaus diplomierte Architekt Fritz Ertl als Abteilungsleiter. Dejaco trat der Bauleitung am 6. Juni 1940 bei, Ertl bereits am 27. Mai, eine Woche nachdem die ersten 30 Häftlinge aus Sachsenhausen eingetroffen waren.

I.G. Farbenindustrie: Zuständig für die Wahl des Bauplatzes des Bunawerkes war Otto Ambros, Mitglied des Vorstandes der I.G., Wehrwirtschaftsführer und Leiter des Ausschusses für chemische Kampfstoffe im Ministerium für Rüstung und Kriegsproduktion. Ihm nachgeordnet war der in Aachen promovierte Maschinenbauingenieur Walter Dürrfeld als Bau- und Montageleiter des Bunawerkes in Auschwitz. Für die „einheitliche Gestaltung der Architektur" von Werk und Bereitschaftssiedlung sorgte Baudirektor Camill Santo, der Klement Anders, den Architekten der werkseigenen Gemeinnützigen Wohnungsbaugesellschaft Ludwigshafen mit den Entwürfen beauftragte. Von der Neuen Heimat in Berlin war Titus Taeschner beteiligt. Für die Grünplanung der Bereitschaftssiedlung sorgte Gartenbauinspektor Max Fischer, seit 1926 Leiter der Abteilung Gartenwesen bei der I.G. Farbenindustrie.

Die Hierarchie von konkurrierenden Zuständigkeiten und Ansprüchen läßt sich am deutlichsten in der Sitzordnung erkennen. Als sich am 23. September 1942 im „Haus der Waffen SS" in Auschwitz die Vertreter aller Behörden versammelten, um erneut die Ausdehnung des Lagers zu besprechen, übernahm Oswald Pohl als Hausherr den Vorsitz. In der Liste der Beteiligten folgte dem Gauleiter (und Oberpräsidenten) der Regierungspräsident. Dann kamen die Vertreter der Stadt, des Konzentrationslagers und schließlich der I.G. Farbenindustrie.

Auf der Suche nach dem Ort
Die erste Erwähnung von Auschwitz findet sich in einer Skizze von Hermann Roloff, einem Referenten der Reichsstelle für Raumordnung vom November 1939. „Hinter der vorrückenden Truppe"[134] zog, so Roloff in seinem Bericht in der Zeitschrift *Raumforschung und Raumordnung*, „die Planung", um in Kattowitz (Katowice) eine Bezirksstelle der Landesplanungsgemeinschaft Schlesien einzurichten. Besonders hob er hervor, daß Deutschland in der Kohleförderung neben den Vereinigten Staaten unversehens „an die erste Stelle unter den Ländern der Welt" gerückt sei. Der Kohlenreichtum als „Grundpfeiler seiner Wirtschaft" sichere Devisen und damit „die Schlagkraft der deutschen Kriegswirtschaft". Für die landwirtschaftlichen Gebiete mahnte Roloff Untersuchungen über die „Tragfähigkeit" an, damit aus Baden „auszusiedelnde Familien" dort ansässig gemacht werden könnten. Im „Kranz der deutschen Städte" auf dem Rande des oberschlesischen Steinkohlebeckens erschien zwischen Bielitz und Myslowitz (Mysłowice) nun erstmals auch Auschwitz. Im Jahr darauf galt der Raum um Auschwitz im Rahmen der Vorbereitungen für den „Generalplan Ost" als „Siedlungszone I. Ordnung", so daß Raumordnungsskizzen erforderlich wurden.
Im Dezember 1939 erarbeitete ein Hauptmann Englisch von der Baukolonne 121 der Wehrmacht die Bestandsaufnahme von Artilleriekasernen und Pferdeställen in Auschwitz, die bereits zu österreichischer Zeit vor dem Ersten Weltkrieg gebaut und nie vollendet worden waren. Nach seiner Einschätzung konnten in den 22 Mannschaftsgebäuden 2100 Mann untergebracht werden, in den Stallgebäuden 836 Pferde. Der Lageplan scheint nüchtern zu registrieren, welche Werte der Wehrmacht in Auschwitz in dem vom Deutschen Reich über Oberschlesien hinaus erstmals annektierten Gebiet zugefallen waren. Möglicherweise war diese Bestandsaufnahme auf Veranlassung von Arpad Wigand[135] entstanden, der jedoch als Inspekteur der Sicherheitspolizei und des Staatssicherheitsdienstes in Breslau einen geeigneten Ort für ein neues Konzentrationslager suchte. Im Januar untersuchte Walter Eisfeld – Schutzhaftlagerführer des Konzentrationslagers in Sachsenhausen – mit einer Kommission Auschwitz und bezeichnete die Kasernen als ungeeignet für den beabsichtigten Zweck. Eine zweite Kommission stellte jedoch im Februar 1940 fest, die Kasernen könnten „nach Abstellung einiger sanitärer und baulicher Mängel als Quarantänelager" ge-

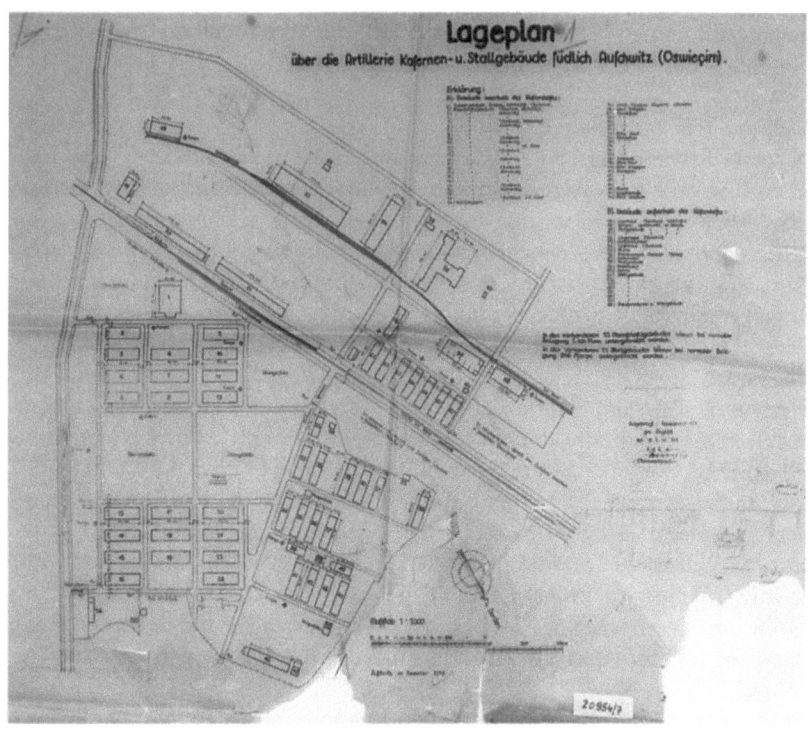

Auschwitz: „Lageplan über die Artillerie-Kasernen- und Stallgebäude südlich Auschwitz (Oświęcim)", aufgestellt im Dezember 1939 vom Vermesser Englisch von der Baukolonne 121. Die Beschriftung besagt, daß in den vorhandenen „22 Mannschaftsgebäuden bei normaler Belegung 2100 Mann" untergebracht werden können. In den vorhandenen 22 Stallgebäuden können bei „normaler Belegung 836 Pferde" untergebracht werden. Quelle: APMO

nutzt werden. Nach einer erneuten Ortsbesichtigung am 18. April wurde Rudolf Höß bereits am 29. April vom Inspekteur der Konzentrationslager, Richard Glücks, zum Kommandanten ernannt. Anfang Mai verpflichtete er zur Säuberung der Kasernen 300 Juden aus Auschwitz zur Zwangsarbeit, am 20. Mai trafen aus Sachsenhausen 30 „deutsche kriminelle Häftlinge" ein. Eine Woche später meldete sich als erster Architekt Fritz Ertl, um gemeinsam mit dem Architekten Schlachter die SS-Neubauleitung einzurichten. Am 14. Juni trafen aus Tarnów die ersten polnischen Häftlinge ein, bis zum Jahresende waren es über 8000. Am 15. August befanden sich unter einem Transport aus Warschau auch Architekten, die fortan in der Neubauleitung Zwangsarbeit zu leisten hatten.

Seit Juni 1940 wirkten auch Vertreter des Regierungspräsidenten bei der Räumung des an das Konzentrationslager angrenzenden Barackenlagers mit, der Bezirksplaner Froese erhielt jedoch erstmals anläßlich einer „Fachbehördenbesprechung"[136] am 4. Dezember 1940 beim Landrat in Bielitz von Kommandant Höß eine Karte mit den Flächenansprüchen des Lagers. Die von Himmler bereits genehmigte Erweiterung sei für weitere Baumaßnahmen sowie für „landwirtschaftliche Nutzung" notwendig geworden. Allein eine „wünschenswerte Bereinigung der Eisenbahnfragen" stehe noch aus, die im Zuge einer neuen Eisenbahnlinie gelöst werden sollte. Tatsächlich hatte Walter Gebert, Konrad Meyers Vertreter in der Hauptabteilung Planung und Boden beim Reichskommissar für die Festigung deutschen Volkstums in Berlin-Dahlem, dem Soziologen und Bevölkerungswissenschaftler Fritz Arlt, der seit einigen Wochen die Dienststelle des Reichskommissars in Kattowitz leitete, seine Zustimmung zu den Lagergrenzen erst zwei Tage zuvor mitgeteilt.[137] Froese berichtete daraufhin dem Landesplaner Ziegler nach Breslau und versäumte dabei nicht darauf hinzuweisen, daß die Absichten der SS „eine Entwicklung des wichtigen Auschwitzer Raumes stark beeinträchtigen würde". Kurzfristig wurde sogar erwogen, den Architekten Blecken, Professor an der Technischen Hochschule Breslau, zu beauftragen, einen Bebauungsplan für Auschwitz aufzustellen.

Ziegler wandte sich am 23. Dezember 1940[138] unter Berufung auf Gespräche mit der Wasserstraßendirektion und der Landeskulturabteilung direkt an den Lagerkommandanten und SS-Hauptsturmführer Höß. Seine Zustimmung zur Vergrößerung des Lagerbereiches wollte er davon abhängig machen, ob, „falls das Gelände nicht mehr vom KZ benötigt wird, eine Gärtner-Bauernlandschaft daraus entstehen" könne. Im übrigen sei die Gegend um Auschwitz wegen des Knotenpunktes der Reichsbahnen für „Einrichtungen mit hohem Wasserbedarf [...] einer der günstigsten Standorte

in Oberschlesien" und daher „der gegebene Ort für eine Stadtanlage größeren Ausmaßes". Der Landesplaner betrachtete also das Lager als eine temporäre Einrichtung, deren Interessen sich auf dem normalen Verwaltungswege abwägen lassen würden – als Nutzung, die „zwangsläufige Raumveränderungen aller Art", so etwa die Abteufung eines Schachtes und den Ausbau des Verkehrsnetzes, nicht blockieren dürfe. Um den Bahnhof aus dem Lager herauszuhalten, schlug Ziegler vor, zur weiteren Ausdehnung ein „Gelände rechts der Sola in etwa 3 km Abstand südlich von Auschwitz gegen Osten sich ausdehnend" in Anspruch zu nehmen. Schließlich forderte er genaue Angaben über „Art und Dauer der Absperrungsmaßnahmen".
Interessant an diesem Schreiben erscheint der Hinweis auf einen durch Reichsbahn und Wasservorkommen gestützten Standort für eine größere Stadtanlage. Die unterschiedlichen Interessenslagen – die Flächenbedürfnisse des Lagers und die Standortvorteile für eine Stadtanlage – scheinen also miteinander zu konkurrieren. Erst drei Monate später sollte sicher sein, daß sich aus der Konkurrenz eine Symbiose entwickeln würde: Die I.G. Farbenindustrie als dritter Interessenvertreter benötigte Häftlinge als Zwangsarbeiter. Höß antwortete[139] noch zum Jahresende, die Erweiterung und die Bewirtschaftung sei von Himmler genehmigt worden. Offenbar bestand von Seiten der SS kein weiterer Klärungsbedarf. Ziegler sprach daraufhin mit dem „Gauleiter-Stellvertreter"[140] Fritz Bracht als Vorgesetztem der „Planungsbehörde", um zu erfahren, daß dieser der Erweiterung des Lagers schon vor Wochen zugestimmt habe. Schließlich, so der Einwand des Gauleiters, sei die Erweiterung „nicht für dauernd vorgesehen". Es gehe vielmehr nur um die Beschäftigung der „Lagerinsassen" und darum, „das Gelände in einer vorzüglichen Art und Weise für eine spätere gärtnerische Nutzung" herzurichten.
Am 26. Januar 1948 äußerte sich Otto Ambros im IG-Farben-Prozeß vor dem Militärgerichtshof in Nürnberg im Zeugenstand[141] zur Wahl des Standortes Auschwitz für ein Bunawerk. Er habe eine österreichische Generalstabskarte studiert und bei Dwory eine große ebene Fläche identifizieren können, mit drei Flüssen in der Nähe und einem Eisenbahnknotenpunkt. Ein Bunawerk brauche eine Million Tonnen Kohle, 15 000 Kubikmeter Wasser in der Stunde, Eisenbahnen und eine große Fläche. Am 23. Dezember 1940 habe er deshalb beim Bürgermeister in Auschwitz nachgefragt: „In den ersten Januartagen des Jahres 1940 [in diesem speziellen Zusammenhang war sicher 1941 gemeint, Anm. d. V.] bekam ich eine Antwort, die mir alles das bestätigte, was ich vorher voraussagte." Die Mineralöl-Baugesellschaft, eine Tochtergesellschaft der I.G. Farbenindustrie, hatte

den Ort zudem bereits im Dezember 1940 in Augenschein nehmen lassen und Ambros am 11. Januar berichtet, es würden sich genügend Wohnungen für Arbeiter und Angestellte finden. Der Bürgermeister sagte außerdem zu, eine Oberschule einzurichten, wenn nur erst genügend Reichsdeutsche eingetroffen seien. Ende Januar 1941 unternahmen dann Camill Santo und Max Faust, die leitenden Bauingenieure der I.G., eine Inspektionsreise nach Nieder- und Oberschlesien. In Kattowitz stellte Froese eine Vertreibung von Juden und Polen in Aussicht und teilte beiden mit, daß eine Planung für die Stadt bereits in Bearbeitung und eine Beschäftigung von Häftlingen beim Bauvorhaben nach Rücksprache mit Himmler denkbar sei.

Bis vor kurzem konnte nicht geklärt werden, wann Ambros sich für Auschwitz als Standort des Bunawerkes entschieden hatte und ob dabei die Möglichkeit, auf Häftlinge als Arbeitskräftereservoir zurückzugreifen, eine Rolle gespielt hatte.[142] Am 6. Februar 1941 traf Ambros mit Carl Krauch zusammen, dem Generalbevollmächtigten für Sonderfragen der chemischen Erzeugung und Vorsitzenden des Aufsichtsrates der I.G., um die außergewöhnlichen Lagevorteile zu bestätigen. Das Treffen machte deutlich, daß ein umfangreiches Siedlungsprogramm notwendig sei, um deutsche Arbeiter zu veranlassen, dort zu siedeln. Eine Woche später inspizierte ein weiterer Ingenieur der I.G. Farbenindustrie, Walter Eisfeld, den Bauplatz und die Stadt. Er forderte, parallel zum Bau des Bunawerkes mit dem Bau einer großen Siedlung zu beginnen. Am 18. Februar, fünf Tage nachdem Krauch von der schwierigen Situation berichtet hatte, ergriff Hermann Göring als Beauftragter für den Vierjahresplan und Dienstherr über die Haupttreuhandstelle Ost, in dessen Eigentum sich beschlagnahmtes Vermögen befand, die Initiative. Von Himmler forderte er, die Juden aus Auschwitz auszusiedeln, um Wohnraum für deutsche Facharbeiter zu schaffen und sicherzustellen, aus dem Lager 8000 bis 12 000 Arbeiter zur Verfügung zu stellen. Am 1. März traf Himmler Vertreter der I.G. in Gleiwitz, um die Grundlagen der symbiotischen Verbindung zwischen Lager und Werk, SS und I.G. zu schaffen. Noch am selben Tag inspizierte Himmler das Konzentrationslager und wies Höß an, die im November 1940 auf 10 000 Häftlinge ausgerichtete Planung auf 30 000 zu erhöhen und Auschwitz damit zum größten Konzentrationslager des Reichs zu machen. Die Bunawerke hätten höchste Priorität, der I.G. müßten schließlich 10 000 Häftlinge für den Bau des Werkes zur Verfügung gestellt werden.

Diesen Hergang der Ereignisse konnten die Historiker Florian Schmaltz und Karl Heinz Roth im Sommer 1998 auf der Grundlage neuer Aktenfunde im Landesarchiv Merseburg revidieren und nachweisen, daß bereits Anfang Dezember 1939 beabsichtigt war, in Auschwitz Buna, Methanol, Synol und eventuell Stickstoff zu produzieren.[143] Die notwendige Steinkohle würde nach der Übernahme durch die I.G. die benachbarte Fürstengrube GmbH liefern. Eine Akte der Ammoniakwerke Merseburg GmbH führte in einer Liste neben 35 weiteren Übernahmen oder Neugründungen diese beiden Vorhaben auf. Zur gleichen Zeit bereitete eine von Otto Ambros geleitete Gruppe den Neubau des Buna-Werkes III in Rattwitz vor. Bereits am 8. November hatte der Vorstand der I.G. beschlossen, mit dem dritten Bunawerk „einen großen fabrikatorischen Stützpunkt"[144] in Oberschlesien zu schaffen. Folglich fand am nächsten Tag die Gründungssitzung in Rattwitz statt, und am 13. Dezember beschloß der Technische Ausschuß der I.G. Farben den Erwerb und den Ausbau einer eigenen Kohlebasis. Einige Monate später wurde der Aufbau des Werkes Rattwitz aufgegeben, da man im Zeichen der Niederlage Frankreichs den Zugriff auf Kautschuk aus den Kolonien erwartete. Die Situation änderte sich erneut, als das Reichsamt für Wirtschaftsausbau im Oktober 1940 „für die Sparten Mineralöl- und Bunaproduktion Werkneugründungen in Oberschlesien vorsah"[145]. Für den Bereich „Synthese Ost" findet sich der Hinweis „Auschwitz", während bei der Erzeugung von Buna nun von „Buna I-IV" die Rede war. Im November verständigten sich dann Georg von Schnitzler, der Leiter des Kaufmännischen Ausschusses der I.G., und Fritz ter Meer, der Vorsitzende des Technischen Ausschusses, darauf, in Auschwitz ein neues Werk im Hinblick auf das Arbeitskräftereservoir des Konzentrationslagers[146] anzulegen.

In der „1. Baubesprechung"[147] in Ludwigshafen am 24. März 1941 beauftragte Santo den Architekten Anders mit dem Entwurf für eine Bereitschaftssiedlung. Die Grundplanung für das Werk sollte zudem innerhalb einer Woche vorliegen, damit am 7. April mit den Bauarbeiten begonnen werden konnte. Am 27. März trafen sich Dürrfeld und Santo Höß in der Kommandantur[148], um die Bereitstellung von 10 000 Häftlingen zu einem Tageslohn von vier Reichsmark zu vereinbaren. In den darauffolgenden Jahren wurde diese Zahl auf bis zu 30 000 Häftlinge erhöht.

Am 7. April fand in Kattowitz die „Gründungssitzung" statt, an der neben Ziegler als Vertreter der Landesplanung, Greifelt als Vertreter des Reichskommissars für die Festigung deutschen Volkstums, und Amtskommissar Heinrich Gutsche[149] für die Stadt Auschwitz auch Oberingenieur Santo teilnahm. Zur Klärung der Interessen des Werkes vermerkte das in Ludwigshafen am 16. April erstellte Protokoll: „Im Osten der Stadt Auschwitz erstreckt sich hochwasserfrei und nahezu eben eine Lößterrasse in einer Ausdehnung, welche die obigen Forderungen erfüllt. Es ist aber dazu notwendig, daß zu gegebener Zeit die Dörfer Dwory und Monowitz aufgegeben werden." Eher nebenbei vermerkte Santo, die Baubelegschaft werde „zum Teil in den freigewordenen Wohnungen" unterkommen. Hinsichtlich der „Neugestaltung der Stadt Auschwitz" bestünde bereits „Fühlungnahme mit dem Amtskommissar Gutsche, der die Bestrebungen des neuen Werkes tatkräftig" unterstütze. Zur Planung hieß es, „Architekt Stosberg als Beauftragter der Landesplanung" entwickle „die Ausbaupläne für die Stadt Auschwitz" mit 40 000 Einwohnern. Ziegler habe sein Einverständnis mit allem erklärt. Drei Tage später fand auf Veranlassung des Regierungspräsidenten eine „abschließende Besprechung"[150] in Auschwitz statt, die der „Erweiterungszone des dortigen KZ-Lagers" gewidmet war. Mit Froese waren neben der Bezirksstelle der Landesplanung das Wasserwirtschaftsamt, das Landratsamt Bielitz und der Industrie- und Handelskammer Teschen auch der Amtskommissar von Auschwitz und der Lagerkommandant vertreten. Froese leitete die Sitzung und stellte zusammenfassend fest, daß „nordöstlich des Bahnhofs Auschwitz eine für die Ansetzung einer öffentlichen Siedlung (Eisenbahnersiedlung) und die mögliche Entwicklung eines städtischen Kleingewerbegebietes notwendige Fläche aus dem beantragten Lagergebiet herausgehalten" werden müsse. Die Regierung halte für die „Verwaltung der KZ-Zone einen Amts- oder Gutsbezirk" unter Leitung des Lagerkommandanten für zweckmäßig. Die SS-Siedlung sollte in der Lagerzone bleiben, verwaltungsmäßig aber zum Stadtgebiet gehören. Der Vertreter des Wasserwirtschaftsamtes wies darauf hin, daß im Bereich des geplanten Wasserwerkes bei Raisko weder Ackerbau noch Viehzucht erlaubt seien und das Gebiet den städtischen Beamten zugänglich bleiben müsse. Höß stimmte diesen Einwänden zu und bemerkte, im Brunnengebiet sei nur die „Anlegung von Weidenkulturen vorgesehen". Siedlerstellen seien jedenfalls nicht geplant. Zur Vorbereitung der Sitzung war in der Bezirksstelle in Kattowitz eine Karte gezeichnet worden, die den gesamten Raum westlich von Auschwitz als „für landwirtschaftliche Nutzung zugesprochenens Gebiet" auswies und das Gebiet östlich des Bahnhofs als „zur Erweiterung des Lagers vorgesehenes Baugelände". In der Karte, die das „Ergebnis der Schlußverhandlung" festhält, ist dieses „Baugelände" erneut Teil der Stadt, während die geplante SS-Siedlung sowohl zum Lager als auch zur Stadt gehörig gekennzeichnet ist.

Die von Hans Stosberg[151] erarbeitete, auf März 1941 datierte „Raumordnungsskizze für die Stadt Auschwitz" war von Landesplaner Ziegler möglicherweise erst im Februar in Auftrag gegeben worden, um die Flächenansprüche des Konzentrationslagers, der I.G. Farbenindustrie und einer zukünftigen Stadt zu koordinieren. Es ist jedoch auch möglich, daß die „Raumordnungsskizze" seit Beginn des Jahres in Bearbeitung war, da die „Neuordnung" der „Siedlungszone I" im Zeichen des „Generalplans Ost" im ostoberschlesischen Raum unversehens Priorität erlangt hatte. Greifelt hatte bereits am 23. November 1940[152] die physische und soziale Neuordnung der ehemaligen Grafschaft Auschwitz angekündigt: Über 20 000 Polen sollten ins Generalgouvernement umgesiedelt werden, denn in den 21 Lagern Oberschlesiens warteten bereits 8341 „Volksdeutsche" aus Galizien, um dort angesiedelt zu werden. Unmittelbar nach der zum 1. Februar 1941 wirksam gewordenen Teilung Schlesiens in zwei Gaue sollte mit der Neuordnung begonnen werden. So entstanden im Büro Stosberg in Breslau bis Ende März zugleich auch die Raumordnungsskizzen[153] für die in unmittelbarer Nachbarschaft von Auschwitz gelegenen Orte Kenty (Kęty), Zator und Wadowitz (Wadowice). Während die Raumordnungsskizze für Auschwitz bei Kriegsende von Ziegler „gerettet" und später dem Bundesarchiv in Koblenz übergeben werden konnte, sind die anderen Planunterlagen im Staatsarchiv Kattowitz überliefert.

Sicher ist, daß Stosberg noch während der Arbeit vom beabsichtigten Bau des Bunawerkes und der Notwendigkeit einer großen Siedlung erfahren hatte, denn seine Planung berücksichtigt alle Flächenansprüche und legt damit die Grundlage für den zukünftigen „Generalbebauungsplan".
Stosbergs Erläuterungsbericht[154] zur Raumordnungsskizze ist auf Februar 1940 datiert und bildet die Anlage zu einem Schreiben vom 30. März. Der Bericht muß Ziegler deshalb schon vorgelegen haben, weil auf der Gründungssitzung am 7. April 1940 in Kattowitz die Zukunftsperspektiven von Auschwitz feststanden. Auch Ziegler wies auf die günstige Verkehrslage im Großraum, den Wasserreichtum und eine „fast ebene, mehrere 100 ha große trockene Lößterrasse als Baugelände" für Großindustrie hin, ohne allerdings das Bunawerk ausdrücklich zu nennen. Die Einwohnerzahl sollte von 25 000 – davon 7000 Juden in Auschwitz-Stadt – auf 47 000 gesteigert werden, um es zu einer durchschnittlichen Landzulage von 200 Quadratmetern je Wohnung und einer Bevölkerungsdichte von 115 Einwohnern je Hektar Bruttowohnbauland zu kommen. Ziegler erreichte damit nach seinen Angaben die von Fritz Rechenberg[155] ermittelten Werte; dieser hatte eben erst für den Reichswohnungskommissar verbindliche Richtwerte aufgestellt. Bei der Erläuterung der Flächenplanung wies Stosberg darauf hin, daß ein Grünstreifen die Kaserne von der eigentlichen „K.Z. Lagerfläche"

Auschwitz: Raumordnungsskizze von Hans Stosberg, März 1941. Obwohl die I.G. Farben sich erst im Februar für die Ebene zwischen Monowice und Dwory zur Anlegung eines Bunawerkes entschieden hat, sind – mit Ausnahme des übergeordneten Verkehrs – alle wichtigen Elemente der Entwicklung der „neuen deutschen Stadt" erkennbar: Im Osten das Bunawerk, im Westen der „K.Z. Bereich" (in der Legende ganz unten), dazwischen zwei städtische Siedlungsbereiche, darunter die Siedlungstrabanten Stawy und Zaborze, als „Heimsiedlungen" ausgewiesen. Quelle: BArchK, OstDok

von 150 Hektar trenne. Dabei seien „die für die Zwecke des Lagers erforderlichen landwirtschaftlichen Nutzungsflächen" in der Weise begrenzt, „daß die organische Stadtentwicklung nicht gestört werde und keine wichtigen Verkehrslinien überschnitten" würden. Westlich des Bahnhofs empfahl er, eine Fläche von „landwirtschaftlicher Dauersiedlung" freizuhalten, da sie sich für „die Ansetzung von Industrieanlagen der SS" eigne. Östlich der Altstadt sei das „Siedlungsgebiet Auschwitz Ost" vorgesehen, dessen Zentrum „durch eine neue Ringanlage als Mittelpunkt für Verwaltungs-, Partei- und Gemeinschaftsbauten" gebildet sein werde. Vor dem Haupttor des ungenannten Werkes sollten „Baulichkeiten der Industrie" entstehen, so etwa eine „Ambulanz, Kasino und Gefolgschaftsbauten".
In Weiterbearbeitung der ersten Raumordnungsskizze entstand bis zum 20. Mai eine Variante, die die Vereinbarungen vom 7. und 10. April umsetzte. Die Niederung der Sola ist dem KZ-Lager zugeschlagen, und das Gebiet zwischen „Stammlager" und Bahnhof für eine SS-Siedlung ausgewiesen. Wesentlich kleiner war das Gebiet der SS-Siedlung in Stosbergs „Verkehrsplan und Struktur-Skizze zum Generalbebauungsplan"[156] vom 10. Mai 1941 ausgefallen, der in Erfüllung des anläßlich der Gründungssitzung ausgesprochenen Auftrages innerhalb eines Monats erarbeitet worden war. Nun war die Industrieanlage eindeutig als I.G.-Werk gekennzeichnet, mit einer zugehörigen Abraumfläche, einem Kraftwerk, einer Kläranlage, einem Wasserwerk und einem „Lager" als Arbeitskräftereservoir an der nördlichen Peripherie des Werkes.

Konkurrierende Unternehmen: Lager und Stadt
Im Juni 1941 schaltete sich, kurz nachdem der Architekt Hans Kammler[157] zum Chef des Hauptamtes Haushalt und Boden avancierte, die Berliner Zentrale der SS ein. Höß erschien dort am 13. Juni, um die von Georg Werkmann[158] entworfene „Skizze Generalbebauungsplan Auschwitz"[159] entgegenzunehmen.
Der von Werkmann entworfene Bebauungsplan weist 32 neue Unterkunftsbaracken mit Krankenhaus aus, ein Empfangsgebäude und den „Appellplatz". Zwischen Lager und Bahnhof ist die SS-Siedlung nur schematisch angedeutet, mit einer Mittelachse, die auf ein SS-Heim zuführt.
Die Auseinandersetzung um die Grenze des Lagers setzte sich in den folgenden Monaten trotz aller Einverständnisbekundungen in zahlreichen Besprechungen bis 1944 fort. Bereits am 3. Juni 1941 beschwerte sich Amtskommissar Gutsche bei der „Lagerkommandantur"[160], daß an der Bahnhofsstraße Tafeln das Lagergebiet abgrenzten und Zäune gezogen würden. Höß

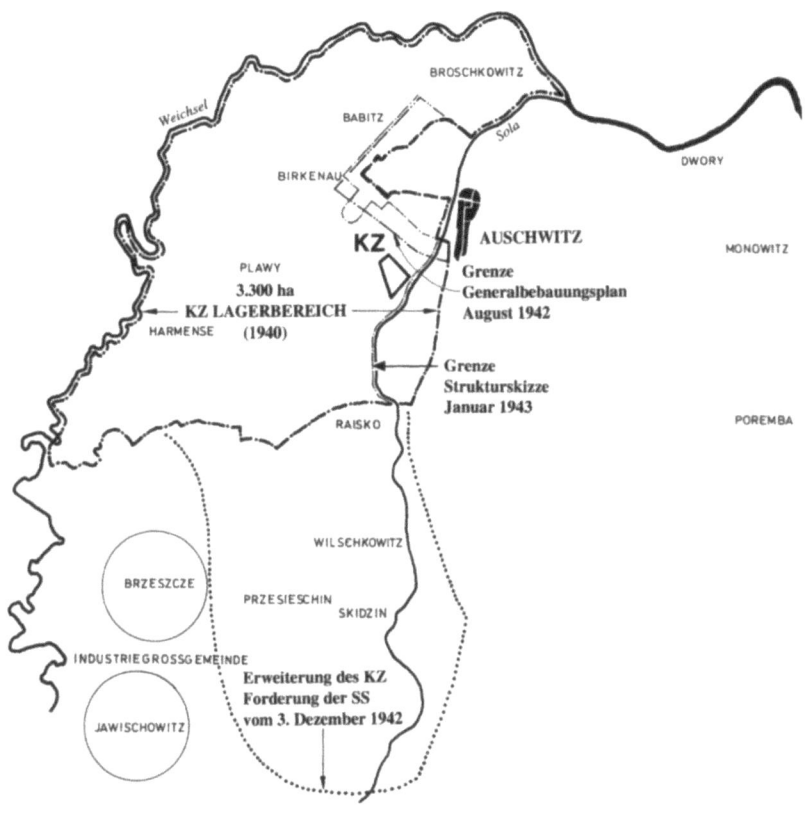

Auschwitz: Übersicht über die verschiedenen Grenzziehungen zwischen dem „Interessengebiet Konzentrationslager" und der Stadt in den Jahren 1941 und 1942 sowie die am 3. Dezember 1942 geforderte Ausdehnung nach Süden. Quelle: Autor

antwortete sofort und gab zu bedenken, daß „Diebstähle von Seiten der Polen derart überhand nehmen", daß Tafeln aufgestellt werden mußten. Außerdem teilte er mit, „der Reichsführer SS [habe] entschieden, die Wohnsiedlung der SS [werde] zum Gutsbezirk KL-Auschwitz geschlagen". Derartige Mitteilungen charakterisierten das Mit- und Gegeneinander der Beteiligten. Machte die Regierung Vorschläge, wurden sie gewürdigt, doch dann machte Himmlers Zentrale regelmäßig eben von der SS getroffene Vereinbarungen rückgängig. Begründungen schienen dabei eher überflüssig. So kam es am 28. Juni 1941 – 6 Tage nach dem Überfall auf die Sowjetunion – erneut im „KZ-Lager" zu einer Besprechung, an der neben dem Bezirksplaner Froese auch Ziegler teilnahm. Die Vertreter der Regierung hielten dabei immer noch die Fiktion aufrecht, daß die „Beeinflussung der allgemeinen Planung des Raumes Auschwitz durch die Planung des KZ-Lagers"[161] erst erörtert werden müsse, bevor der „Sichtvermerk durch den Oberpräsidenten" erteilt werden könne. Höß stimmte sogar dem Vorhaben der Reichsbahndirektion Oppeln zur Erweiterung des Bahnhofes zu und wollte bald über den Standort des neuen Empfangsgebäudes in Kenntnis gesetzt werden, um dort mit einem Hotelneubau beginnen zu können. Vehement wehrte er sich jedoch aus „Sicherheitsgründen" dagegen, in der geplanten Eisenbahnersiedlung polnische Eisenbahnbeamte und Arbeiter unterzubringen. Deshalb wollte er die für diese Siedlung „in Aussicht genommene" Fläche vorsorglich „in den Lagerbereich" übernehmen. Ziegler und Froese forderten, „diese Siedlungsbauten nur deutschen Volksgenossen zugute" kommen zu lassen. Schließlich erklärte sich Höß bereit, den „Siedlungsraum" nördlich der Bahnhofstraße und das in Aussicht genommene Kleingewerbegebiet außerhalb des „KZ-Lager-Interessenbereichs" zu belassen. Um die verwaltungsmäßige Zuständigkeit für die SS-Siedlung erneut erörtern zu können, kamen Vertreter aller zuständigen Verwaltungsebenen Ende Juli noch einmal im Lager zusammen. Am Ende der Besprechung stellte Froese fest, daß die Belegschaft des I.G.-Farben-Werkes sehr viel größer als angenommen sein werde und daß bei der eingeschränkten Siedlungsfläche „wesentliche Teile der künftigen Belegschaft in kleineren Siedlungen", auch in Gemeinden der näheren Umgebung, untergebracht werden müßten. Er schlug deshalb vor, „kleinere Siedlungseinheiten der Werksbelegschaft [...] in den im KZ-Lager-Bereich neu zu errichtenden 1-2 Wehrbauerndörfern" unterzubringen. Höß wurde gebeten, diesen Gedanken gelegentlich in Berlin zur Geltung zu bringen.

Zu einer erneuten Sitzung kam es mit Vertretern beteiligter Behörden erst am 23. Oktober 1941. Die Auseinandersetzung um die Grenzen des Lagers wurde indessen durch Gerüchte angeheizt. So teilte etwa der Landrat von Bielitz dem Bezirksplaner am 22. September mit, er habe vom Vertreter des Lagerkommandanten erfahren, fast der gesamte Bereich vor dem Bahnhof werde dem Lager zugeschlagen. Ziegler kam daraufhin am 24. September nach Auschwitz, um sich davon zu überzeugen, daß „durch das KZ-Lager Wohngebäude auf dem Gelände nördlich der geplanten Straße zwischen Stadt und Bahnhof"[162] abgebrochen wurden. Deshalb wies er Froese unter Hinweis darauf, daß „Auschwitz für seine zu erwartende Entwicklung zu wenig Bauflächen" habe, an, die Angelegenheit sofort zu untersuchen. Am darauffolgenden Tag besprach Froese die neuerlichen Probleme mit Höß, der ihm die Einhaltung der zuvor getroffenen Vereinbarungen zusicherte. Außerdem wurde ihm ein Bebauungsplan für das gesamte Interessensgebiet des KZ vorgelegt, und er wurde darauf hingewiesen, daß die bei Babitz (Babice) und Harmense (Harmęze) geplanten Wehrbauernhöfe nicht gebaut würden und statt dessen die „Ansetzung" zweier Großgüter bei Babitz und ein Fischereigut bei Harmense vom „Reichsführer SS angeordnet"[163] seien. „Im Süden des jetzigen KZ-Lager-Bereichs und in Erweiterung dieses Bereichs im Gebiet von Raisko" war zudem „die Schaffung von vier Bauernhöfen von je etwa 300 Morgen als Musterhöfe vorgesehen".

Die Berichte von Ziegler und Froese kommentierte Regierungspräsident Walter Springorum erstmals in einem persönlich unterzeichneten Schreiben. Er bestand ausdrücklich auf der Schaffung von „deutschen Bauernstellen"[164] statt Großgütern. Allenfalls Güter, die mit 500 Morgen die obere Grenze des sogenannten „Erbhofes" erreichten, schienen ihm vorstellbar. Um nochmals alle Beteiligten Stellung nehmen zu lassen, lud das Kommunaldezernat der Regierung zum 23. Oktober 1941 nach Auschwitz, um „Kommunale Grenzen im Raume Auschwitz"[165] zu erörtern. Unter Vorsitz von Springorum waren Vertreter zahlreicher Dezernate anwesend, u.a. der Landrat, der Kreisleiter, der Lagerkommandant und der Amtskommissar. Auch ein Vertreter des Hauptamtes der Reichsführung SS war anwesend, dazu Oberingenieur Max Faust von der I.G. aus Ludwigshafen. Erneut wurden konkurrierende Flächenansprüche vorgetragen. Die Stadt wollte die Sola-Wiesen für die Anlegung eines Stadtbades, das KZ dagegen machte Ansprüche auf diese Flächen als „Weide" geltend. Für die Straße zwischen Solabrücke und Bahnhof sollte Stosberg die „beiderseitige Bebauung im Einvernehmen mit der KZ-Lagerleitung entwerfen" und den „Nachweis erbringen, daß die südlich dieser Straße verbleibende Fläche für die Ansetzung der geplanten SS-Siedlung" ausreiche „und noch eine ge-

nügende Reservefläche" verbleibe. Die Lagergrenze sollte nun endgültig entlang einer Grünverbindung auf der Südseite der südlichen Randbebauung der neuen Bahnhofsstraße gezogen werden. Im Norden und Westen blieb die Grenze durch die Weichsel markiert, im Süden wurden jedoch weitere Flächen „zur Schaffung von vier Bauernhöfen" benötigt.
Auch die Grenzen der Gemeinde wurden ausführlich behandelt. Späteren Jahren sollte die Regelung der Gemeindegrenze im Westen überlassen bleiben. Einstweilen sollte sie im Osten entlang der Sola verlaufen und damit in den Lagerbereich hineinreichen. In Monowitz sollte nur das Abraumgebiet zur Gemeinde gehören, von Poremba und Wlosienitza, zwei Dörfern, die dem Amtsbezirk Osiek zugehörten, sollten nur kleine Bereiche der Gemeinde Auschwitz zugeschlagen werden. Auf diese Weise käme eine Gesamtfläche von 28 bis 30 Quadratkilometern zusammen. Der Referent des Wasserwirtschaftsamtes forderte die „Vorlage des Wasserversorgungs- und Entwässerungsprojektes durch den beratenden Ingenieur des KZ-Lagers". Die Klärung dieser Frage sei „mit Rücksicht auf die vom Lagerkommandanten bekanntgegebene Erhöhung der russischen Gefangenenbelegschaft des Lagers auf rund 100 000, die westlich des Bahnhofs untergebracht werden [...], besonders dringlich". Die Vertreter von Lager und Stadt vereinbarten eine Zusammenarbeit in dieser Frage und erklärten sich bereit, sich „dem zu beantragenden amtlichen Gutachten der Reichsanstalt für Wasser-, Boden-, und Lufthygiene [zu] unterwerfen".
Durch den von Froese geschriebenen Vermerk über die „Besprechung" vom 23. Oktober wurde erstmals deutlich, daß die Regierung in Kattowitz von der geplanten Unterbringung von 100.000 russischen Kriegsgefangenen unterrichtet war. Problematisch erschien dabei offenbar allen Beteiligten vor allem die Entwässerung. Wenige Tage später traf Ziegler Konrad Meyer und Umlaufs Mitarbeiter Udo von Schauroth in Berlin, um sich zu vergewissern, daß „nach Aufgabe des KZ-Lagers in dessen Bereich Bauerndörfer"[166] vorgesehen seien, denn seiner Auffassung nach sei nur durch „Intensivkulturen" kleiner Bauernstellen die Versorgung der im Entstehen begriffenen Stadt Auschwitz mit ihren geplanten 40 000 Einwohnern gesichert.
Während die Grenzen der seit Monaten diskutierten Erweiterung des „KZ-Lager-Bereichs" im September erneut umstritten waren, beanspruchte der Lagerkommandant immer neue Flächen. Und während die Projekte für Großgüter zumindest nach außen hin „Normalität" suggerierten, betrieb die Bauleitung bereits die Planung für das „Lager Auschwitz II" westlich von Birkenau. Der Anfang Oktober 1941 berufene Leiter der „Baulei-

tung", Karl Bischoff, wies Ertl bereits in der ersten Oktoberwoche an, für Birkenau das Kriegsgefangenenlager zu entwerfen.[167] Der erste Entwurf zum Bau der normierten „Unterkunftsbaracke" vom 8. Oktober war auf „ein Fassungsvermögen von 550 Mann" ausgerichtet. Eine Woche später strich Bischoff die Zahl durch und ersetzte sie durch „744". Mit dem Bau eines Kriegsgefangenenlagers wurde die „Firmengemeinschaft Huta & Lenz"[168] beauftragt, die bis zum 25. Oktober 252 Arbeiter verpflichtete – für vier bis fünf Tage mußte jedoch Wartegeld bezahlt werden, da die Gefangenen wegen Materialmangels nicht arbeiten konnten.

Drei Monate später war die Lage unverändert. Dabei hatte das „Wasserwirtschaftsdezernat" unmißverständlich festgestellt, daß „über die Reinigung der im K-Lager anfallenden Abwäser und ihre Ableitung [...] seitens der beteiligten Ministerien noch verhandelt" werde. Es bestehe jedoch Einverständnis darüber, daß die Stadt und das I.G.-Farbenindustriewerk eine gemeinsame Kläranlage unterhalb von Dwory vorsähen. Nur die „schädlichsten Industrieabwäser (Phenole, saure Abwässer) [sollten] über Halden des Industriewerkes" beseitigt werden. Am 7. Februar 1942 bat das Wasserwirtschaftsdezernat Ziegler, sich in seiner „Eigenschaft als Planer bei der oberen Dienststelle des Reichsführers SS in die Bereinigung der in Auschwitz noch strittigen Planungsfragen einzuschalten"[169]. Vor allem die Frage des Trink- und Brauchwassers sei zu klären, denn mittlerweile hätten vier Interessenten Ansprüche auf Wasser geltend gemacht. Die „K-Lagerverwaltung" wolle für einen „Belag von etwa 25 000 Mann" und für „100 000 Mann Kriegsgefangene" und Gärtnereizwecke 100 Liter pro Sekunde; die Stadt wolle sich 35 Liter pro Sekunde über eine eigene Grundwasserversorgungsanlage sichern und auch „die Werksiedlung und das IG-Farbenwerk mit etwa 35 l/s" beliefern. Das Werk habe „für Betriebszwecke" einen „Bedarf von 1 cbm/s besten Solawassers" geltend gemacht, dazu kämen 15 000 Kubikmeter je Stunde „Brauchwasser minderer Beschaffenheit".

Am 18. Februar wandte sich Ziegler mit einem Entwurf zum Raumordnungsplan[170] an der Lagerleitung vorbei direkt an die Hauptabteilung Planung und Boden in Berlin. Er habe bereits anläßlich seiner „Zustimmung zum Kz.-Lager"[171] darauf aufmerksam gemacht, „daß ein Kz.-Lager von dieser Größenausdehnung an einem so ausgesprochen günstigen Industriestandort (auf Kohlen, an einem großen Verkehrsschnittpunkt, am Zusammenlauf von drei Flussen) zu Gunsten anderer Interessenten oder der Allgemeinheit manche Bedingungen" auf sich nehmen müsse. Deshalb müsse das Lager gemeinsam mit der Stadt eine Kläranlage bauen und die Trink-

wasserversorgung regeln. Höß erhielt eine Abschrift von Zieglers Schreiben mit dem Hinweis, er werde ihn „in nächster Zeit wohl wieder einmal besuchen, wenn es [seine] Zeit irgend" zulasse.
Auf den 19. Februar 1942, den Tag, an dem dieser Brief in Berlin eintraf, datierte Georg Werkmann im „Amt C II" (Sonderbauaufgaben) des Wirtschafts-Verwaltungshauptamtes in Berlin-Lichterfelde eine erneute „Lageplanskizze K.L. Auschwitz"[172], die den Entwurf vom Vorjahr geringfügig modifiziert. Darin aufgenommen ist der Bau des Krematoriums, den Werkmann im November 1941 entworfen hatte, und der Bau für die „Wäscherei mit Aufnahmegebäude, Entlausung und Häftlings-Bad" am südwestlichen Rand des Appellplatzes, den Walter Dejaco kurz zuvor entworfen hatte. Auch die „Unterkunfts- und Bauleitungsbaracke, von Walter Dejaco entworfen, ist im Südosten des „Stammlagers" zu erkennen. Der Gestaltung der Bauleitungsbaracke galt die besondere Aufmerksamkeit der Architekten: Am 12. Februar zeichnete der SS-Sturmmann Dengler einen „Vorschlag für den Eingang für die Bauleitungsbaracke" in rustikalem Fachwerk, mit Geranien auf der Brüstung, so daß der Eindruck eines Ferienhauses entsteht. Im Giebeldreieck ist ein Wappen angebracht, in dem die Beschriftung „Zentralbauleitung Auschwitz" die Runen der „SS" überdeckt.
Sechs Wochen später wurde „die Grenzführung des K-Lagers"[173] erneut verhandelt, diesmal jedoch auf höchster Ebene bei Gauleiter und Oberpräsident Bracht. Da ein Erlaß des SS-Wirtschafts-Verwaltungshauptamtes vom 3. März 1942 die Ergebnisse der Besprechung vom 23. Oktober 1941 unberücksichtigt gelassen hatte, sah sich der Gauleiter nun veranlaßt, die Vereinbarung vom Oktober zu bekräftigen: Im Bahnhofsviertel sollte die Grenze „in einem Grünstreifen" verlaufen, „der auf der Südseite der genannten Straßenverbindung [gemeint war die zukünftige Bahnhofsstraße, Anm. d. Verf.] noch eine Wohn- und Geschäftsbebauung von etwa 50m Tiefe zuläßt, die zur Stadt Auschwitz gehört". Erst am 18. April 1942 erteilte der Regierungspräsident „durch die Hand des Herrn Oberpräsidenten – Planungsbehörde" dem Wirtschafts-Verwaltungshauptamt in Berlin Bericht und betonte, daß der „völlige Neubau einer Wohnstadt Auschwitz […] die Inspruchnahme aller irgendwie verwendbaren Flächen"[174] erfordere. Um „die Unterbringung der erforderlichen Menschen und die ungestörte Verkehrsverbindung zum Bahnhof zu sichern", sei die Verbindungsstraße der Stadt zugewiesen worden. Das SS-Wirtschafts-Verwaltungshauptamt solle also den Erlaß vom 3. März zurückziehen und sich der Entscheidung des Gauleiters anschließen.

Erst zwei Monate später erhielt der Regierungspräsident Nachricht aus Berlin. Die „endgültige Entschließung zu dieser Frage" wurde nur angekündigt, denn „der Kommandant des K-Lagers" habe dem Vorschlag der Regierung nicht zugestimmt. Ziegler wandte sich daraufhin erneut direkt an Berlin, um vom Chef des Rechtsamtes belehrt zu werden, man halte an der Auffassung „über die nördliche Begrenzung des Interessengebietes der Waffen-SS in Auschwitz"[175] fest. Es wurde jedoch eine „Generaltagung" am 23. September 1942 in Aussicht gestellt.

Im „Haus der Waffen-SS" kam es unter Vorsitz von SS-Obergruppenführer Pohl zu einer Sitzung „zur Klärung der im KL-Raum in Auschwitz umstrittenen Fragen"[176], zu der auch Ziegler und Stosberg geladen waren. Reichsbahnpräsident Geitmann von der Reichsbahndirektion Oppeln sicherte eine Verlagerung des Verschiebebahnhofs nach Süden zu, Pohl „erkannte an, daß die Stadt Auschwitz in ihrem Siedlungsraum stark eingeschränkt" sei und zog „den Plan einer SS-Siedlung im Bahnhofsviertel" zurück. Der von Stosberg vorgeschlagenen Grenzziehung stimmte er uneingeschränkt zu: „Danach ist vom Bahnhofsvorplatz in dem das Bahnhofsviertel vom Kasernement trennenden Grüngürtel von mehreren 100 m Breite auf städtischem Gebiet noch eine Entlastungsstraße zum südlichen Stadtgebiet und den IG-Werken möglich." Pohl stimmte außerdem der Ausweisung eines Kleingewerbegebietes nordwestlich des Bahnhofs sowie der Grenzziehung entlang der Sola zu. Da die Verlagerung des Verschiebebahnhofs anstehe, sollten nur 500 Eisenbahnerwohnungen im Bahnhofsviertel gebaut werden, 500 weitere Wohnungen dagegen in den „bereits geplanten südlichen Trabantensiedlungen". Auch die Frage der Kläranlage wollte Pohl „in bestmöglichem Sinne" lösen und sagte eine erneute Prüfung zu, die eventuell zum Abbruch der im Bau befindlichen Anlage führen könne.

Am Abend versammelten sich „sämtliche SS-Führer" zu einer „Schlußbesprechung"[177] mit Pohl. Er habe, so Pohl, „mit Genugtuung" feststellen können, „daß in Auschwitz mit vollem Einsatz aller Kräfte gearbeitet" worden sei, und festgestellt, „daß ein ausgezeichnetes Einvernehmen mit den führenden Männern" des Bunawerkes bestehe. „Im Stillen" habe er festgestellt, „daß die inneren Beziehungen zur Sache und die Einstellung zu den Aufgaben eine ideale" sei. Dabei zielte er auf „Sonderaufgaben", über die „keine Worte gesprochen werden brauchen". Allen muß klar gewesen sein, daß das Morden zu den „Sonderaufgaben" zählte. Zu den „Führern" gehörte am Abend des 23. September auch Johann Paul Kremer, außerordentlicher Professor für Anatomie an der Universität Münster. In seinem

Tagebuch vermerkte er: „Heute Nacht bei der sechsten und siebten Sonderaktion. Morgens ist Obergruppenführer Pohl [...] eingetroffen. Abends um 20 Uhr Abendessen. Es gab gebackenen Hecht, soviel jeder wünschte, echten Bohnenkaffee, ausgezeichnetes Bier und belegte Brötchen."[178] Bei den „Sonderaktionen" handelte es sich um die Tötung von Juden aus der Slowakei und 641 Juden aus dem Lager Pithiviers in Frankreich in den Gaskammern. Höß erhielt außerdem die Mitteilung, daß um 8.55 Uhr ein Transport mit etwa 1000 Juden das französische Sammellager Le-Bourget-Drancy in Richtung Auschwitz verlassen hatte. Am Tag zuvor hatten drei polnische Häftlinge fliehen können, zwei weitere wurden „auf der Flucht" erschossen. Zwölf Häftlinge wurden aus Kattowitz eingeliefert, 68 aus Lublin und 75 aus dem Pawiak-Gefängnis in Warschau. Von einem Transport von 713 Juden aus dem Lager Westerbork in den Niederlanden wurden 530 in den Gaskammern getötet. Ähnlich genau läßt sich der Transport von Häftlingen und die Vernichtung von Juden für fast jeden Tag belegen. Das Kalendarium der Ereignisse wirkt noch schockierender, wenn man weiß, daß sich am selben Tag Vertreter aller zuständigen Behörden in unmittelbarer Nähe der Gaskammern treffen, um über die Tiefe von Grünstreifen zu debattieren.

Pohl hatte alle Beteiligten erfolgreich beruhigen, die Situation jedoch nicht klären können, denn am 3. Dezember 1942 war die „Abgrenzung und Bildung des Amtsbezirks KL.-Auschwitz" erneut Thema einer Besprechung. Die bereits im Jahr zuvor angekündigte „schlauchartige Ausdehnung des Interessengebietes KL. Auschwitz" nach Süden sollte sich über mehrere Kilometer erstrecken und die Gemeinden Brzeszcze und Jawischowitz (Jawiszowice) vollständig von Auschwitz trennen. In einem sechsseitigen Schreiben an den Regierungspräsidenten kritisierte nun der Landrat aus Bielitz das Vorhaben der SS. Vorsorglich erklärte er sich jedoch trotz seiner „Bedenken hinsichtlich der Ansetzung des KL. Auschwitz in unmittelbarer Nähe erheblicher Industrieansammlungen"[179] mit der Bildung eines „Wehrmachtsgutsbezirkes KL.-Auschwitz" für den Fall einverstanden, daß eine „Entschädigungsregel für entzogenes Gemeindevermögen" zustande käme. Für eine Erweiterung sah er jedoch keine „wirklich stichhaltige[n] Gründe". Die beiden Großindustriegemeinden Brzeszcze und Auschwitz würden vollständig getrennt, schließlich könne auf die östlichen Siedlungsgebiete von Brzeszcze nicht verzichtet werden, wenn der Ort „im Plan und Aufbau, sowie in seiner harmonischen Eingliederung in Landschaft und Umgebung, in seinem Verhältnis zur wirtschaftlichen und sozialen Struktur ein Bild innerer Ordnung gebe[n]" solle. Die Neuanlage

wichtiger Industrie erfordere „neuen zusätzlichen Siedlungsraum", schließlich sei zu fragen, „ob der Aufbau einer neuen Stadt im Hinblick auf die über 10 km lange Grenze mit einem Konzentrationslager nicht ein sicherheitspolizeiliches Problem erster Ordnung" sei: „Wenn jetzt schon", so der Landrat, „die Bewachung des Lagers bei seinem verkleinerten Umfange und besserer Übersicht derartige Ausbruchsmöglichkeiten bietet, sind die Schwierigkeiten bei einer vergrößerten Lagerfläche vermehrt." Schließlich müßten aus dem Gebiet „3000 Menschen" umgesiedelt werden, „die hauptsächlich in Rüstungsbetrieben arbeiten". Andere Unterbringungsmöglichkeiten bestünden nicht mehr. Die Gefahr „der Weiterverbreitung der übertragbaren Krankheiten und der Seucheneinschleppung, wenn auf öffentlichen Verkehrswegen die Häftlinge mit der freien polnischen Bevölkerung in Berührung" kämen, sei ebenfalls in Betracht zu ziehen.
Mit Schreiben vom 11. Januar 1943 schloß sich die Bergwerksverwaltung Oberschlesien G.m.b.H. in Kattowitz dieser Kritik an. Die neue Grenzziehung verhindere „eine Entwicklung der Gruben [von Brzeszcze und Jawischowitz] und den normalen Arbeiterverkehr"[180]. Die Gruben seien in vollem Ausbau begriffen, für das „Chemie-Werk" in Auschwitz werde eine Schwefelanlage gebaut und die Stadt Auschwitz an eine Ferngasleitung angeschlossen. Nachdem alle Vorhaben der Werke benannt waren, wurde festgestellt, daß der Siedlungsraum im Osten der Werke unbedingt benötigt werde und ein KZ-Lager insgesamt die Situation beeinträchtige: „Wir glauben [...], daß es uns schwer möglich sein wird, unser deutsches Personal zu halten, wenn die Wohnorte in dieser Form vom KZ-Lager umgeben werden. Schließlich müssen die dort angesiedelten Deutschen, die wir nur mit Mühe bewegen konnten, sich in der rein polnischen Gegend anzusiedeln, auch eine Bewegungsfreiheit haben. Die Ausdehnung würde dieses unmöglich machen." Diesen Bedenken schloß sich auch das Oberbergamt in Breslau an.
Ungeachtet der Kontroverse über die Ausdehnung des „Interessengebietes" hatte in der Abteilung „künstlerische Fachgebiete" des Wirtschafts-Verwaltungshauptamtes der 1937 in Stuttgart diplomierte Architekt Lothar Hartjenstein an einem „Generalbebauungsplan - K.L. und Siedlung" gearbeitet. Der erste Entwurf vom Sommer 1942 sowie der zweite Entwurf vom 12. November lassen in ihrer geschwungenen Wegführung die Ausbildung bei Paul Schmitthenner und Heinz Wetzel deutlich erkennen. Beide Fassungen folgen zudem den vom Reichsheimstättenamt propagierten Musterentwürfen mit abgewinkelten, „organischen" Straßenführungen und Dominanten in Turmgestalt.

Der erste Entwurf des Generalbebauungsplans plazierte eine Siedlung mit 270 Eigenheimen, Geschäften, Schule und Anger zwischen das „Stammlager" und Bahnhof sowie eine Kasernenanlage unmittelbar neben das „Stammlager". Der zweite Entwurf sah eine eher fächerförmige Kasernenanlage parallel zur Sola sowie eine deutlich verkleinerte Siedlung im Osten vor, dort, wo kurz zuvor noch die „Wasserversorgungsanlage" geplant war. Mit dieser Umorientierung suchte die SS sich dem Zugriff der Gemeinde zu entziehen, die im Jahr zuvor gefordert hatte, den Siedlungsbereich der Gemeinde zuzurechnen. Der Plan wurde am 12. November von Hans Kammler, von Sturmbannführer Dr. Flier, dem Chef des Amtes „Künstlerische Fachgebiete", und von Oswald Pohl am 5. Dezember unterschrieben; am 13. Januar 1943 bestätigt der Eingangsstempel der Zentralbauleitung die Ankunft in Auschwitz.

Der Generalbebauungsplan lag also vor, als es am 8. März 1943 erneut zu einer „Besprechung" über „Grenzen des IG-Geländes und des Stadtgebietes Auschwitz" kam, diesmal im Bürgermeisteramt der Stadt, die zu Beginn des Jahres den Status einer Gemeinde erhalten hatte. Neben dem Bezirksplaner Froese, dem „Sonderbeauftragten für den Generalbebauungsplan Auschwitz", Hans Stosberg, und Kreisbaurat Nowak waren der Ansiedlungsspezialist Fritz Arlt sowie Baudirektor Buddeberg vom Regierungspräsidium erschienen. In der danach überarbeiteten Raumordnungsskizze vom 10. März wurde erstmals die Grenze des „Stadtgebietes" gekennzeichnet, ebenso wie das I.G.-Gelände, dem später in der aus Luftschutzgründen notwendigen Abstandsfläche ein „Werkssportplatz" zugeschlagen werden sollte. Arlt äußerte sich, so Froese zufrieden, sehr entgegenkommend [...] über die an die Stadt zu übereignenden Flächen": „Da die künftig in großzügiger Weise auszubauende Stadt Auschwitz genügend Vorraum haben müsse", so Arlt, „lege er keinen Wert darauf, im Gebiet der Stadt Auschwitz ländliche Nutzungsflächen für bäuerliche Betriebsgemeinschaften zu behalten." Er hatte nichts gegen die von Froese im Norden vorgesehenen zwei „Siedlungstrabanten" einzuwenden, bat jedoch darum, den Trabanten bei Grojetz (Grojec) aufzugeben, da der Boden dort außerordentlich gut sei. Im Westen überlagerte sich in der Plandarstellung die Grenze der Stadt mit derjenigen des Lagers, da von der Gemeinde die Solaniederung sowie Teile der immer noch als „SS-Siedlung" gekennzeichneten Fläche östlich des Bahnhofs beansprucht wurden.

Mit der Erörterung der Raumordnungsskizze vom 10. März 1943 schloß der in der Akte „Landesplanung" im Staatsarchiv Kattowitz überlieferte Vorgang zur Raumplanung Auschwitz ab. Drei Tage später wurde das von

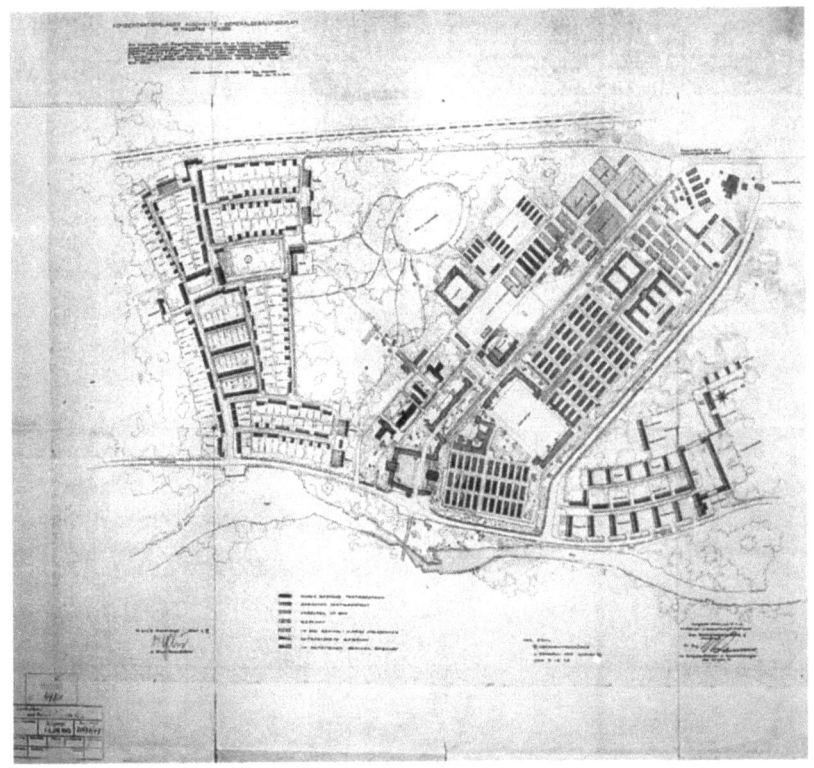

„Konzentrationslager Auschwitz – Generalbebauungsplan im Maßstab 1:4000, [entworfen von] Lothar Hartjenstein, SS. Ustuf. [Untersturmführer], Berlin 12. 11. 1942." Im unteren Bereich ist der Plan von Oswald Pohl am 5. Dezember und von Hans Kammler am 12. November gegengezeichnet. Der Erläuterungstext oben links lautet: „Im Südwesten des Lagerbereiches entsteht die SS-Siedlung – aufgeschlossen durch zwei Zuführungen. Im Nordwesten eine direkte Verbindung: Siedlung – Bahnhof als untergeordnete Straße. Als zweite Verbindung u. Hauptverkehrsstraße: Bahnhof-Lager-Siedlung. Sie führt am Konzentrationslager vorbei u. mündet in die große Verbindungsstraße Raisko-Auschwitz, entlang der Sola. Die Siedlung erstreckt sich mit ihrer Hauptachse von Nord-Westen nach Süd-Osten." Quelle: APMO (Archiv des staatlichen Museums Auschwitz)

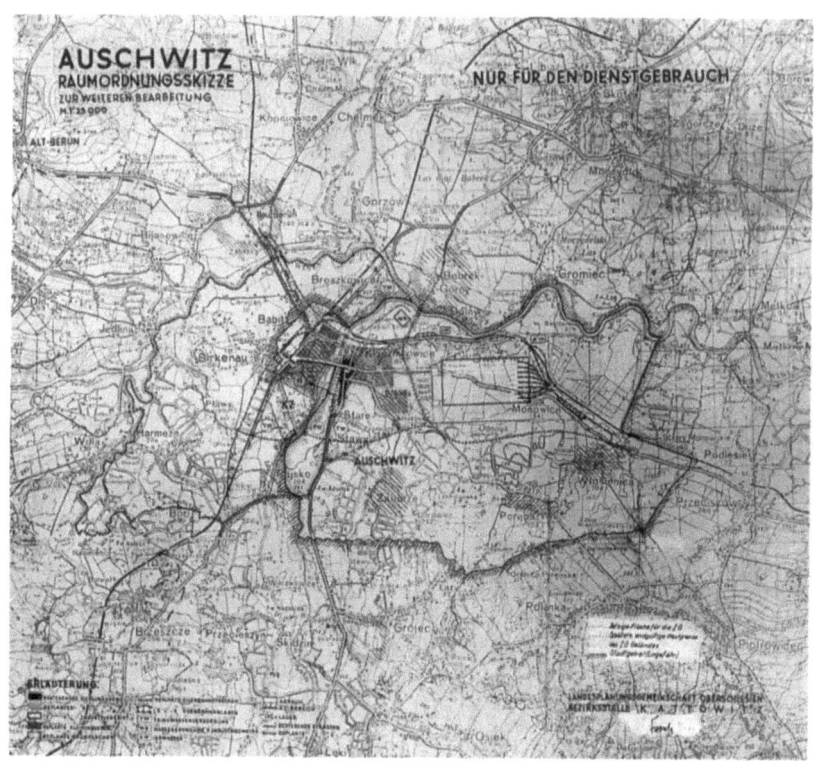

Auschwitz: Raumordnungsskizze zur weiteren Bearbeitung, aufgestellt von der Bezirksstelle Kattowitz der Landesplanungsgemeinschaft Oberschlesien, Udo Froese, 10. März 1943, nach der Besprechung im Bürgermeisteramt vom 8. März. Quelle: APK

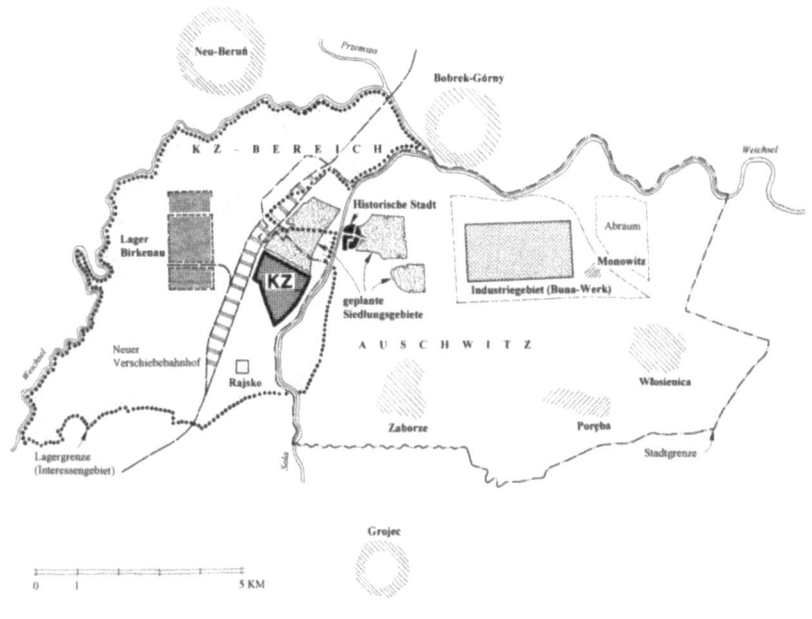

Auschwitz: Umzeichnung der Raumordnungsskizze vom 10. März 1943, aufgestellt von der Bezirksstelle Kattowitz der Landesplanungsgemeinschaft Oberschlesien, unterzeichnet von Udo Froese. Neben dem Gebiet des Bunawerkes der I.G. Farbenindustrie und dem „Interessengebiet Konzentrationslager" ist erstmals auch die Grenze der Stadt angegeben. Dabei ergeben sich Überschneidungen, da sowohl die Solaniederung als auch das Gebiet südlich der Vorbindungsstraße zwischen Bahnhof und Altstadt zugleich dem Konzentrationslager und der Stadt zugehören. In Ergänzung des Originals sind das Lager Birkenau mit allen drei Bauabschnitten und der dazugehörige Gleisanschluß eingetragen. Quelle: Autor

Walter Dejaco entworfene Krematorium II in Betrieb genommen: 1492 Frauen, Kinder und Alte aus dem Ghetto in Krakau wurden in den neuen Gaskammern getötet und im Krematorium eingeäschert[181]. Zwei Tage wurden dafür benötigt, denn der Ingenieur Tomitschek von der AEG hatte geraten, mit halber Kapazität zu feuern, um Ausfällen vorzubeugen. Nachdem auch das Krematorien IV am 22. März von der Zentralbauleitung der Waffen-SS und der Polizei Auschwitz der Standortverwaltung des KL Auschwitz übergeben war, waren bald alle vier Krematorien betriebsbereit, mit einer Kapazität von 4756 Leichen pro Tag. Himmler erschien in Auschwitz, um sich von der Wirkungsweise der Tötungsmaschinerie ein Bild zu machen. „Besprechungen" mit Vertretern ziviler Behörden gehörten nun nicht mehr zur Tagesordnung.

„Die neue deutsche Stadt Auschwitz"
Der „Verkehrsplan und Struktur-Skizze zum Generalbebauungsplan Auschwitz" von Hans Stosberg vom 10. Mai 1941 reagierte auf die anläßlich der Gründungssitzung am 7. April geäußerte Forderung, „Ausbaupläne für die Stadt Auschwitz" zu entwickeln. Im Plan sind zu beiden Seiten der Sola zwei große Siedlungen für insgesamt 40 000 Einwohner vorgesehen. Die als „KZ-Bering" ausgewiesene Fläche des Gutsbezirks schließt die Solaniederung und eine gering bemessene Fläche für eine geplante SS-Siedlung ein. Auf der „4. Baubesprechung"[182] in Ludwigshafen am 6. Mai berichtete Dürrfeld, man habe Stosberg bereits gebeten, sich den Planungen der I.G. anzupassen. Außerdem gehe er davon aus, daß die Selbstfinanzierung der ersten 1100 Wohnungen das Vorhaben beschleunigen werde. Freilich erwäge er nicht, „auf die Reichsbürgschaft und die Reichszuschüsse" zu verzichten. Am 27. Mai berichtete Camill Santo auf der „5. Baubesprechung"[183], er habe das Einverständnis von Regierung, Wohnungskommissar und Kreisleitung erwirken können, „die Werks-Siedlung selbst planen zu dürfen, im Einvernehmen mit Stosberg, in dessen Händen die Gesamtplanung" liege. Anläßlich der „6. Baubesprechung in Ludwigshafen"[184] am 18. Juni forderten Otto Ambros, Walter Dürrfeld und Santo „zwei Klassen von Wohnungen – reine Werkswohnungen für Angestellte des Werkes, die keinen gemeinnützigen Charakter haben und aus eigenen Mitteln des Werkes finanziert werden müssen", und „gemeinnützige Wohnungen, für die auch die Zuschüsse des Reiches beansprucht werden und für die die I.G. nur die Spitzenfinanzierung zu übernehmen" habe. Als Träger für den Wohnungsbau werde zunächst die Gewoge (gemeinnützige Wohnungsbaugesellschaft) Ludwigshafen auftreten – bis zur bereits

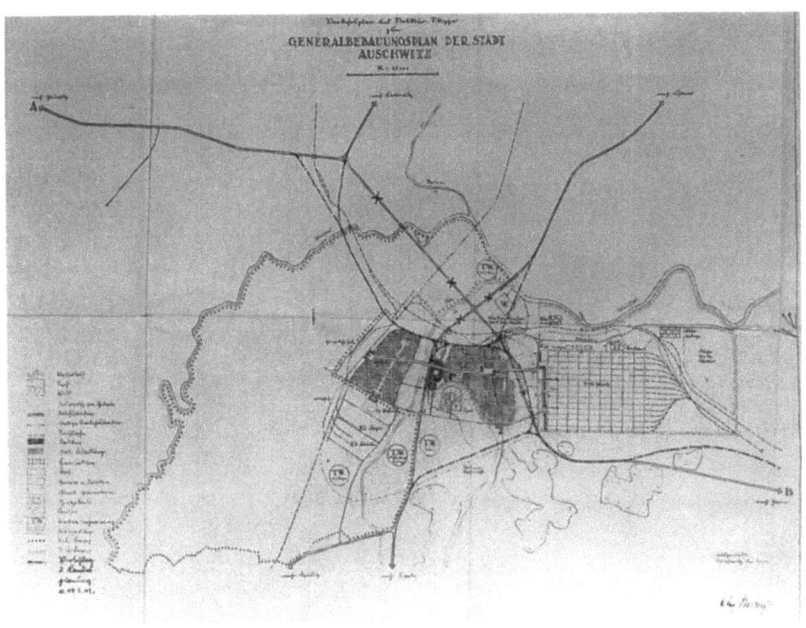

Verkehrsplan und Strukturskizze zum Generalbebauungsplan der Stadt Auschwitz, aufgestellt von Hans Stosberg am 10. Mai 1941, die Verkehrsführung geändert auf der Grundlage von Empfehlungen der Landesplanung am 14. Mai. Der „KZ Bering" umfaßt jetzt auch die Solaniederung und den Bereich von Broszkowice, nördlich der Bahn zwischen Weichsel und Sola. Quelle: Stadtarchiv Oświęcim

Auschwitz: Generalbebauungsplan von Hans Stosberg vom August 1942, links im Plan nachgetragen die „Grenze zwischen Stadt Auschwitz und K.L. gemäß Besprechung vom 23.9.'42". Quelle: Autor

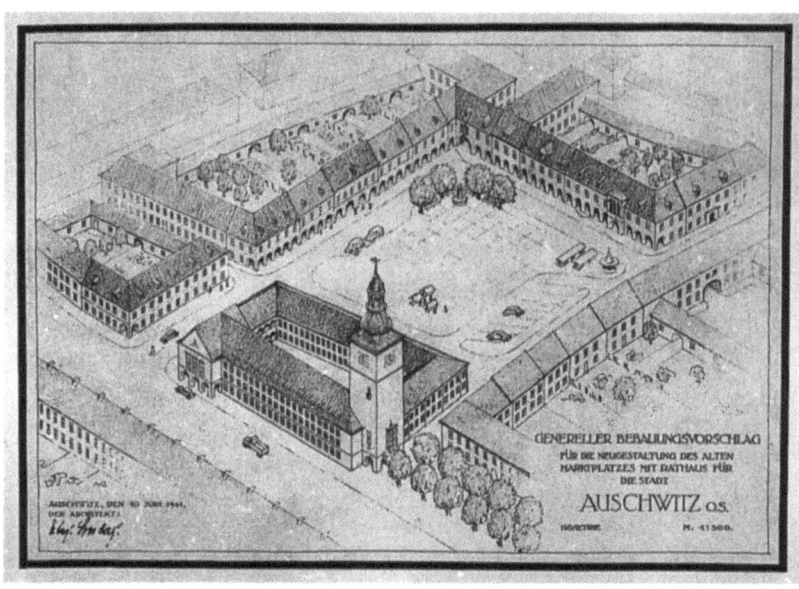

Auschwitz: Genereller Bebauungsvorschlag für die Neugestaltung des alten Marktplatzes mit Rathaus vom 10. Juni 1941 (oben), Entwurf zur „Neugestaltung des alten Ringplatzes", Ostseite, vom Dezember 1941 (unten) von Hans Stosberg. Quelle: Autor

Auschwitz: Entwurf für das Gasthaus am Ring von Hans Stosberg vom 12. Juli 1941. Mit steilem Dach und schlesischem Laubengang war der Weg zur „Eindeutschung" des Stadtbildes vorgezeichnet. Quelle: Stadtarchiv Oświęcim

Auschwitz: Oben das Rathaus, umgebaut und mit steilem Dach und Dachreiter versehen, rechts daneben das Gasthaus, anstelle der Apotheke neu gebaut nach Entwurf von Hans Stosberg vom Juni 1941. Foto: Stanislaw Klimek, August 1991. Unten: „Aussiedlung" der Juden im Sommer 1941. Quelle: APK

Auschwitz: Rathaussaal, umgebaut nach einem Entwurf von Hans Stosberg im Herbst 1941.
Foto: Stanislaw Klimek, August 1991

beschlossenen Gründung einer neuen gemeinnützigen Wohnungsbaugesellschaft, an der die Stadt Auschwitz, der Kreis Bielitz und die I.G. beteiligt sein würden. Für die „Bereitschaftssiedlung" heißt es im Protokoll, sei „vom Reichsamt die grundsätzliche Genehmigung von 1000 Arbeiterwohnstätten und 150 Bereitschaftswohnungen in Aussicht gestellt worden". Für diese Wohnungen solle „zunächst für 500 Wohnungseinheiten ein Antrag auf Ausnahmegenehmigung beim G.B.-Bau [Generalbevollmächtigter-Bau = Albert Speer, Anm. d. V.] gestellt werden". Kaum drei Monate später forderte auf der „12. Baubesprechung" in Leuna Clemens Anders, Chefarchitekt der I.G.-Bauabteilung, „endgültige Pläne in Berlin" vorzulegen, damit mit dem Bau der Bereitschaftssiedlung begonnen werden könne. Anders hatte 1938 mit ähnlichen Entwürfen bereits Erfahrungen machen können. Zwischen 1939 und 1941 war auf der Grundlage seines Entwurfs die Bereitschaftssiedlung[185] für das Bunawerk in Hüls enstanden, das am 29. August 1940 die Produktion von Synthesekautschuk aufnahm. Die Grünplanung der Siedlung hatte Max Fischer besorgt. Anders war in diesen Wochen oft in Auschwitz. Der auf den 25. August 1941 datierte „Wochenbericht Nr. 13"[186] der I.G.-Farbenindustrie vermerkt eine Besprechung von Santo und Anders mit Titus Taeschner von der Neuen Heimat in Berlin über den Bau der ersten 300 Wohnungen am 20. August. Zwei Tage zuvor hatten sich alle Beteiligten im Beskidenkeller in Bielitz „zu einer Behördenbesprechung beim Landrat" getroffen, auf der Stosberg ein „Referat über die Planung der Stadt Auschwitz" hielt. Dem schloß sich ein „Abendschoppen" an, an dem auch Walter Dürrfeld teilnahm. Diese Planung ist nicht erhalten; erst vom August 1942 datiert ein weiterer, ungemein detaillierter Bebauungsplan im Maßstab 1:5000, den Stosberg persönlich aufbewahrt hatte und im August 1989 zugänglich machte. Im Sommer 1941 waren einstweilen dringende Baumaßnahmen erforderlich, an denen sich Stosberg mit Entwürfen beteiligte. Auf den 10. Juni 1941 datiert ist ein „genereller Bebauungsvorschlag für die Neugestaltung des alten Marktplatzes mit Rathaus", der ganz im Sinne des Heimatschutzes und der von Werner Lindner eifrig auch im Osten vertretenen Harmonisierung des Stadtbildes steile „deutsche Dächer" und Bogengänge auf drei Seiten des Platzes vorsah. Im Juli folgte dann der Umbau der alten Apotheke am Marktplatz zum Rathaus und der Neubau des „Deutschen Gasthauses", der von den Vertretern der I.G. bereits im Frühjahr gefordert worden war. Anders hatte sich sogar die Freiheit genommen, den Stosbergschen Entwurf eigenen Vorstellungen anzupassen. Für Abrißarbeiten wurden Häftlinge eingesetzt. Erst zum Ende des Jahres waren die Entwürfe zur „Neugestaltung des Ringplatzes" fertig, von Stosberg nun als „Sonderbeauftragter für den Generalbebauungsplan der Stadt Auschwitz" unterzeichnet. Die Entwürfe für den Ring illustrieren auch den Neujahrsgruß, den er „zum Jahreswechsel 1941-1942" versandte, um seinen „Gönnern und Freunden Gesundheit und Glück und gutes Gelingen bei jedem Beginnen"[187] zu wünschen, ergänzt um einen kurzen Text, der seiner Arbeit eine bedeutende historische Dimension verleihen sollte: „Im Jahre 1241 bannten schlesische Streiter als Retter des Reiches den Mongolensturm bei Wahlstatt. Im gleichen Jahrhundert erstand Auschwitz als deutsche Stadt. Nach 600 Jahren wendet der Führer Adolf Hitler die Bolschewistengefahr von Europa. In diesem Jahr 1941 wurde der Aufbau einer neuen deutschen Stadt und die Wiederherstellung des alten schlesischen Ringplatzes geplant und begonnen."

Zu einem ersten Abstimmungsgespräch zwischen dem Chef des Amtes II, Kammler, und Stosberg kam es am 6. Dezember 1941 in Berlin. Dabei stellte Kammler unter Hinweis auf die Genehmigung durch Pohl kategorisch fest, daß „die Vorskizze der Generalbebauung vom 18. 6. 1941 des Interessensgebietes der SS [...] als feststehende Grundlage der Weiterplanung"[188] zu betrachten sei. Im übrigen werde das Amt die Planungen weiter betreiben, bis im Frühjahr 1942 „an Ort und Stelle eine endgültige Abstimmung der beiderseitigen Planung" vorgenommen werden könne. Stosberg muß vom Ergebnis der Besprechung und einer am 10. Januar vorgenommenen „Vermarkung der Bahnhofstraße"[189] schockiert gewesen sein. In einem Schreiben vom 16. Januar 1942 beschwert er sich bei Kammler, es werde dem „Siedlungsorganismus zu wenig Fläche gelassen", ja „die Auschwitzer Planung" entwickle sich „zu einer rechten Katastrophe". Bestehe die SS auf den Flächenansprüchen im Bereich des Bahnhofs, könnten, seiner Berechnung zufolge, nur 29 700 Menschen in der zukünftigen Stadt leben. Bei einer anzunehmenden „Stammbelegschaft der I.G. von 15 000 Arbeitskräften und für 15 000 Eisenbahnbeschäftigte" sei das völlig unzureichend. Schließlich wolle man „eine Stadt in einer Größenordnung von 60 000 bis 70 000 Seelen ansetzen". Eher nebenbei leitete Stosberg eine Frage der Reichsbahndirektion Oppeln weiter, die dringend um eine Angabe darüber bittet, „mit welchen Waggonmengen [...] späterhin" zu rechnen sei. Der Entwurf der Direktion zum Ausbau der Gleisanlagen basiere auf 35 Waggons täglich.

Eine weitere Stufe der Planung dokumentiert der „Gesamt-Übersichtsplan", der von der „Planungsabteilung der I.G. Farbenindustrie Aktiengesellschaft" auf den 19. Juni 1942 datiert ist. Vor dem Werksgelände sind die

Barackenlager I und II ausgewiesen, dazu drei weitere Lager in den Blöcken 8J und 11R/12/J, K sowie unterhalb der Halden im Osten. Baracken des Werkes befinden sich im Norden der Anlage, während die Baracken westlich davon wohl als Büros dienten. Der Plan weist außerdem einen Bereich für Kieselentnahme aus, ein Flußwasserwerk an der Weichsel und das Trinkwasserwerk südlich der geplanten Bereitschaftssiedlung. Auf dem Werksgelände sind zahlreiche Produktionsanlagen im Bau begriffen. Auch im Bereich der Stadt lassen sich weitgehende Veränderungen feststellen. Auf Stosbergs Stadtplanung wird auf dem Übersichtsplan nicht Bezug genommen, die Bereitschaftssiedlung als erstes Element der zukünftigen „Stadtlandschaft" ist jedoch nach dem Entwurf von Anders eingeklebt. Die Bauten des bereits im Bau befindlichen Blocks sind deutlich gekennzeichnet.

Als Regierungspräsident Springorum mit den Fachvertretern der ihm unterstellten Dezernate am 3. September 1942 zu einer Ortsbesichtigung nach Auschwitz fuhr, konnte Stosberg nach der „Besichtigung der Ringumgestaltung und der im Bau befindlichen Bereitschaftssiedlung"[190] den im August fertiggestellten Bebauungsplan in den Räumen des Stadtbauamtes vorstellen. Er konzentrierte sich dabei auf die Darstellung der Probleme des zwischen Sola und Bahnhof gelegenen Stadtteils, der „von der Interessengrenze zwischen Stadt und K-Lager durchzogen" werde: „Eine derartige Planung", so der Protokollant der Landesplanungsgemeinschaft, „würde bewirken, daß nur der nördlich der genannten Straße gelegene Teil städtebaulich einwandfrei geplant werden könne. Die Gestaltung des südlich der Interessengrenze gelegenen Gebietes sei dagegen dem Reichsführer SS vorbehalten, der, wie Dr. Ing. Stosberg erfahren hat, dem fraglichen Gelände einen weniger städtischen als vielmehr siedlungsmäßigen Charakter geben will." Stosberg befürchtete, der nördliche Teil werde „für immer ein Torso" bleiben, „was städtebaulich gesehen und nach dem Urteil maßgebendster Architekten unerwünscht" sei. In einer weiteren Planungsstufe wurde das Ergebnis der Besprechung mit Oswald Pohl vom 23. September berücksichtigt, denn Pohl hatte anläßlich der Zusammenkunft von Vertretern aller Behörden in Auschwitz der vollen Ausbildung der „Neustadt-West" zugestimmt und eine „Entlastungsstraße" zwischen Bahnhof und Werk im Grünstreifen zwischen Lager und Stadt zugelassen. Der „Gesamtsiedlungs- und Baustufenplan" vom Oktober 1942 und der „Wirtschaftsplan" vom Januar 1943 bildeten also die laut Stosberg städtebaulich optimale Lösung. Zwischen Werk und Bahnhof sollten drei Siedlungskerne entstehen, die zum Teil bereits in der Namensgebung „städtisch" erscheinen

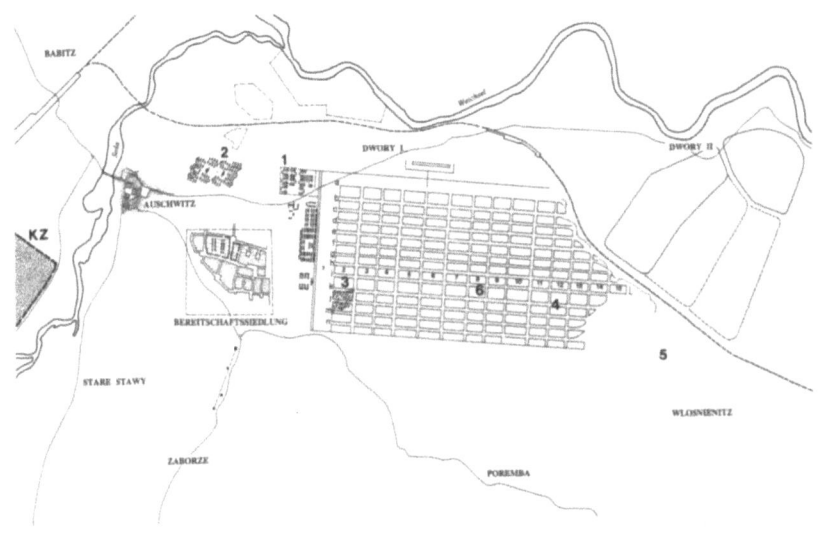

Auschwitz: Umzeichnung des „Gesamt-Übersichtsplans" im Maßstab 1:10.000 der I.G. Farbenindustrie Aktiengesellschaft, Plan Nr. 149 "a"/42/27 vom 19. VI. 1942, bearbeitet von Gabrys, geändert in „a" am 16. VII. 1942. Der Plan weist das Gelände des Werkes mit der Blocknumerierung von 1-15 (West-Ost) und A-N (Nord-Süd) aus. Die Barackenlager (1-5) sind angegeben, dazu zahlreiche technische Einrichtungen, wie das Trinkwasserwerk, das Flußwasserwerk für Brauchwasser, der Ort der Kieselentnahme, die Halden und Kläranlagen im Osten. Ein kleines Blatt mit dem Entwurf der Bereitschaftssiedlung, in dem der im Bau begriffene Block schwarz markiert ist, ist eingeklebt. Quelle: Stadtarchiv Oświęcim

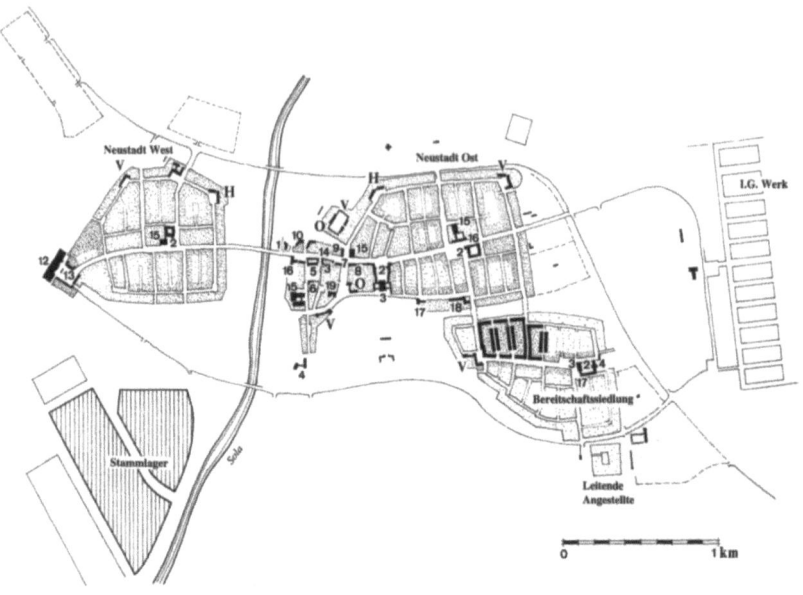

Auschwitz: Gesamtsiedlungs- und Baustufenplan von Hans Stosberg, Oktober 1942. Die Reihenfolge der Numerierung folgt dem Plan: 1 Burg, 2 Parteihaus, 3 Gemeinschaftshaus, 4 H.J.-Heim, 5 Rathaus, 6 Polizeiwache, 7 Hauptpostamt, 8 Amtsgericht, 9 Finanzamt, 10 Arbeitsamt, 11 Feuerwache, 12 Hauptbahnhof, 13 Verkehrsamt, 14 Sparkasse, 15 Lichtspielhaus, 16 Hotel, 17 Gaststätte, 18 Krankenhaus, 19 Warmbad. V = Volksschule, O = Oberschule, H = Hauptschule, B = Berufsschule. Zwischen dem Bahnhof im Westen und dem Bunawerk im Osten sollten drei Siedlungskerne entstehen, von diesen war ein Block der Bereitschaftssiedlung (in der Karte schwarz markiert) bereits im Bau. Südlich der Bereitschaftssiedlung ein kleines Gebiet für Einfamilienhäuser leitender Angestellter der I.G. Farben. Quelle: Umzeichnung des Autors

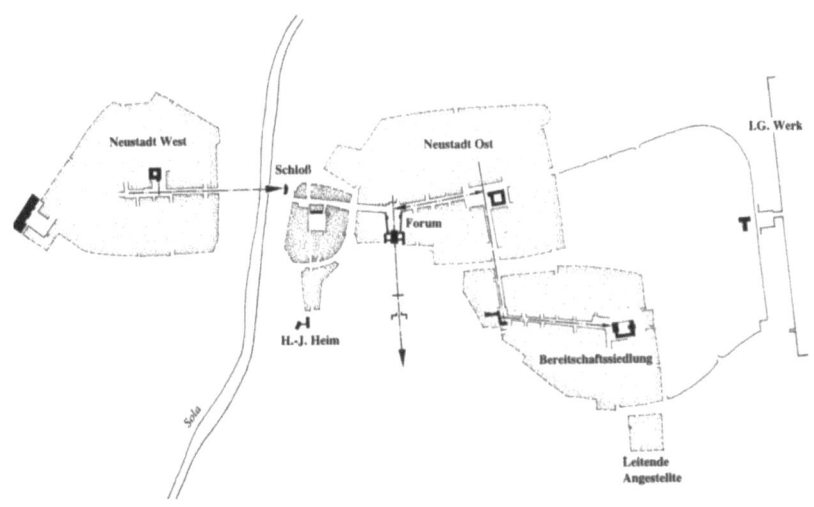

Auschwitz: Umzeichnung des Gesamtsiedlungs- und Baustufenplans von Hans Stosberg, Oktober 1942. Dargestellt sind die entwurfsbestimmenden Achsbezüge: Die Angelpunkte in den drei Siedlungsbereichen bilden die Parteihäuser; die Achse der Neustadt-West ist auf das Schloß ausgerichtet, während eine zweite Achse vom Gemeinschaftshaus am Aufmarschplatz ausgeht und in den Naturraum weist. Quelle: Autor

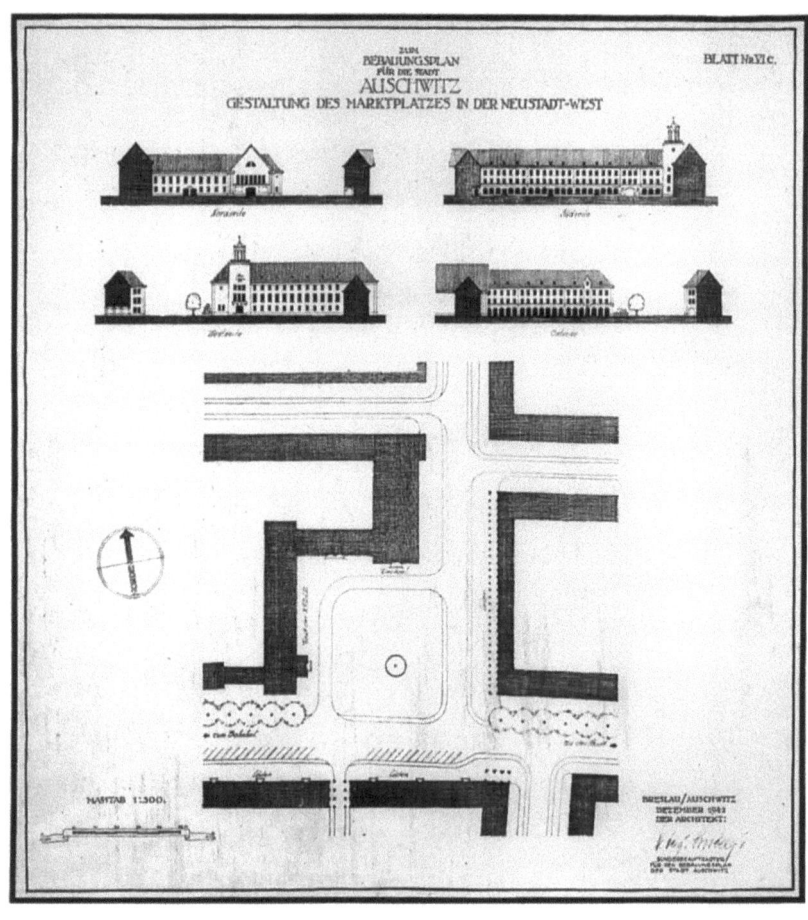

Auschwitz: Entwurf zur Gestaltung des Marktplatzes der Neustadt-West von Hans Stosberg, Dezember 1942. Quelle: Autor

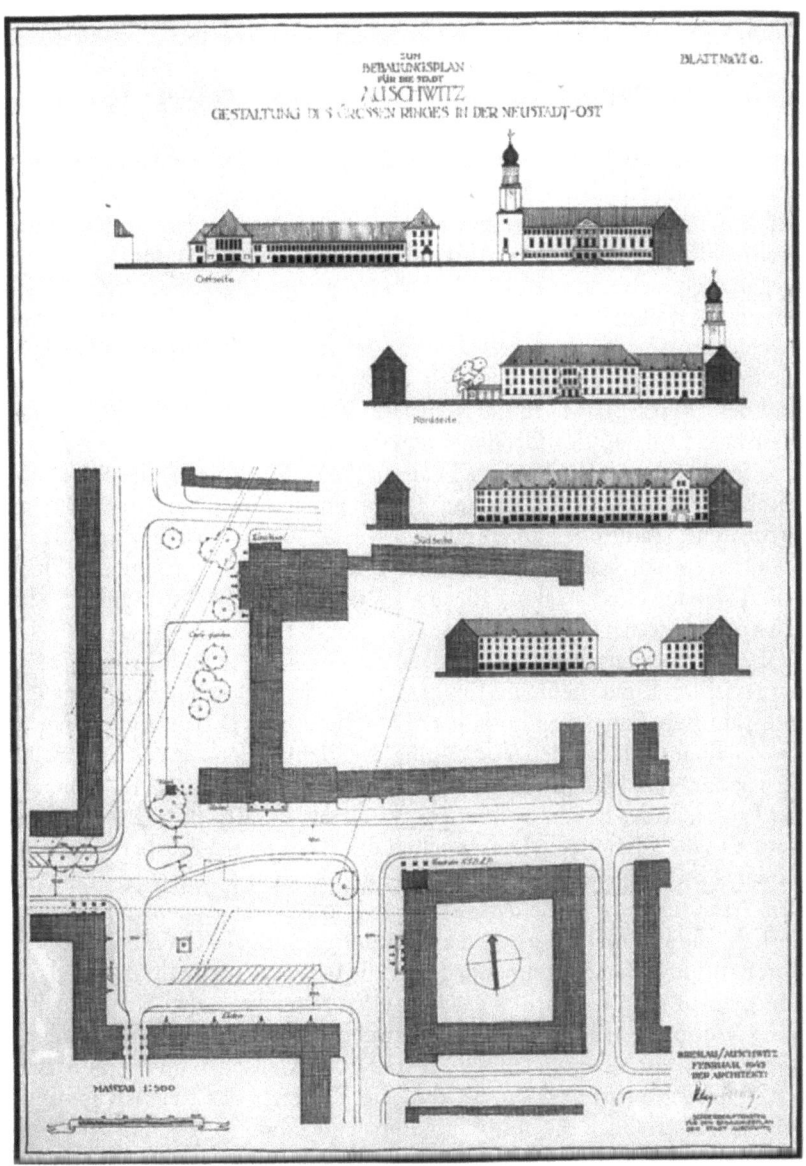

Auschwitz: Entwurf zur Gestaltung des Großen Ringes in der Neustadt-Ost von Hans Stosberg vom Februar 1943. Quelle: Autor

wollten: die Neustadt-West am Bahnhof, die Neustadt-Ost zwischen Werk und Altstadt und die Bereitschaftssiedlung mit einem kleinen Gebiet für sechs Einfamilienhäuser unmittelbar am Werk. Jeder Einheit sind jeweils ein Parteihaus und ein Gemeinschaftshaus zugeordnet. Fast alle anderen öffentlichen Einrichtungen befinden sich im historischen Stadtkern, der beziehungsreich den Mittelpunkt zwischen den beiden Neustädten bildet. Sowohl zum Werksgelände als auch zum Lager ist ein ein Kilometer breiter luftschutzbedingter Abstand gehalten. Die Bebauung soll durchweg in dreigeschossiger Blockrandbebauung erfolgen, wobei im Blockinneren und in weiten Bereichen der Bereitschaftssiedlung die Bebauung durch zweigeschossige Zeilen gekennzeichnet ist und damit weniger städtisch als „siedlungsmäßig" erscheint. Auch die Gestaltung des Bahnhofsplatzes und der „Marktplätze" in der Neustadt-West, des „Parteiforums" in der Neustadt-Ost und des Großen Ringes in der Neustadt-Ost stammt von Stosberg[191] (Dezember 1942 bis Februar 1943). Mit Bogengängen, klassizistischen Fassaden und barocken Turmhelmen suchen die Entwürfe an preußische Traditionen anzuknüpfen, wie sie Werner Lindner und Georg Steinmetz noch während des Ersten Weltkrieges im Auftrage des Deutschen Bundes Heimatschutz für den „Wiederaufbau in Ostpreußen"[192] beschworen hatten.

Während das Gerangel um die Grenzen des Konzentrationslagers trotz hergestellten Einvernehmens fortgesetzt wurde, schloß Stosberg seine Planung am Bebauungsplan im Januar 1943 mit einem „Erläuterungsbericht" ab. Zu einer umfassenden Vorstellung der Planung kam es noch einmal in Gegenwart von Helmut Döscher und Max Büge am 15. und 16. Januar in der Prüfstelle des Reichswohnungskommissars des Reichsarbeitsministeriums, da „die städtebaulichen Arbeiten des Architekten Stosberg einen gewissen Abschluß erreicht"[193] hätten und damit „der zwischen der Stadt und dem Architekten abgeschlossene Vertrag" erfüllt sei. Zudem „sei es erforderlich, die nunmehr vorliegende Gesamtplanung als Grundlage für die durchzuführenden Einzelmaßnahmen, die teilweise schon im Bau sind, anzuerkennen". Problematisch erschien allen Beteiligten, daß Stosbergs Planung Wohnungen für nur 37.000 Menschen vorsah, bei einer Belegschaft von 15 000 Beschäftigten jedoch „allein 60 000 Menschen im Raum Auschwitz" unterzubringen seien. Sowohl die Vertreter des Reichswohnungskommissars als auch die des für Städtebau zuständigen Reichsarbeitsministeriums stellten fest, daß für die Stadt, aber auch für die „Interessen des Konzentrationslagers nicht genügend Raum vorhanden" sei. Die Verlagerung des Verschiebebahnhofs würde die Situation sogar noch verschärfen.

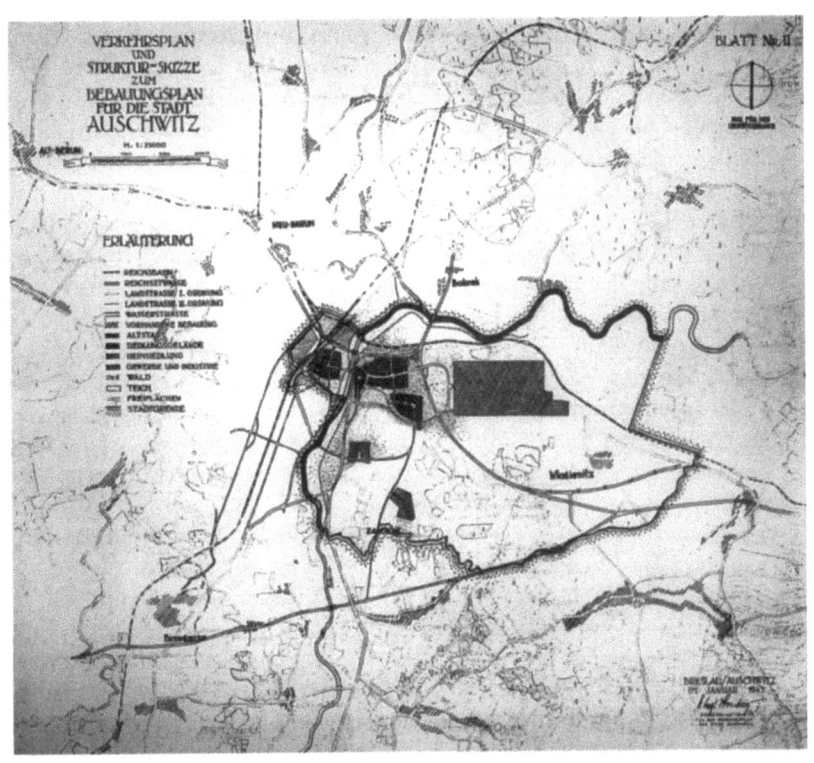

„Verkehrsplan und Struktur Skizze zum Bebauungsplan für die Stadt Auschwitz" vom Januar 1943 von Hans Stosberg. Innerhalb der angedeuteten Stadtgrenzen rechts das Bunawerk, links die drei Siedlungskerne – das „Interessengebiet des Konzentrationslagers" ist nicht gekennzeichnet. Quelle: Autor

Stosberg empfahl, zur Klärung des „Eisenbahnverkehrsproblems" den ihm aus Hannover bekannten Professor Otto Blum heranzuziehen. Döscher und Büge sprachen sich für den Verkehrsplaner der Technischen Hochschule Danzig, Flörke, aus, der bereits an den Planungen von Walther Bangert für Posen und Litzmannstadt entscheidend mitgewirkt hatte. Außerdem sollte ein Landschaftsgestalter hinzugezogen werden, um die „Verschandelung der an sich reizvollen Landschaft" durch den Verschiebebahnhof zu vermeiden. Büge und Döscher erklärten sich bereit, das Reichsforstamt als oberste Naturschutzbehörde mit der „Einschaltung von Wiepking [...] in seiner Eigenschaft als Reichslandschaftsgestalter" zu beauftragen. Der Protokollant notierte zudem, daß alle Teilnehmer darin einig seien, „auf die spätere Verlegung des Konzentrationslagers hinzuwirken, um allen Beteiligten für die Zukunft eine ausreichende Entwicklungsmöglichkeit sicherzustellen"; denn „die Verlegung des KZ-Lagers" sei „nicht nur für die Stadt, sondern auch für das Lager selbst von Vorteil, weil es jetzt eingeklemmt zwischen Sola und Bahn unorganisch läge, und ein späteres Haupterweiterungsgebiet der Stadt beanspruche". Die Verwaltung des KZ-Lagers würde sich dann „nicht nur besser im Mittelpunkt ihres eigenen Amtsbereiches befinden, sondern geschlossen aufgebaut und ungestört von den öffentlichen Verkehrseinrichtungen" sein. Derartige Verhandlungen machen einmal mehr deutlich, daß das Konzentrationslager den Trägern öffentlicher Belange als unangreifbares Faktum galt. Es hatte „organisch" in Raum- und Stadtplanung eingebunden zu sein.
Stosberg wurde deshalb beauftragt, in einem „Idealplan die noch ungelösten Probleme" darzustellen, „soweit ihre Behandlung kriegswichtig" sei. Darin sollten Wohnflächen für 75 000 bis 80 000 Einwohner ausgewiesen werden. Erst müsse jedoch das „Zeitmaß der Lösung der Nachkriegsprobleme abgewartet werden, um übersehen zu können, wann nach dem Kriege die endgültige Lösung verwirklicht werden könne". Bereits jetzt sei es jedoch notwendig, „alle Beteiligten auf die Ideallösung aufmerksam zu machen und ihre spätere Durchführung sicherzustellen". Mit Blick auf die Details empfahl Büge, den luftschutzbedingten Abstand der Wohnstadt zum Werk von 1250 auf 1000 Meter herabzusetzen, um zusätzliches Wohnbauland zu gewinnen. Wegen der „Abrundung der Wohnstadt" stellte er deshalb Verhandlungen mit dem Reichsluftfahrtministerium in Aussicht.
Vorgelegt wurde in Berlin auch der Grünflächenplan von Max Fischer, dem Leiter der Abteilung Gartenwesen der I.G. Farbenindustrie, doch fand er keine Zustimmung. Das Protokoll vermerkt am Ende, daß „Architekt Stosberg für die weitere Behandlung der städtebaulichen Planung in

Auschwitz eingeschaltet bleibt und entsprechend weitere Aufträge erhält".
Auch sein „Einbau in das Stadtbauamt" wurde erwogen. Das für die Finanzierung zuständige Reichsarbeitsministerium erwartete dazu vom Regierungspräsidenten entsprechende Vorschläge. Mit Schreiben vom 25. Februar ließ Stosberg[194] dem Baudezernat des Regierungspräsidenten eine Übersichtsskizze mit vier Varianten zur Lage des Verschiebebahnhofs zukommen, die noch einmal belegt, wie weitreichend sein „Idealplan" angelegt war.

Der Erläuterungsbericht des Bebauungsplans vom Januar 1943 enthält in seinen Anlagen genaue Zahlen für die Verteilung der Schulen und die Verteilung der öffentlichen Gebäude bis hin zum Flächenanspruch eines Warmbades von 3000 qm in „zentraler Lage an der Wallstraße der Altstadt", drei Kinos mit insgesamt 1700 Plätzen und vier Parteihäusern für sechs Ortsgruppen. In einer Vorbemerkung steckte Stosberg den Rahmen ab, der die Ambitionen jeder nationalsozialistischen Stadtplanung zusammenfaßte. Selbstverständlich dürfe „die organische Gestaltung des Raumes nicht an den Siedlungsgrenzen halt machen, sondern muß darüber hinaus die ganze weitere Stadtlandschaft umfassen". Mit der Verwendung des Begriffs „Stadtlandschaft", der seit 1940 die Planungen für Bremen, Hamburg und Stettin prägte, erwies sich Stosberg als gut informiert: Nationalsozialistische Stadtplanung erhob den Anspruch, die Totalität des Raumes zu „durchdringen" und den Gegensatz zwischen Stadt und Landschaft zu überwinden. Deshalb vermerkte Stosberg auch, „die große Aufgabe der Landschaftsgestaltung" bestehe darin, „aus der Besiedlung und aus der ebenso bedeutenden landwirtschaftlichen, forstwirtschaftlichen und sonstigen Landnutzung eine Einheit" zu schaffen. Nur so könne es gelingen, „ein Stück versteppter Erdoberfläche zu einer wirklichen Kulturlandschaft zu gestalten und das geschändete Angesicht dieses Landes wieder der Gesundung zuzuführen, um das Ziel allen Planens zu erreichen: deutschen Menschen einen Boden zu bereiten, der ihnen und ihren Kindern ein neues Stück Heimaterde werden soll".

Bodenbeschaffenheit und Verkehr bewirkten „die Schaffung einer neuen deutschen Stadt", und zwar, wie Stosberg im Januar 1943 angesichts der Schlacht von Stalingrad schrieb, „noch mitten im Ringen um den Bestand des Reiches". Ein „kristallklares Idealstadtgebilde" könne es nicht geben, weil die Gegebenheiten der Natur wirksam seien, doch würde sich eine „in der Landschaft sauber abgesetzte Silhouette" erzielen lassen. Die „Judenstadt unter der Burg" müsse abgerissen werden, um „den Burgberg als wichtiges Denkmal einer alten deutschen Stadtgeschichte im Landschafts-

bild wieder in seiner bastionartig vorstoßenden Form wirksam werden" zu lassen. Wegen der allgemeinen Raumnot sei eine viergeschossige, geschlossene Bebauung vorgesehen, doch werde es auch verkehrsstille Erschließung mit einer „anheimelnden Wirkung intimer Wohnstraßenräume" geben. In einer Schlußbetrachtung äußerte Stosberg den Wunsch, „daß die Arbeit unserer Tage – begonnen in schweren Jahren des Kampfes um den Bestand unseres Volkes – weiter gedeihen möge, daß sie zur Vollendung gelange, und daß sich dieses Werk dann würdig an die Seite stellen möge den Schöpfungen unserer Vorfahren, die diesen Boden bereits vor Jahrhunderten durch ihr Blut und ihren Schweiß geweiht und unserem Tun den Weg bereitet haben". Nur so könne „unser Bemühen in der Heimat zugleich Dank sein unseren in härtestem Kampfe diese Erde auch heute wieder gegen die Mächte des Ostens mit dem Einsatz ihres Lebens schützenden Brüdern".
In Berlin ermutigt und vom Regierungspräsidenten unterstützt, arbeitete Stosberg nun an einem „Idealplan". Noch am 14. April 1943 hatte er anläßlich einer „Besichtigung in Auschwitz"[195] durch Wolfgang Teubert, einem Referenten der Reichsstelle für Raumordnung, Gelegenheit, die Planung vorzustellen. Landesplaner Ziegler hob in einem Vermerk hervor, „das Gesamtbild der Planung von Stadt und Werk" mache „einen gut überlegten organischen Eindruck". Sehr hinderlich sei „allerdings die Lage des KL". Es sei jedoch, „soweit das geht, jetzt tragbar gegen die Stadt abgegrenzt und der Stadt angegliedert". Das Wasserwirtschaftsamt bemängele erneut die Kläranlage des Konzentrationslagers, doch da der Generalinspektor für Wasser und Energie „nachgegeben" habe, wolle man die Sache nicht weiter verfolgen. Einen Monat später kam es im Stadtbauamt zu einer letzten Besprechung, an der auch Stosberg teilnahm. Der „Chef des Amtes C IV"[196] des Wirtschafts-Verwaltungshauptamtes, Dr. Ing. SS-Sturmbannführer Flier", erschien in Begleitung von Hartjenstein und Dejaco von der Zentralbauleitung, um die „Bahnhofsvorplatz-Gestaltung" und die Straße zwischen der Neustadt-West und dem Lager zu besprechen. Der von Dejaco angefertigte Aktenvermerk verzeichnet „in jeder Weise eine Einigung", so daß Hartjenstein auf dieser veränderten Grundlage den „Generalbebauungsplan für das K.L. Auschwitz" neu erstellen könne.
Damit schloß Stosberg seine Arbeit in Auschwitz ab. Nach eigener Aussage meldete er sich zum Dienst in der Wehrmacht, da „ein Streit um die künftige politische Grenze zwischen der Stadt und dem auf der anderen Seite des Solaflusses beginnenden Lagerbereich"[197] entstand. Nach Teubert erschien jedoch ein weiterer Besucher in Oberschlesien: Baudirektor Dö-

scher aus dem Reichsarbeitsministerium war am 27. und 28. Mai 1943 in Kattowitz gewesen, um sich „über den Sachverhalt an Ort und Stelle zu unterrichten"[198]. Dabei wurde klargestellt, daß „die Finanzierungshilfe für die allgemeine Planung nach wie vor beim RAM [Reichsarbeitsministerium] eingereicht" werde, während „über die Einzelmaßnahmen dem RWK [Reichswohnungskommissar] zu berichten" sei. Mit Froese und Ziegler besprach Döscher noch einmal die zukünftige Lage des Verschiebebahnhofs. Da die Reichsbahndirektion in Oppeln inzwischen signalisiert habe, daß das im Bau befindliche Provisorium „voraussichtlich für 10 bis 20 Jahre" ausreichen werde, sei die endgültige Lage „nicht akut". Auch „die Verlagerung des KZ." werde „in dem gleichen Zeitabschnitt kaum Wirklichkeit werden". Die Angelegenheit sei deshalb vorerst „als erledigt angesehen". Mit diesem Vermerk schließt die im Staatsarchiv Kattowitz überlieferte Akte der Landesplanung Auschwitz.

Dennoch wurde für das Konzentrationslager in Auschwitz auch weiterhin mit einer Intensität geplant, die die von Döscher protokollierten „10 bis 20 Jahre" realistisch erscheinen lassen. Die „Abteilung Landwirtschaft" des Lagers bestätigte nämlich am 12. Juli 1943, daß der Landschaftsanwalt Werner Bauch aus Jößnitz bei Plauen die Planung für die Bepflanzung der „Grünen Grenze"[199] zwischen dem Lager und der Stadt abgeschlossen habe. Im Oktober verlangte der Lagerkommandant dann auch das „Pflanzen eines Grüngürtels"[200] um die Krematorien I und II: „Es soll ein natürlicher Abschluß zum Lager hin erreicht werden." Für die Bepflanzungen wurde das Material über weite Strecken geliefert. So ist zum Beispiel eine Rechnung der Firma Wirtz & Eicke, Frankfurt-Rödelheim, überliefert, die am 25. April 1942 Pflanzen für 2289 RM geliefert hatte.

Ziegler wurde zum 10. September 1943 zur Wehrmacht einberufen, der Gauleiter besorgte jedoch seine Freistellung, so daß er weiter für die Landesplanung tätig sein und die Dienststelle im Frühjahr 1945 auch noch nach Neiße verlegen konnte - mit umfangreichem Planmaterial, darunter auch die Raumordnungsskizzen für Auschwitz aus dem Jahre 1941.

Ein einziger Strang der Planung reicht über das Frühjahr 1943 hinaus. Es handelt sich um den „Grünflächenplan", der im Januar anläßlich der Besprechung beim Reichswohnungskommissar keine Zustimmung fand. Fischer hatte sich am 8. März 1941 an der Landwirtschaftlichen Fakultät der Friedrich-Wilhelms-Universität Berlin immatrikuliert und „im Einvernehmen mit Herrn Professor Wiepking" im April 1943 die Zulassung zur Prüfung zum Diplomgärtner erreicht. Im Februar 1944 konnte er mit einer Diplomarbeit über die „Grüngestaltung und die Gestaltung der Stadt und des

Raumes Auschwitz" das Studium abschließen. Im Vorwort der schriftlichen Ausarbeitung betonte er, ähnlich wie Stosberg in seinem Erläuterungsbericht, in Auschwitz habe sich die Aufgabe gestellt, „die durch deutsche Soldaten erworbenen Gebiete dem deutschen Volksboden einzugliedern und deutsche Siedlungsgebiete aus ihnen zu machen". Aus diesen Gebieten sei eine „deutsche Kulturlandschaft" zu gestalten. Er habe den Versuch unternommen, schreibt Fischer, unter Berücksichtigung der Anordnungen des Reichskommissars für die Festigung deutschen Volkstums „eine Industriestadt so zu entwerfen, daß Stadt und Land eine Einheit bilden und beide in ihrem Aufbau als Grundlage zur Festigung und Mehrung eines blutig hochstehenden deutschen Volkstums [!] zu werten sind". Vor allem „die Umschichtung einer bisher vom Bäuerlichen getragenen Konstitution des Stadt- und Raumgefüges zur neuzeitlichen Industriestadt" stelle „ganz große städtebauliche und landschaftsgestalterische Aufgaben und Probleme". Zum engeren Bereich der Grünplanung heißt es, „die Errichtung eines Hauptfriedhofes" sei „die vordringlichste grünpolitische Aufgabe der Stadt". Doch „der Zustand, daß Deutsche und Nichtdeutsche nebeneinanderliegen, widerspricht unserer völkischen Grundauffassung". Und da die Lage des Friedhofs „auf Grund unserer Einstellung zur Ahnenverehrung außerordentlich wichtig" sei, könne er nicht „irgendwo im Umland" liegen, „sondern in beherrschender Stellung in der Landschaft im Blickfeld der Stadt". Fischer negierte im übrigen Stosbergs Generalbebauungsplan und entwickelte – wenn auch nach ähnlichem Grundmuster – drei anders orientierte Siedlungszellen. Er betonte dabei die „Auflockerung", die es ihm ermögliche, Grünhöfe zu entwerfen, für die er genaue Pflanzlisten aufführte. „So sehr man bisher die Zersplitterung in einzelne Stadtteile bedauert hätte", schreibt Fischer, so sehr sei „diese Auflockerung nach neuen Gesichtspunkten, denen wir im Städtebau zum Durchbruch verhelfen müssen, und die uns eine sinngemäße Anwendung der Erfahrungen des Luftkrieges geradezu als Lebensnotwendigkeit diktiert, zu begrüßen. Wir sehen bei dieser Stadtplanung zum ersten Mal die Gelegenheit, die Stadt so weitgehend aufzulockern, als dies ein organischer Stadtaufbau und die notwendigen Beziehungen zu den einzelnen Stadtteilen noch zulassen. Nur die geringen Bebauungsmöglichkeiten zwingen uns dazu, die Wohnblocks nicht noch weiträumiger zu gestalten."
Stosbergs Plan vom Januar 1943 und Fischers Plan vom Januar 1944 sind Varianten desselben Fieberraums von „der neuen deutschen Stadt" Auschwitz. Stosberg stellte seinen „Dienst in der Heimat" neben den „Kampf der Brüder an der Front", denen er wenige Monate später folgt. Fischer dage-

Auschwitz: „Grundplan zur Neugestaltung", Entwurf von Max Fischer, Januar 1944, aufgestellt im Rahmen seiner Diplomarbeit an der Universität Berlin und in seiner Eigenschaft als Leiter der Abteilung Gartengestaltung der I.G. Farbenindustrie. Entlang der Sola sollten Kleingartenkolonien entstehen, östlich davon der Friedhof. Das dem westlichen Stadtteil benachbarte Gebiet ist als „Wehrmachtsanlage" ausgewiesen. Quelle: Autor

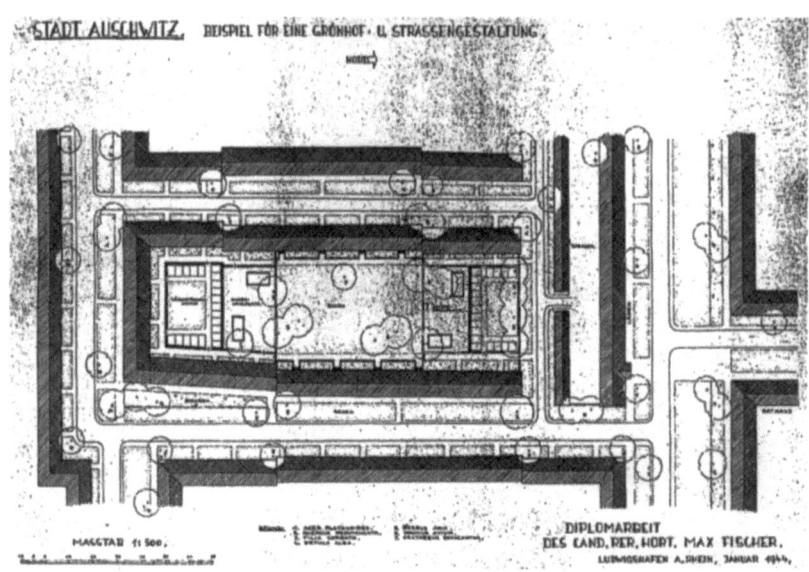
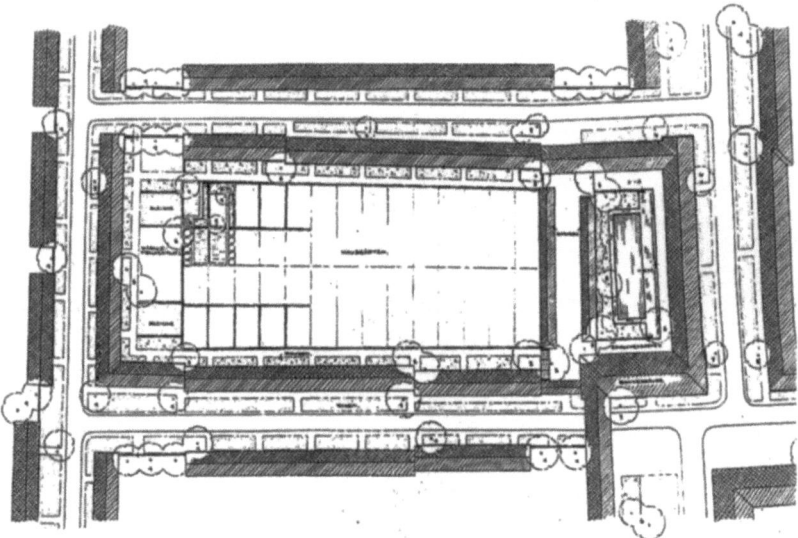

Auschwitz: Beispiel für eine Grünhof- und Straßengestaltung, Entwurf von Max Fischer vom Januar 1944, im Rahmen seiner Diplomarbeit an der Universität Berlin. Quelle: Autor

gen blieb unentbehrlich für kriegswichtige Aufgaben, etwa die Tarnung von Industrieanlagen der I.G.

Baustellen des Konzentrationslagers 1942
Seit Mai 1940 wurde im Konzentrationslager unablässig gebaut. Im sogenannten Stammlager wurde aufgestockt und angebaut, Krematorien, Lagerhallen, Versorgungsgebäude und Gewächshäuser und zahlreiche Bauten für die Großgärtnerei in Raisko wurden für das expandierende Lager und die Ansprüche der von Joachim Caesar geleiteten Abteilung Landwirtschaft notwendig. Der Baufortgang wurde dabei 1942 und 1943 vom Lagergärtner Dietrich Kammann fotografisch dokumentiert. Die meisten dieser Bilder sind von Danuta Czech im *Kalendarium der Ereignisse*[201] abgebildet. Das Bauen wurde ständig als „Erfolg" erlebt und von Karl Bischoff, der im Oktober 1942 die Zentralbauleitung übernommen hatte, auch so dargestellt. Bischoff beauftragte die „Bauinspektion" Warthegau des Reichsführers SS in Posen, ein Modell[202] des gesamten Lagers zu bauen. Eine zusammenhängende Geschichte vom Bau des Konzentrationslagers Auschwitz ist noch nicht geschrieben. Die umfangreichen Aktenbestände der Zentralbauleitung, die im Januar 1945 nach Unterschlesien verlagert wurden und von dort ihren Weg ins Sonderarchiv nach Moskau (Centr chranija istoriko-dokumentalnych kollekcij) fanden, machen dies seit Beginn der neunziger Jahre möglich. Auch die Aktenbestände und das Planmaterial des Staatlichen Museums Auschwitz geben weitgehend Aufschluß über den Baufortgang. Sie waren durch Eugeniusz Nosal[203] sichergestellt worden, der zur ersten Gruppe polnischer Häftlinge aus Tarnów gehörte, die am 14. Juni 1940 ins Lager eingeliefert worden waren. Nosal war als Vermessungsingenieur seit dem 21. Juni für die Lichtpauserei der Bauleitung zuständig, die anfangs im Kommandanturgebäude untergebracht war. Als im Frühjahr 1942 die neue Bauleitungsbaracke fertiggestellt war, befand sich die Lichtpauserei im Keller dieser Baracke. Bevor sie die Rote Armee nach der Befreiung einschließlich des dort untergebrachten Gipsmodells des Lagers in Flammen setzte, hatte Nosal Akten und Zeichnungen verstecken können, so daß heute ein guter Überblick möglich ist.
Seit 1989 hat zudem Jean-Claude Pressac über die „Maschinerie des Massenmordes"[204] geschrieben, über die Gaskammern und die Krematorien, und Robert-Jan van Pelt hat den Bau des Kriegsgefangenenlagers in Birkenau verfolgt[205].
Die nachfolgende Darstellung will diese Bauvorgänge nicht erneut aufrollen und beabsichtigt keinesfalls eine Gesamtdarstellung der umfangreichen

Auschwitz: Die „Neue Bauleitungsbaracke", entworfen im Herbst 1941 von Walter Dejaco, gebaut 1942. Fotos: Dietrich Kammann, Frühjahr bis Winter 1942. Quelle: APMO

Bauaktivitäten. Mit einem sehr begrenzten Ausschnitt, dem Bau des „Häftlingsbad- und Aufnahmegebäudes", soll gezeigt werden, welche Ausmaße das Bauen in Auschwitz annahm und welche Bevölkerungsgruppen am Ausbau des Ortes der Massenvernichtung unmittelbar beteiligt waren. Lieferanten aus Köln und Düsseldorf waren eingebunden, zahlreiche Instanzen in Breslau und Berlin waren beteiligt, um Kontingente von Baumaterial sicherzustellen. Auschwitz, das ist das Fazit, war keine Baustelle im Nirgendwo, sondern in einer Wirklichkeit, die sehr viele Kontakte notwendig machte. Viele Menschen mußten gut informiert gewesen sein über das Geschehen am Ort der Vernichtung.

Sybille Steinbacher hat kürzlich in ihrer 2000 erschienen Habilitation über die *'Musterstadt' Auschwitz* unter anderem über Personenstandsaufnahmen im Kreis Bielitz berichtet: Allein im Juli und August 1943 verzeichnete das städtische Einwohnermeldeamt 2 400 Zuzüge nach Dwory und 650 weitere in Ortschaften rund um Auschwitz. 7 000 der insgesamt 24 000 Einwohner von Auschwitz waren sogenannte „reichsdeutsche Neubürger", deren Alltag offenbar durch das Vernichtungsgeschehen im benachbarten Lager nicht beeinträchtigt wurde. Weiterführende Forschung könnte ein weitverzweigtes Netz von Lieferanten aufschließen, die neben den im folgenden genannten prominenten Firmen Boos und Poensgen in Auschwitz ihren Geschäften nachgingen.

Ein Überblick soll den Zusammenhang erläutern, der ab Oktober 1941 die Perspektiven für den Ausbau des Konzentrationslagers veränderte. Als die ersten 7953 russischen Kriegsgefangenen zwischen dem 7. und 20. Oktober in fünf Transporten aus einem „Mannschaftsstammlager für Kriegsgefangene", Stalag 308 in Neuhammer am Quais (Swietoszow nad Kwisa), eintrafen, hatte die „Bauleitung der Waffen-SS und Polizei Auschwitz" in Karl Bischoff einen neuen, ehrgeizigen Leiter. Bereits in den ersten Oktobertagen richtete er eine „Sonderbauleitung für die Errichtung eines Kriegsgefangenenlagers der Waffen-SS in Auschwitz" ein, für die der eben erst zum SS-Unterscharführer beförderte Architekt Fritz Ertl bereits am 7. Oktober den ersten Lageplan entwarf. Das Lager sollte bis zu 80 000 Gefangene aufnehmen, die in Gruppen von 12 Unterkunftsbaracken zusammengefaßt werden sollten, mit je einer Baracke für Küche und Bad sowie einer Latrine. Anläßlich seiner Vernehmung vor dem Landgericht in Wien gab Ertl am 21. Januar 1972 an, Bischoff habe „etwas Großes aufziehen" wollen, um schneller befördert zu werden. Sein eigenes Arbeitsgebiet sei „ausschließlich bauverwaltungstechnischer Natur" gewesen, mit „Kontingentierungen des Materials". Er habe „Anträge zu verfertigen" und Ansuchen zu verfassen" gehabt. Er erinnerte sich auch an einen (nicht nachweisbaren) Vortrag von Oswald Pohl, wonach das Lager nur vorübergehend ein Kriegsgefangenenlager sein sollte, denn „nach dem Krieg [...] sollte es für Ostarbeiter umgebaut werden und ein großes Arbeitslager werden"[206]. Am 25. Oktober bekam Bischoff aus Berlin telegraphischen Bescheid[207], die notwendigen Mittel würden nur zugeteilt, wenn er über den Dienstweg die entsprechenden Entwürfe vorlegen könne. Großspurig hatte Bischoff angekündigt, der „BA I" (Bauabschnitt I) für 17000 Gefangene könne innerhalb von 14 Tagen abgeschlossen werden. Es sollte anders kommen. Denn Baumaterial konnte anfangs lediglich aus Abbrüchen in den benachbarten Dörfern Birkenau und Babitz gewonnen werden. Die ersten Konsequenzen waren administrativer Natur: Bischoff löste am 3. November 1941 die „Sonderbauleitung" auf und integrierte sie in die „Zentralbauleitung der Waffen-SS und Polizei in Auschwitz", die nun alle Objekte der Lager in Auschwitz und Birkenau bearbeitete. Wenige Tage darauf forderte er im Konzentrationslager Buchenwald drei „deutsche Häftlings-Architekten"[208] an – eine Forderung, die im Frühjahr 1942 wiederholt wurde, „da nur polnische Häftlinge zur Verfügung" stünden, deren Einsatz zu keinem befriedigenden Ergebnis" führe.

Die Perspektive für das „Kriegsgefangenenlager" änderte sich in den folgenden Wochen grundsätzlich. Spätestens Ende Oktober war deutlich geworden, daß russische Kriegsgefangene in der Rüstungsindustrie notwendig waren. Anfang November sicherte sich Hermann Göring die Kontrolle über alle Kriegsgefangenen und betonte, daß sie ausschließlich im Bergbau, in der Rüstungsindustrie, in der Landwirtschaft und bei der Reichsbahn eingesetzt würden. Als Generalbevollmächtigter für den Vierjahresplan unterzeichnete er am 8. Januar 1942 einen Erlaß, der die Beschäftigung der Kriegsgefangenen in der Bauindustrie ausschloß. Dieser Erlaß durchkreuzte Himmlers Plan, mit russischen Kriegsgefangenen die Stadt Auschwitz zu bauen. Er mußte sich nach anderen Arbeitskräften umsehen; dadurch fiel sein Auge auf die Juden, so die Analyse der beiden Historiker Debórah Dwork und Robert-Jan van Pelt[209]. Da die meisten Kriegsgefangenen bis zum Januar 1942 ermordet oder an Fleckfieber gestorben waren und der SS keine weiteren Kriegsgefangenen zugewiesen wurden, sei Birkenau laut van Pelt ganz wörtlich zu einem „Ort auf der Suche nach einer Bestimmung geworden"[210]. Die Konferenz am Großen Wannsee in Berlin am 20. Januar 1942, die der „Endlösung der Judenfrage" gewidmet war, veränderte die Bestimmung des Ortes grundsätzlich. Nun würden, wie Himmler wenige Tage später ankündigte, Juden in die Konzentrationslager geschickt. In Auschwitz rechnete man damit, Juden beim weiteren Ausbau von Birkenau einzusetzen, immer mit Blick auf die Bauaktivitäten in der Stadt Auschwitz. Auch Danuta Czech äußert sich im *Kalendarium der Ereignisse*[211] in dieser Richtung. Den Lagerkommandanten Rudolf Höß beschreibt sie als „ehrgeizigen Organisator und eifrigen Vollstrecker" von Himmlers Anweisungen, einen Mann, der sich für den „großen Erbauer des Vernichtungslagers und der geplanten künftigen Himmlerstadt" gehalten habe. Ich bin mir nicht sicher, ob es einen konkreten Zusammenhang zwischen dem Lager und einem Traum vom Bau einer „neuen deutschen Stadt Auschwitz", die womöglich „Himmlerstadt" geheißen hätte, gegeben hat. Jedenfalls lassen die vorhandenen Dokumente diesen Schluß nicht zu. Vorstellbar ist eher, daß Berserker wie Karl Bischoff „Großes aufziehen" wollten, weil die für den Nationalsozialismus charakteristische „kumulative Radikalität"[212] insgesamt nach Großem trachtete. Ein „Gesamtprojekt" im Umfeld von Auschwitz war dafür nicht notwendig. Das eigentliche Gesamtprojekt hieß „Endlösung".

Es sollte nicht vergessen werden, daß Himmler sich wenig für Städte interessierte. Als Gärtner wird ihm sicher mehr am Ausbau der landwirtschaftlichen Abteilung des Konzentrationslagers gelegen gewesen sein. Im März 1943 war Auschwitz zur „zentralen Zuchtstätte"[213] für den Anbau von Pflanzenkautschuk (Kok-Sagis) bestimmt worden, weil dort „personell wie materiell die Voraussetzungen für einen Kok-Sagis-Anbau gegeben sind". Falls „angestrebte Gebietserweiterungen" im Bereich des Lagers wirksam würden, sollte Pflanzenkautschuk auf 100 Hektar angebaut werden. Kok-Sagis war am 10. Oktober 1941 erstmals in Rußland gefunden worden, woraufhin Himmler eine Dienststelle unter der Bezeichnung „Der Reichsführer SS als Sonderbeauftragter für Pflanzenkautschuk"[214] einrichtete. Im Juli 1943 entstand sogar ein konkreter Zusammenhang zwischen Vernichtung von Menschen und dem Anbau von Pflanzenkautschuk. Himmler hatte angeordnet, „die gesamte arbeitsfähige männliche Bevölkerung" in der Nordukraine und „Rußland-Mitte" zu evakuieren. Diese Gebiete sollten „in Bewirtschaftung" genommen und „zum Teil mit Kok-Sagis" bebaut werden: „Kinderlager" seien „an den Rand dieser Gebiete zu legen, so daß die Kinder als Arbeitskräfte für den Kok-Sagys-Anbau und für die Landwirtschaft zur Verfügung stehen."[215]

Die hohe Sterblichkeitsrate unter den Kriegsgefangenen hatte im Herbst 1941 zu neuen Problemen geführt, die der Architekt Georg Werkmann in der Entwurfsabteilung des Hauptamtes Haushalt und Boden in Berlin im November des Jahres mit einem neuen Krematorium zu lösen hoffte. Im Januar 1942 besorgte Walter Dejaco gemeinsam mit dem ihm zugeordneten Architekten Ulmer die Umplanung des Berliner Entwurfs, und als Kammler das Konzentrationslager am 27. Februar besuchte, stand fest, daß das neue Krematorium nicht beim Stammlager, sondern in Birkenau gebaut werden würde.

Zur selben Zeit stellte die Realisierung zahlreicher Bauvorhaben die Zentralbauleitung vor beträchtliche Probleme. Am 30. Januar 1942 beriet Rudolf Höß mit Bischoff und Ertl (seit Januar als Fachführer-SS Bischoffs Stellvertreter), wie die „vordringlichen Bauaufgaben im Jahre 1942"[216] bewältigt werden könnten. „Um den Arbeitseinsatz für das Jahr 1942 in geordnete Bahnen zu lenken und den größtmöglichen Einsatz zu erreichen", vereinbarte man, daß „für die Errichtung der geplanten Neubauten [...] 2000 einsatzfähige Häftlinge abgestellt werden". Mit allen Kräften solle versucht werden „die Häftlinge noch während der Frostperiode umzuschulen". Dazu seien „bereits auch Maurerlehrlings-Schulen im Lager eingerichtet worden". Insgesamt 14 Bauvorhaben wurden als „vordringlich" angesehen, darunter auch das Gebäude für die „Wäscherei mit Entlausung, Zugang und Häftlingsbad", das Krematorium und das Kommandanturgebäude.

Im Oktober 1941 war im Hauptamt Haushalt und Boden unter der Bezeichnung „Typ H 2a" eine „Zugangsbaracke" entworfen worden. Die Zentralbauleitung war sich offenbar sicher, durch Einnahmen von den I.G. Farben über genügend Mittel für die geplanten Bauten zu verfügen. Jedenfalls überarbeitete Dejaco den Berliner Typenentwurf. Die Entlausungskammern wurden von dem barackenartigen Gebäude abgesetzt und mit „bodenständig" gestalteten Laubengängen versehen. Im Wirtschaftsverwaltungs-Hauptamt (in das am 1. Februar 1942 das Hauptamt Haushalt und Boden integriert worden war) überarbeitete Werkmann den Entwurf im März erneut, obwohl Ertl bereits am 10. Oktober 1941 nach Berlin gemeldet hatte, mit den Schachtarbeiten für das Zugangsgebäude sei bereits am 29. September begonnen worden. Die Meldung erfolgte, weil mit einigen Tagen Verzögerung gerechnet werden mußte. Kammler hatte nämlich am 3. und 4. Oktober angeordnet, „eine größere Anzahl von Angehörigen der hies. Bauleitung dem Sonderbeauftragten [für den Bau des Kriegsgefangenenlagers, Anm. d. V.] zur Verfügung"[217] zu stellen. Erst fünf Monate später erteilte Oswald Pohl die Genehmigung zu dem in den Akten unter „BW 160" geführten Gebäude. Am 2. März teilte er der Zentralbauleitung in „Auschwitz-Oświęcim-Ostoberschl." – einer der seltenen Fälle, bei dem die polnische Ortsbezeichnung auftaucht – mit, für sechs landwirt-

schaftliche Bauten und 14 weitere Vorhaben könne der „erforderliche Baubefehl" erteilt werden, sobald die Unterlagen – gemeint sind „Plan-GB-Bau [Baumaterialzuweisung] und Kostenunterlagen" – vorlägen. Am 25. März erschien der „Chef des Amtes C/III [Technische Fachgebiete, Anm. d. V.] SS-Sturmbannführer Wirtz" bei der Zentralbauleitung, um mit Bischoff und Ertl „sämtliche den Hochbau betreffenden Fragen wie Heizungsanlagen und besondere Betriebseinrichtungen (Bäckerei HWL, Krematorium, Sauna-Anlage)" zu klären. Wirtz wies darauf hin, daß „das Wäschereigebäude mit Entlausungsanlage und Häftlingsbad" in Berlin projektiert werde. In dem von Ertl aufgestellten und von Bischoff abgezeichneten „Aktenvermerk" heißt es: „Die Anlage soll von dem zu errichtenden Fernheizwerk gespeist werden. – Die Ausführung der Heizung, Entlausungsanlage, Warmwasserbereitungsanlage und Entnebelungsanlage für Wäscherei und Häftlingsbad wurde seinerzeit durch den Bauleiter SS-Stuf. Schlachter mündlich der Firma Friedrich Boos, Köln übertragen, und ist ein Teil der erforderlichen Materialien bereits sichergestellt und im Anrollen. Bei Ausführung des Fernheizwerkes können die bereits vorhandenen Materialien umgetauscht werden." Das Wohnhaus des Leiters der landwirtschaftlichen Betriebe, Joachim Caesar, werde „mit einer Zentralheizungs- und Warmwasserbereitungsanlage ausgestattet"[218].
Fritz Ertl stellte daraufhin am 12. April 1942 den „Erläuterungsbericht zum Neubau des Wäscherei- und Aufnahmegebäudes mit Entlausungsanlage und Häftlingsbad im K. L. Auschwitz O/S" auf, teilte aber zugleich mit, daß mit dem Bau bereits begonnen sei. Die „Übergabe an die Kommandantur des K. L." könne am 31. Dezember 1942 erfolgen. Das „für den Neubau erforderliche Baugelände" liege „im Interessengebiet des Konzentrationslagers" und sei „am 4. Mai 1941 von der Heeresstandortverwaltung Kattowitz O/S. der Kommandantur des K.L. Auschwitz kostenlos überlassen worden". Eine „einheitliche architektonische Wirkung" werde durch gleiche Dachneigungen von 45 Grad erzielt. Die „Gesamtanlage" erläuterte Ertl wie folgt:
„Die Planung der gesamten Anlage ist im Einvernehmen mit der Leitung des Konzentrationslagers und den einzelnen dafür in Frage kommenden Spezialfirmen erfolgt. Die Raumnutzung ist danach ermittelt. Der Haupttrakt liegt an der Westseite des Appellplatzes und enthält die Entlausungsanlage mit den rückwärts eingebauten 19 Blausäurevergasungszellen. Ferner die erforderlichen Räume und Badeanlage für die Zugänge. Der südliche Flügel enthält die Wäscherei, die nochmals zwei Seitentrakte zum Innenhof enthält. Die Grundrißgestaltung ist derart, daß innerhalb der Anla-

Auschwitz: „Wäscherei.- und Aufnahmegebäude mit Entlausung und Häftlingsbad", entworfen von Georg Werkmann und Walter Dejaco im Frühjahr 1942. Foto: Dietrich Kammann, Herbst 1942. Quelle: APMO

ge ein Fließbetrieb ermöglicht wird, so daß sich keine Arbeitsgänge kreuzen. Die Heizungsanlage soll von dem neu zu errichtenden Fernheizwerk gespeist werden. Die Maschinen und Apparate sind sowohl für eine Nieder- als auch für eine Hochdruckanlage vorgesehen. Im nördlichen Flügel wird das Häftlingsbad mit Aus- und Ankleideraum sowie Abtrockraum eingerichtet. Das Dachgeschoß wird ausgebaut und dient zur Aufbewahrung der Effekten. Außer der Entlausung und Bad wird die ganze Anlage unterkellert. Das Kellergeschoß soll hauptsächlich als Flickraum verwendet werden. Alle Geschoßdecken werden als Eisenbetonhohlsteindecken ausgebildet."[219]

Die Bauleitung übernahmen die Bauführer Heinrich Teichmann und Karl Eggeling, die Ausführung die Industrie-Bau-A.G. in Bielitz, die unter Hinweis darauf, daß „gerade in der jetzigen Zeit der Leistungslohn eingeführt werden soll"[220], um die „Entlohnung der beigestellten Häftlinge" zu feilschen begann. Das Schreiben der Firma vom 15. August 1942 belegt eindrucksvoll den Alltag der Baustellen:

„In der seinerzeitigen Ausschreibung für die Bauarbeiten des Wäscherei-Neubaues haben Sie in den Vorbemerkungen hierzu den Lohn der beigestellten Häftlingsarbeiter mit 40% des Tariflohnes angegeben. Wir haben hierbei angenommen, daß nach Ihren eigenen Erfahrungen die Arbeitsleistung der Häftlinge auch tatsächlich nur mit 40% eines normalen Bauarbeiters anzunehmen ist. Da wir naturgemäß über eigene Erfahrungen hierüber nicht verfügten, haben wir diese Annahme auch bei unserer Kalkulation berücksichtigt. Wenn nunmehr die Kommandantur des KL Auschwitz für einen Häftlingsarbeiter 4,- RM täglich fordert, so müßte man an die Leistung der Häftlingsarbeiter dementsprechend auch höhere Anforderungen stellen dürfen. Legt man eine Arbeitszeit von 10 Stunden täglich zu Grunde, so ergibt sich ein Stundenlohn für den Häftlingsmaurer von 0,50 RM, das ist 75% und für den Häftlingsbauhilfsarbeiter von 0,40 RM, das sind 72% auf den Tariflohn. Wir gestatten uns daher, Ihnen folgenden Vorschlag zu machen. Wir werden gemeinsam die Leistungen der Häftlingsarbeiter während der Bauarbeiten beobachten und überprüfen, um festzustellen, ob deren Leistung die angegebenen Prozentsätze eines normalen Bauarbeiters erreichen. Sollte dies der Fall sein, so bleiben die Einheitspreise unverändert, im anderen Fall, falls die beobachtete Leistung unter den angeführten Prozentsätzen liegt, so käme die Differenz zur Anrechnung."[221]

Der Baufortgang war schleppend. Das änderte sich auch nicht, nachdem der „Chef des Amtes C V [Zentrale Bauinspektion, Anm. d. V.] SS-Stubaf. Lenzer"[222] am 7. Juni in Auschwitz „eine Aufstellung der vom G.B. Bau

[Generalbevollmächtigter für die Bauwirtschaft war seit dem 8. Februar 1942 Albert Speer, Anm. d. V.] für das 3. Kriegswirtschaftsjahr genehmigten Bauvorhaben im Standort Auschwitz" überreichte und „den mündlichen Auftrag zum sofortigen Beginn der Bauarbeiten" erteilte. Wie wenig derartige Zuteilungen dem Baufortgang nutzten, zeigten Ertls Besuche im „Reichsamt für Wirtschaftsausbau G.B.-Chem."[223] (Generalbevollmächtigter für Sonderfragen der chemischen Erzeugung) in Berlin im „Haus der Schweiz", Unter den Linden 24, am 13. Oktober 1942. Ertl legte dem Prüfingenieur die „Kontingentierungsunterlagen" vor, um gemeinsam den „Bau- und Maschineneisenbedarf" und „den Bedarf an Schnitt- und Rundholz" festzulegen. Da für die „Maschinen-Zulassungsscheine Wäschereimaschinen" der Stempel der Bedarfsprüfungsstelle erforderlich war, suchte Ertl die „Rohstoffstelle des Reichsführers SS" auf: „Der Referent, SS-Hstuf. Walzl unterschrieb nach Rücksprache mit SS-Hstuf. Bredemeier nur den Zulassungsschein für die Klärgastankanlage, bezüglich der Wäschereimaschinen wollte er vorerst mit der Fachuntergruppe Wäschereimaschinen verhandeln". Am Abend desselben Tages traf Ertl den Inhaber der Heizungsbaufirma Boos aus Köln, um mit diesem „die Aufteilung des Eisenbedarfs der Heizungsanlagen in Bau- und Maschineneisen" zu besprechen. Am darauffolgenden Tag war er erneut in der Rohstoffstelle, „jedoch ohne Erfolg, da der Leiter der Fachuntergruppe Wäschereimaschinen nicht anwesend war". Am Nachmittag erschien er erneut im Reichsamt für Wirtschaftsausbau, um sich über die Erfüllung von Formalitäten bei der „Anforderung des Maschineneisens" belehren zu lassen. Ertls Aktenvermerk listet die zu erfüllenden Formalitäten für die Anforderung des Maschineneisens auf:

„1. Anforderung auf Formular E 1/42, jedoch ohne Vormerkung u. zw. nur jene Menge, welche von den Firmen im IV. Quartal untergebracht werden kann.
2. Bekanntgabe der Auftrags-Nr. 11080-0021. Dieselbe ist auf jeder Eisenanforderung anzugeben. Sie gilt für das ganze Bauvorhaben E Wo 19 und wird bei Zuteilung des Maschinen-Eisens schriftlich bekannt gegeben.
3. Bei der Rüstungsinsp. VIII muß eine Reichsfirmennummer beantragt werden.
4. Das Maschinen-Eisen muß in einer Summe pauschal angefordert werden, u. zw. vom Bauherrn und nicht von den Firmen.
Die Eisenanforderung geht nach der Abstempelung mittels Trockenstempel durch die Kontingentstelle, über die Eisenverrechnungsstelle der Rüstungsindustrie G.m.b.H. und wird von dort aus dem Bauherrn ‚Be-

zugsrecht' für Maschineneisen erteilt. Der Bauherr verfügt über die vom RWA durch gültige ‚Eisenscheine' zugewiesene ‚Bezugsrechte für Maschineneisen' durch Ausfertigung von ‚Eisenübertragungsscheinen' (E 3/42) oder bei kleinen Mengen bis 2 to Ausgabe von ‚Eisenmarken', die gegen ordnungsgemäß ausgefertigte Eisenübertragungsscheine bei den Wirtschaftskammern bezogen werden können. Ansonsten ist das Rundschreiben des R.W.A. vom 1.9.1942 über Neuordnung der Eisen- und der Metall-Bewirtschaftung genau zu beachten.
Bezüglich der aufgetretenen Unklarheiten über die Behandlung der Maschinen-Zulassungsscheine erkundigte sich Herr Eggert an maßgeblicher Stelle und erhielt von dort die Auskunft, daß laut Verordnung des B.f.M. die Auftragsreihe 11080 (RWA) vom Zulassungsverfahren befreit ist. Die Firmen erhalten lediglich vom Bauherrn Eisenübertragungsscheine aufgrund der erfolgten Zuteilung durch das RWA [Reichsamt für Wirtschaftsaufbau]. Bezüglich der Zuteilung von Baueisen und Holz ist direkt mit der Kontingentstelle des G.B.-Bau zu verhandeln. Herr Amtmann Schneider schlägt vor, bei der Außenstelle in Breslau die Baueisenzuteilung im Pauschal zu beantragen, da ein Großteil der Arbeiten in Eigenregie durch Häftlinge ausgeführt wird.
Auf persönlichen Antrag wurde für den Monat Oktober eine zusätzliche Zementzuteilung von 100 to zugesagt und auf dem hierfür vorgeschriebenen Formular angefordert.
Die Kontingentierungsunterlagen werden nun geprüft, am 19. oder 20.10.1942 der Außenstelle Breslau bezw. dem Sparing. [Sparingenieur] zur endgültigen Festsetzung des Baueisen- und Holzbedarfs in Vorlage gebracht, desgleichen der Vordruck eines Prüfungsberichtes, welcher für die Baufreigabe durch den Gebietsbeauftragten erforderlich ist. Das erforderliche Maschineneisen wurde hiervon unabhängig festgesetzt und wird nach Anforderung direkt vom RWA zugeteilt."[224]
Ertls Bericht endet mit der Bemerkung, er habe um 17.37 Uhr die Rückreise nach Auschwitz angetreten.
Nach dem Besuch in Berlin war die Situation keineswegs geklärt. Die Firma Gebr. Poensgen A.-G. in Düsseldorf erhielt zwar den Auftrag, die Waschmaschinen zu liefern, teilte jedoch mit, daß die Großmaschinen „erst Ende 1943, März 1944, Juni 1944 und zum Teil in unbestimmter Zeit geliefert"[225] werden könnten. Karl Bischoff war empört und bat darum, ein Vorstandsmitglied nach Auschwitz zu entsenden, das sich von der schwierigen Situation überzeugen könne, die „für das hiesige Lager untragbar"[226] sei: „Die hier anfallende Wäsche von ca. 40 000 Menschen kann in den um-

liegenden Wäschereien nicht annähernd untergebracht werden. Die nächste Wäscherei, welche überhaupt noch Wäsche annimmt, ist ca. 40 km von hier entfernt, eine andere Wäscherei ist im ganzen hiesigen Bezirk nicht greifbar. Da z.Zt. im Lager verschiedene Infektionskrankheiten wie Fleckfieber u. dgl. herrschen und aus diesem Grunde bereits von höherer Stelle eine Lagersperre verhängt werden mußte, ist gerade die Reinigung und Desinfektion der Wäsche von ausschlaggebender Bedeutung und können nur auf diese Art und Weise die Krankheiten eingedämmt werden. Die Gefahr der Übertragung dieser Krankheiten besteht nicht nur allein für die hier liegende Truppe und den hier wohnenden Familienangehörigen, sondern auch des weiteren für die Stadt Auschwitz und die dort eingesetzten Arbeiter des neu zu errichtenden Bunawerkes. Die Kontingentierung der Maschinen ist vom Kontingentträger, dem Reichsamt für Wirtschaftsaufbau GB.Chem. Berlin, Saarlandstraße 128 zugesagt und erfolgt nach Beibringung der erforderlichen Unterlagen, welche von Ihnen zu stellen sind."[227]
Erst im April 1943 bezog sich die Firma Poensgen auf ihr ursprüngliches Angebot vom 19. September 1941, da die Zentralbauleitung endlich über die gesamte Eisenmenge verfügte. Jetzt jedoch konnte die Firma nur eine Metallanforderung über 7491 Kilogramm bearbeiten, „die für die französischen Verlagerungsmaschinen bestimmt waren"[228]. Die Lieferung könne noch erfolgen, weil „die Maschinen nicht aus eigener Fertigung stammen, sondern in Frankreich gefertigt werden". Die Geschäftsleitung unterstrich die Weigerung, weitere Aufträge anzunehmen, mit einer ausführlichen Erklärung:
„Wir haben in den letzten Wochen derartig viele Aufträge von der Zulassungsstelle zugelassen erhalten, dass wir bis auf weiteres keine Materialbezugsrechte mehr annehmen können, da eine Bearbeitung durch uns vorläufig doch nicht erfolgen könnte. Auf Grund des bekannten Führererlasses über die Selbstverantwortung der Industrie und der Massgabe, dass die Industrie nur diejenigen Materialien annehmen darf, die sie auch tatsächlich verarbeiten kann, müssen wir heute zu unserem allergrössten Bedauern leider von der Annahme absehen auf Grund unseres augenblicklich zugelassenen Auftragsbestandes." Als die Zentralbauleitung im Dezember 1943 schließlich die Lieferung von „2 Waschmaschinen, Bauart FWMK VI" und „2 Pendelschleudern, Bauart FCH III" anmahnte, reagierte die Firma Poensgen ungehalten: „Diese Anmahnung ist uns nicht verständlich, da es Ihnen bisher nicht gelungen ist, die Zulassung für diesen Auftrag zu erhalten, die die Voraussetzung für die Auslieferung überhaupt ist und heute als

ein wesentlicher Bestandteil jedes Auftrages einer Maschinenlieferung gilt. Unter diesen Umständen können wir natürlich die Maschinen für Sie nicht berücksichtigen, und wir bitten Sie, erst einmal dafür zu sorgen, dass die erforderliche Zulassung bei uns eingeht. Erst dann können wir Ihnen eine Auftragsbestätigung, die im übrigen bisher ja auch noch nicht ausgefertigt wurde, hereingeben."
Ungeklärt war, ob in der Wäscherei in Auschwitz jemals Großmaschinen zum Einsatz kamen. Die Kölner Firma Friedrich Boos jedoch lieferte die Brausebadanlage und berechnete am 8. September 1944 12340,72 RM für die Lieferung einer „Dampfheizungs-, Warmwasserbereitungs- und Badeanlage" sowie einer „Kurzwellenentlausungsanlage"[229].
Der Bau der „Wäscherei" mag als beispielhaft gelten für viele Vorhaben, die ähnlich verliefen.
Eher unbemerkt, da nicht im Umfeld des „Stammlagers" gelegen, betrieb die Abteilung Landwirtschaft im Umkreis von Raisko sogenannte „Selbstanlagen", bei denen zwar die Zentralbauleitung für die Bausicherheit zuständig war und auch die Aufsicht führte, die Abteilung Landwirtschaft jedoch die Realisierung sicherte. Einen Einblick in diese Arbeitsweise gibt der Aktenvermerk einer Besprechung in der Zentralbauleitung mit Joachim Caesar am 23. November 1941, zu der Hans Kammler aus Berlin angereist war. Kammler stellte den Fortgang der „Meliorationsarbeiten"[230] (vorwiegend Drainage) in Frage, da „der Fortschritt der Arbeit eine Frage des Häftlingseinsatzes" sei. Im einzelnen wurde das Ergebnis der Besprechung aufgelistet: „Vom Bau eines Entenhauses [...] für 1943" sollte „wegen der allzu hohen Kosten abgesehen werden". Es werde jedoch ein „Fohlenhof" sowie ein „Melk- und Schutzschuppen" und eine „Sauna" gebaut. Ausführlich wurde die Nutzung von Pferden verhandelt, denn Caesar erklärte sich nur bereit, der Kommandantur Pferde zur Verfügung zu stellen, wenn „seitens der Bauleitung 30000 kg Betriebsstoff für den Treckereinsatz zur Verfügung gestellt" würden. Entlastung wurde aber bereits erwartet, denn „SS.Ustuf. Thomsen" würde drei Tage später nach Husum fahren, um „25 abgekörte Hengste" zu kaufen. Bei der Abteilung Landwirtschaft in Oranienburg habe man zudem einen „Antrag auf 250 Beutefahrzeuge eingereicht", die ebenfalls erwartet würden. Für den Ausbau von Raisko vermerkt das Protokoll, der als Reichslandschaftsanwalt für den Bereich der Beskiden zuständige Werner Bauch habe eine Planung erstellt, auf deren Grundlage die Bauleitung genaue Pläne für die Stellmacherei, die Schmiede und die landwirtschaftliche Maschinenwerkstätte mit angeschlossener Elektrowerkstätte ausarbeiten werde.

All diese Vorhaben erwecken den Eindruck, als handle es sich beim Ausbau des „Gutsbezirks Auschwitz" nicht um eine provisorische Anlage. Vielmehr entstand ein *Unternehmen*, das von der ständigen Verfügbarkeit von Häftlingen abhängig und auf unbestimmte Zeit installiert war. Ungeachtet aller Schwierigkeiten arbeitete die Zentralbauleitung in den Jahren 1942 und 1943 an der Fertigstellung der Bauabschnitte I und II des Kriegsgefangenenlagers in Birkenau. Als die beiden neuen Krematorien im Juni in Birkenau in Betrieb waren, lag bereits die Planung für einen dritten Bauabschnitt für insgesamt 170 000 Häftlinge vor. Dem chronischen Verzug beim Bauen begegnete man durch neue Kampagnen, die zügigeres Arbeiten suggerierten. So ordnete Karl Bischoff am 13. Mai ein „Sofortprogramm"[231] an und verpflichtete Dejaco „in Tag- und Nachtarbeit sofort die Zeichnungen im Maßstab 1:100 anzufertigen". Zu dessen Unterstützung wurde Eggeling abgeordnet, während Teichmann „den Ausbau der Wasch-, Abort-, und der Wirtschaftsbaracken für die Häftlinge im Bauabschnitt I" übernehmen sollte.

Ertl war am 25. Januar 1943 versetzt und einer SS-Pionierschule zur weiteren Ausbildung zugewiesen worden, so daß Dejaco die von Häftlingen gezeichneten und von Teichmann geprüften Bestandspläne von Baracken zu genehmigen hatte. Am 1. April 1943 trat Werner Jothann Ertls Nachfolge als Stellvertreter an, bis er Bischoffs am 1. November 1943 ablöste und „mit der Wahrnehmung der Geschäfte als Leiter der Zentralbauleitung"[232] beauftragt wurde.

Hunderte der erwähnten Pläne von Baracken liegen im Sonderarchiv in Moskau; für jedes Bauwerk gab es formell eine „Übergabeverhandlung" zwischen der Zentralbauleitung als „übergebender" und der „Betriebsdienststelle der Standortverwaltung" als der „übernehmenden" Instanz. Für den von Dejaco am 11. Oktober 1943 genehmigten Bestandsplan des „Zugangsblockes" im „F.L." [Frauenlager] heißt es beispielsweise in der ebenfalls von Dejaco abgezeichneten Gebäudebeschreibung: „Allgemein: hölzerne zerlegbare Vorratsbaracke, Typ 260/9 im KL als Zugangsblock gebaut; Außenwände: hölzerne Wände mit Außenanstrich; Innenwände: hölzerne Wände mit Grundanstrich; Dach: Giebeldach mit Dachpappe belegt; Fenster: Dachfenster entlang der ganzen Gebäude; Decke: keine; Fußboden: Ziegelpflasterfußboden; Beleuchtung: elektrisches Licht; Be- und Entwässerung: keine; Heizung: eiserne Öfen mit Blechkaminen." Jeder Bauakte liegen ein Verzeichnis über alle am Bau beteiligten Firmen bei sowie eine Bestätigung der Schornsteinabnahme. Abschließend heißt es: „Bei Ausführung der Arbeiten in Eigen-

K.G.L. Bauabschnitt II

Auschwitz: „K.G.L. Bauabschnitt II", nach dem von von Fritz Ertl im Oktober 1941 entworfenen Lageplan gebaut 1942-1943. Foto von Friedrich Kammann, etwa November 1944. Quelle: APMO

regie mit Häftlingen kommt eine Haft- und Garantiezeit nicht zur Anwendung."[233]
Am 4. April 1944 kam es „im Amtszimmer des Lagerkommandanten des Lagers II, SS-Stubaf. Hartjenstein [Friedrich]"[234] zu einer Besprechung, in der eingangs festgestellt wird, daß „die Bauarbeiten im BA III auf Anordnung der vorgesetzten Dienststelle vorerst eingestellt werden und die Fertigstellungsarbeiten im BA I u. BA II [Bauabschnitt II des Kriegsgefangenenlagers, Anm. d. Verf.] in Angriff genommen werden". Alle „Häftlings-Maurer", die im Bauabschnitt III mit dem Bau von „Splitterschutzständen" beschäftigt seien, sollten „für den Ausbau der sanitären Anlagen, sowie Verlegung der Wasserleitungen u. Befestigung der Straßen und Plätze im Frauenlager" eingesetzt werden. Die „frei werdenden Zivilmaurer- u. Arbeiter aus dem Abschnitt III" würden „vorerst beim Ausbau der Wasch- u. Abortanlagen im BA II, Lager c eingesetzt, da dieses Lager z. Zt. noch nicht belegt" sei. Schließlich heißt es bezüglich der „Zimmerei-Kolonne, bestehend aus 180 Häftlingen", sie müsse „die 5 bereits zu 50% erstellten Baracken im BA III beenden und die restlichen Barackenteile ordnungsgemäß stapeln". Dafür seien vier Wochen vorgesehen. Am Ende der Besprechung wurde ein Schreiben des Standortältesten, Arthur Liebehenschel, verlesen, in dem dieser mitteilte, „daß an den Osterfeiertagen mit Ausnahme des Sonntags (1. Feiertag) durchgearbeitet" werde.
Am 16. Juni 1944 kam es zur letzten überlieferten Besprechung „über bauliche Belange in Auschwitz"[235], zu der Oswald Pohl mit Gerhard Maurer, dem „Amtsgruppenchef der Amtsgruppe D" (zuständig für Konzentrationslager, Nachfolger von Glücks), aus Berlin angereist waren. Auch Karl Bischoff war als Leiter der „Bauinspektion der Waffen-SS und Polizei Schlesien" (Kattowitz) anwesend, dazu Rudolf Höß, der Liebehenschel am 8. Mai abgelöst hatte. Erörtert werden sollten „Bauarbeiten, die nicht in der G.B.-Bauliste für 1944 enthalten sind". Vor allem galt es, Engpässe bei der Lieferung von Zement zu überwinden. Pohl wies die Zentralbauleitung an, den I.G. Farben „1000 to Zement von den vorliegenden Zementbezugsrechten abzutreten". Insgesamt erkannte Pohl für 29 Bauvorhaben die „Notwendigkeit der Durchführung" an. Unter anderem wurde die Dringlichkeit der „Erweiterung der geplanten provisorischen Bäckerei um zwei weitere Öfen" betont, „da ein erhöhter Brotbedarf" vorliege. Auch Luftschutzmaßnahmen erschienen angeraten: Zehn Löschteiche von je 400 Kubikmeter sollten eingerichtet werden und Luftschutzbunker zur Sicherstellung wertvoller Laborgeräte. Von besonderem Interesse war die „Tarnung der Krema" (Krematorien) durch Rohrmatten, die die Standortverwaltung

zu beschaffen hatte. Der Bau von sechs Leichenkammern in den Bauabschnitten I und II machte deutlich, daß immer mehr Häftlinge ermordet wurden.
Eine Erörterung der Bauten des Konzentrationslagers wäre ohne die Erwähnung des „Generalquartiers" und des dort eingerichteten „Amtszimmers des Reichsführers" unvollständig. Im Frühjahr 1943 wurden zur Einrichtung des Zimmers ein Polsterstuhl sowie eine Kommode entworfen. Doch reichte die Kapazität der Werkstätten der Deutschen Ausrüstungswerke – ein Unternehmen der SS in Auschwitz –, die am 1. September den Auftrag erhalten hatten, diese Möbel herzustellen, nicht aus. Deshalb wurde der SS-Sturmmann Gierisch am 11. Februar 1944 nach Berlin geschickt. Dort meldete er sich bei dem Unterscharführer Döring im Amt C V (Zentrale Bauinspektion), der ihn an die „Deutsche Heimgestaltungs-G.m.b.H."[236] in der Potsdamer Straße 95 verwies. Dort angekommen, mußte Gierisch feststellen, daß das Haus zerstört war. Daraufhin setzte er sich mit dem Leiter der Heimgestaltungs-G.m.b.H. in Verbindung, um zu hören, „daß keinerlei Teppiche, Bilder oder sonstige Ausstattungsgegenstände vorhanden" seien.
Am 20. August 1944 wurde das Bunawerk erstmals aus der Luft angegriffen, und als die Rote Armee die Weichsel überschritt, bereitete die Werksleitung Evakuierungspläne vor. Im Konzentrationslager begann am 25. November die Demontage der technischen Einrichtungen im Krematorium II, die nach Mauthausen und Groß-Rosen gebracht wurden. Am Tag darauf ordnete Himmler die Zerstörung der Krematorien an.
Am 18. und 19. Januar 1945 wurden 58 000 Häftlinge aus dem Lager auf Todesmärschen nach Bayern und Unterschlesien gebracht. Um ein Uhr morgens am 27. Januar wurde das letzte Krematorium gesprengt, am Nachmittag jenes Tages erreichte die 1. Ukrainische Frontarmee Auschwitz und Birkenau, wo in den Lagern etwa 7.000 kranke und erschöpfte Häftlinge zurückgeblieben waren.[237]

Stadtplanung Lodsch/Litzmannstadt

Am 9. September 1939 besetzte die 8. Armee der Wehrmacht Łódź. Vier Tage darauf war Hitler auf der fünften seiner „Fahrten an die Front" in der Stadt. „Mit doppeltem Interesse", berichtete Reichspressechef Otto Dietrich, „besehen wir uns nun die wiedereroberte Stadt und freuen uns an der volksdeutschen Hilfspolizei, die in den Straßen neben der Wehrmacht, der

SS und deutscher Feldpolizei patrouilliert. Die Bevölkerung geht ihrer Arbeit nach, die Läden sind geöffnet, vor den Maueranschlägen der deutschen Verwaltung drängen sich die Menschen. Der Besuch des Führers kommt der Stadt völlig überraschend. Die Volksdeutschen können es gar nicht fassen, daß der Führer, auf den sie seit so vielen Jahren hoffen und vertrauen, nun wirklich unter ihnen weilt. Desto größer ist natürlich der Jubel, mit dem sie ihm für ihre Befreiung danken. Helle Freude und tiefe Ergriffenheit mischen sich auf ihren Gesichtern, die Arme fliegen zum Deutschen Gruß empor, vergessen sind in diesem Augenblick die unermeßlichen Qualen zweier Jahrzehnte."[238]
Erst nach wiederholten Auseinandersetzungen zwischen Gauleiter Greiser und Generalgouverneur Frank um die künftige Grenze des Generalgouvernements wurde der Bezirk Lodsch (so die seit dem 19. Jahrhundert übliche deutsche Version des Ortsnamens) am 9. November 1939 endgültig in das Reich „eingegliedert" und damit dem „Reichsgau Wartheland" zugeschlagen. Oberbürgermeister Schiffer stand seinem Kollegen in der Gauhauptstadt Posen nicht nach. Bereits im Dezember holte er Wilhelm Hallbauer aus Wilhelmshaven nach Lodsch, um ihm als Stadtoberbaudirektor die Leitung der Bauverwaltung zu übertragen. Wenig später erklärte Schiffer, „zu den dringlichsten Aufgaben gehöre", daß Lodsch „ein deutsches Antlitz" erhalte. Es solle „ein deutscher Stadtkern geschaffen [werden], in dem Volksdeutsche und Baltendeutsche angesiedelt werden"[239].
Bei der Konkretisierung dieser Vorhaben erwies sich Wilhelm Hallbauer geübt, hatte er doch zuvor als Leiter des Stadterweiterungsamtes weitreichende Pläne zum Ausbau Wilhelmshavens koordinieren müssen. Innerhalb eines Monats konnten zahlreiche Mitarbeiter für die Bauverwaltung „unabkömmlich" gestellt werden. Den ihm erteilten Auftrag „Machen Sie aus Lodsch eine deutsche Stadt" erfüllend, legte Hallbauer am 28. Januar 1940 eine 22 Seiten umfassende Schrift mit dem Titel *Grundsätzliche Gedanken zum Raumproblem Lodsch*[240] vor. Ein einführender Text von Herbert Volck sollte auf die „Lebensgesetzlichkeit" nationalsozialistischen Handelns einstimmen: „Nicht nur alte Geschichte ist sagenhaft, auch neue, werdende erscheinen wie eine Legende. Sagenhaft, Raummelodie ohne Worte, ragt unser Schicksalsraum im Osten und Südosten ins Werden hinein, noch halbe Nacht, noch unerkannt für alle diejenigen, die nur verstehen können, was das Tageslicht offenbart."[241]
Danach begründet Hallbauer langatmig die Fortsetzung des Mittellandkanals nach Lodsch und die Führung der Autobahnen und beteuert, Lodsch biete „alle Voraussetzungen für die Entwicklung der Idealgestaltung eines

unseren heutigen Begriffen entsprechenden, aufgelockerten Großstadtraumes" und identifiziert auch gleich die Höhenrücken im Osten der Stadt als Ort einer „reichsdeutschen Siedlung". Dann aber wird der Verfasser deutlich: Die nationalsozialistische Bewegung verlange „innere und äußere Sauberkeit in allen Lebensäußerungen". „Unfaßliche Gegebenheiten" machten es jedoch außerordentlich schwierig, derartige Wertmaßstäbe umzusetzen. „Neuordnung" erfordere deshalb weitreichende Maßnahmen. Lodsch werde nie „eine deutsche Stadt werden, wenn nicht die Grundvoraussetzungen" dafür geschaffen würden, „daß die asiatischen Erbteile mit Stumpf und Stil ausgerottet und die Keimzellen, nämlich die Wohnungseinheiten der Stadt saniert werden."
Die weitere Planung ging davon aus, daß 300 000 Juden und 50 000 Polen „ausgesiedelt" werden sollten, um schließlich für das zukünftige Lodsch mit 300 000 polnischen Industriearbeitern auf insgesamt 700 000 bis 800 000 Einwohner zu kommen. Mit Blick auf diese Umschichtung der Bevölkerung sprach Hallbauer vom „natürlichen Schicksal der Stadt" und begründete die angenommene Größenordnung mit der „Totalität der Lebensbedingungen". Erst spätere Diskussionen führten zu weitaus geringeren Größenordnungen. Nach zweieinhalbjähriger Planungsarbeit bestätigte der beim Reichskommissar für die Festigung deutschen Volkstums zuständige Planer Josef Umlauf dem mit der Planung beauftragten Architekten Walther Bangert die gewünschte Verkleinerung der Stadt auf insgesamt lediglich 500 000 Einwohner. Hallbauers Annahmen prägten vor allem das erste Jahr der „Eindeutschung". Gauleiter, Kreisleiter, Regierungspräsidenten, Bezirksplaner und Stadtplaner strebten in allem gigantische Maßstäbe an; für sie war der „deutsche Osten" gestaltungsbedürftig. Begehrlichkeiten spiegelten immer auch Machtansprüche. So bildete auch für Hallbauer die Frage nach der Größe von Lodsch eine Frage seines unmittelbaren Machtbereiches. Bei Kriegsbeginn nur Leiter eines Stadterweiterungsamtes, war er nun unvermittelt Stadtbaurat der nach Berlin, Wien und Hamburg größten Stadt im Reich. Er betrachtete sie ganz wörtlich als „seine" Stadt, deren beschlagnahmtes Vermögen er als „Kriegskontribution" betrachtete. Er bestand deshalb darauf, alle Ressourcen für den „Sofortaufbau" am Orte selbst zu verwenden und nicht an das „Altreich" abzugeben. Nur so sei „dieses Kolonialgebiet" in der „wünschenswert kürzesten Zeit zu einem lebendigen Glied der deutschen Volkswirtschaft und des Deutschen Reiches zu machen". Hallbauer zufolge sollte „die Belassung der Werte im Raum" dafür sorgen, daß „die gesamte Erhaltung und Sanierung des bisherigen Wohnraumes an die Privatinitiative abgegeben werden"

könne und Subventionen aus dem Altreich nicht benötigt würden. Anders ausgedrückt: Mit dem geraubten Vermögen der vertriebenen Bevölkerung sollten Wohnungen für Deutsche geschaffen werden. Erst durch solche Maßnahmen habe „der Raumgewinn seinen tiefsten Sinn gefunden" und sichere damit „gleichzeitig die Rückenfreiheit für das Altreich im Existenzkampf mit unserem gefährlichen Gegner England". Dann erst, so Hallbauer, werde „der Raum zu der erwünschten Hilfsquelle und aus einem neuen Raum ohne Volk die notwendige Ausweitung für unser Volk ohne Raum." Wurde das beschlagnahmte Vermögen als „Kriegskontribution" bezeichnet, so forderte der Stadtbaurat folgerichtig „Handlungsfreiheit", um „kriegsmäßig" agieren zu können. Mit „nicht alltäglichen Mitteln" sollte „die Kolonisation eines noch niemals deutschen Gebietes" betrieben werden. Nur so sei es möglich, „dem Altreich [...] einen neuen Stein in seine Strahlenkrone zu schaffen"[242]. Das „Kriegsmäßige" planerischen Handelns wurde auch andernorts betont: Die „Eindeutschung" hatte nicht etwa unversehens den Charakter eines Krieges angenommen; vielmehr wurde sie von vornherein als aggressiver Akt begriffen.

Im entscheidenden Abschnitt der Denkschrift über die „Volkstums-Neuordnung" wurde Hallbauer schließlich noch fordernder: „Eine Stadt ist entweder von innen heraus deutsch oder sie ist es nicht. Solche Eindeutschung erfordert aber in Lodsch Neuordnung von Grund auf, bei den Menschen wie bei allen Sachen." Deutlicher war das im Januar 1940 kaum irgendwo gesagt: „Menschen und Sachen" sind vergleichbar, Dinge, sie wurden mit ähnlich rigorosen Mitteln abgerissen oder umgebracht, renoviert oder „eingedeutscht", um die neue Ordnung zu realisieren. Selbstverständlich waren dabei die „Standorte der staatlichen Machtmittel (Wehrmacht und Polizei) durch diese notwendige Volkstumsneuordnung bedingt". Raum- und auch Stadtplanung als Instrumente von Macht – auch das ist nirgends deutlicher zum Ausdruck gekommen: „Wenn man nun bewußt die Kernstadt Lodsch", so die Denkschrift, „ von fremdem Volkstum reinigt und die genannten Vorstädte aufs stärkste eindeutscht, dann wird diese volkstumsmäßige Besetzung des Gesamtraumes im Stande sein, die politische Ruhe im Innenraum jederzeit zu sichern und zu beherrschen."[243]

Der ehrgeizige „Stadtoberbaudirektor" beabsichtigte zweifellos, mit seiner Denkschrift die Bauverwaltung zum Vorreiter von „Eindeutschung" und „Volkstums-Neuordnung" zu machen.

Der Prozeß der „Eindeutschung" begann, wie überall, mit oberflächlich symbolhaften Akten und mit brutaler Gewalt. Am 12. April hieß die Stadt nun nicht mehr Łódź oder Lodsch, sondern, benannt nach einem General

und „nationalsozialistischen Vorkämpfer"[244], Litzmannstadt. Gleichzeitig wurde die Umwandererzentrale (UWZ) von Posen nach Litzmannstadt verlegt, nachdem bereits am 29. Februar 1940 der nördliche Stadtteil „zur geschlossenen Unterbringung aller in der Stadt Łódź ansäßigen Juden" freigemacht wurde. Damit war das erste Ghetto auf polnischem Boden eingerichtet. Täglich hatten Juden in sechs Gruppen von „zunächst 300 Köpfen in das neue Wohngebiet umzusiedeln"[245]. Auch polnische Familien mußten ihre Wohnungen räumen, um reichsdeutschen Beamten Platz zu machen. Die Bauverwaltung leistete dabei ganz selbstverständlich der SS Amtshilfe. Heinz Killus[246] erinnerte sich, im Auftrage von Hallbauer in zahlreichen Lagern „rassisch wertvolle" Menschen ausgesondert und Häuser für die Unterbringung von HJ-Heimen requiriert zu haben.
Killus, der sich selbst als den ersten Studenten von Gottfried Feder bezeichnete, nachdem dieser 1936 an die Technische Hochschule Charlottenburg berufen war, kannte Hallbauer aus Wilhelmshaven. Dort hatte er im Auftrage Feders an Gutachten für neue Stadtteile mitgewirkt. Bei Kriegsbeginn als „untauglich" zurückgestellt, zog er, nach Zwistigkeiten mit Feder im Frühjahr 1940, nach Lodsch. Von dort aus meldete er sich mit einem Beitrag über den „Totalitätsgedanken im neuen Städtebau"[247] zu Wort, um noch vor Hans Bernhard Reichow in Stettin und Konstanty Gutschow in Hamburg[248] die „Gliederung der Gemeinschaften" nach dem „Aufbau der Partei nach Block, Zelle, Ortsgruppe und Kreis" zu propagieren. Und wie fast immer bei solchen Gelegenheiten wurden „Fruchtbarkeit und naturgesetzliche Notwendigkeit der nationalsozialistischen Revolution" beschworen, die nicht zuletzt auch in Städtebau und Raumordnung „Grundlagen der vollkommensten Ordnung völkischen Gemeinschaftslebens" ermöglicht habe. Bemerkenswert, wie der „eingedeutschte Osten" Architekten und Planer geradezu anzog: Als leer erachtete Räume ließen die Umsetzung der ersehnten „Ordnung" in greifbare Nähe rücken.
Offenbar hatte Gauleiter Greiser mit dem Berliner Architekten Walther Bangert in Posen gute Erfahrungen gemacht. Bereits am 11. April forderte er die Stadt auf, dem Berliner Architekten ebenfalls einen Planungsauftrag zu erteilen. Bangert erschien jedoch erst am 12. August in Lodsch, zusammen mit seinem Mitarbeiter Wolfgang Draesel, um sich in den verschiedenen Ämtern der Bauverwaltung ein Bild von den vorbereitenden Untersuchungen zu verschaffen und mit der Industrie- und Handelskammer über geplante Betriebsverlagerungen zu sprechen.
Noch während seines Aufenthaltes forderte Bangert, „die jetzige Innenstadt aufzugeben und westlich vom Volkspark ein neues Zentrum mit ei-

ner neuen Stadt anzulegen"[249]. Die südliche Hälfte der Innenstadt sollte zudem „unter Abbruch der dort vorhandenen Wohngebäude" der Industrie überlassen werden. Im Laufe der Diskussion wurde jedoch entschieden, die Südstadt von Industrie zu räumen und als Etagenwohnhausgebiet auszubauen. Das neue Zentrum sollte an einer auf einen neu anzulegenden Hauptbahnhof ausgerichteten Ost-West-Achse entstehen, jenseits davon eine zellenartig gegliederte „deutsche Weststadt" mit 22000 Wohnungen. In einer Aktennotiz vom 17. August 1940 forderte Hallbauer, diese Weststadt sofort auszubauen, „damit in einem Vierjahresplan Zentrum und neues Wohngebiet fertig" sei und „als Leistung des Großdeutschen Reiches vorgezeigt" werden könne.[250]

Bereits drei Monate später lag der Entwurf eines Generalbebauungsplans für Litzmannstadt vor, der die genannten Ziele umsetzte. Am 30. November 1940 stellte Bangert den Plan in Litzmannstadt vor, am 10. Januar 1941 wurden alle Unterlagen zusammen mit einem Modell des Forums auf einer „heimatkundlichen Ausstellung" in der Stadt gezeigt. Die Diskussionen der darauffolgenden Monate verursachten eine zunehmende Reduzierung der geplanten Weststadt, denn die Bodenverhältnisse erlaubten lediglich „einzelne geschlossene Flachsiedlungen ohne direkten räumlichen Zusammenhang mit der Innenstadt"[251].

Hallbauer kam dieser Umstand sehr gelegen, denn ihm lag an der „Eindeutschung der Kernstadt". Sein Brief an Bangert vom 1. Februar 1941 kam daher einer Vollzugsmeldung gleich. Der Brief dokumentiert zugleich, in welchem Tempo die Bauverwaltung die „Neuordnung von Menschen und allen Sachen", wie er sie im Jahr zuvor in der Denkschrift gefordert hatte, vorantrieb:

„Die inzwischen durchgeführte Prüfung hat ergeben, daß in ganz hohem Maße diese Sanierungsmöglichkeit auf privatwirtschaftlicher Basis besteht und daher eine Aufgabe dieses Gebietes nicht erforderlich wird. Darüberhinaus haben die Leistungen der deutschen Verwaltung schon jetzt das Gesicht der Innenstadt derart entscheidend verändert, daß nicht mehr von einer ‚polnischen Stadt' gesprochen werden kann. Wesentlich für die Eindeutschung der Kernstadt ist aber der Ablauf der Wohnungsfrage. Da infolge der Kriegsverhältnisse an einen schnellen Neubau von Wohnungen in namhaften Umfange nicht gedacht werden kann, sind bereits im abgelaufenen Jahre über 8000 Wohnungen instandgesetzt und für deutsche Menschen nach deutschen Begriffen bewohnbar gestaltet worden. Weitere 4000 Wohnungen gleicher Art sind in Arbeit und weitere 4000 Wohnungen sollen in der 2. Hälfte des Jahres 1941 der Umwandlung unterzogen

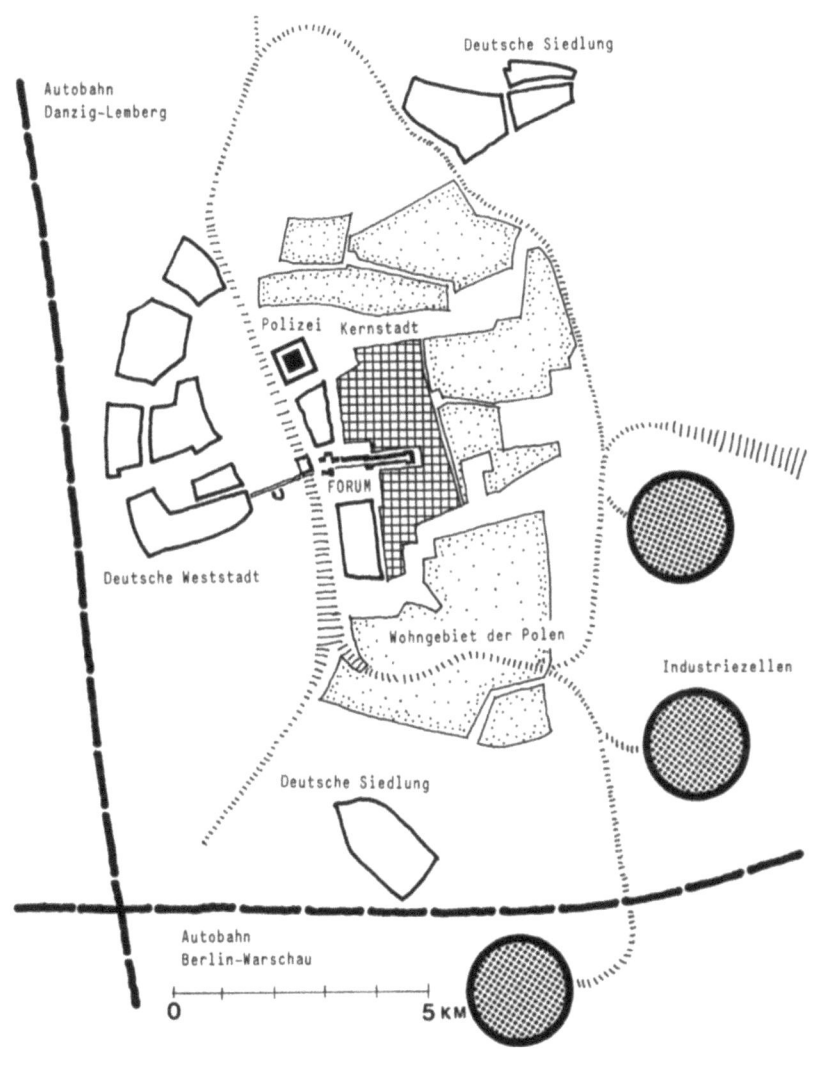

Lodsch: Entwurf von Walther Bangert zur Neuordnung der Stadt vom 24. November 1940.
Umzeichnung: Autor

werden, so daß rund 17000 neue deutsche Wohnungen im Kern bis Jahresablauf neu mit deutschen Menschen besetzt sind. In den neuen Geschoßwohnbaugebieten der Kernstadt finden 12 bis 14000 weitere Neubauwohnungen Platz, so daß über den bisherigen deutschen Wohnbesitz hinaus 30000 deutsche Wohnungen in Kürze im Kern vorhanden sind. Damit ist das Bedürfnis, darüberhinaus in den Außengebieten Geschoßwohnungen zu errichten, praktisch hinfällig geworden, und die Außengebiete können ihrer natürlichen Aufgabe, Flachbaugebiete mit Gärten für deutsche Menschen zu werden, zugeführt werden."[252]
Der „Eindeutschung der Kernstadt" widmete sich das „Stadtsanierungsamt" unmittelbar nach Beginn der Einrichtung der Bauverwaltung Ende 1939. Helmut Richter[253] erinnerte sich 49 Jahre später, daß er Ende Dezember 1939 vom Preußischen Innenministerium nach Lodsch abgeordnet worden sei. Sofort habe die Planung für die Sanierung der schmalen, aber bis zu 400 Meter tiefen Blöcke und die „Entschandelung" der in „Adolf-Hitler-Straße" umbenannten Hauptstraße begonnen. In einem Bericht für die Zeitschrift *Raumforschung und Raumordnung* schreibt Hallbauer, die „vorgeklebten Westeuropafassaden" würden „nur die ganze asiatische Mißachtung des Menschentums verdecken"[254]. Nachdem Richter im Juni 1940 mit Gerhard Waldmann einen Stellvertreter im Amt hatte, wurde verstärkt an der „Entschandelung" gearbeitet, die vor allem darin bestand, die flach geneigten Zinkdächer durch steile „deutsche" Dächer zu ersetzen, schlichte Lochfassaden mit vor die Wandflächen tretenden geputzten Fensterumrahmungen zu gliedern und durch Aufstockungen durchgehende Trauflinien zu erreichen. Richter, der bis zu seiner Abordnung beim Landratsamt in Stralsund für Baupflege zuständig gewesen war, kannte Waldmann von seiner Arbeit im Rahmen der „Entschandelung und Gestaltung" der Semlowerstraße in Stralsund[255]. Ähnlich wie dort war seit 1933 in zahlreichen Städten die Beseitigung von als störend empfundenen Elementen des Stadtbildes betrieben worden – ein Vorgang, der mit der von Hallbauer geforderten „Neuordnung von Menschen und allen Sachen" verglichen werden kann, ging es doch letztlich um die Herstellung einer imaginären Harmonie, die Beseitigung von Brüchen und Ambivalenzen. Anläßlich des „Tages für Denkmalpflege und Heimatschutz" in Kassel im Oktober 1933 hatte der Kunsthistoriker Wilhelm Pinder dafür das Signal gegeben. Mit Bezug auf das „ganzheitliche Wollen"[256] der nationalsozialistischen Bewegung hatte er nicht nur einen Stil der neuen Zeit in Aussicht gestellt, sondern auch gleich in „Fragen der Rettung der deutschen Altstadt" gefordert, den Städten ihren „Volkstumsausdruck" zurückzugeben, nach dem Motto

Lodsch: Überarbeiteter Entwurf zur Neugestaltung von Walther Bangert vom 31. Juli 1941. Bei gleichbleibender Gestaltung des „Forums" überbrückt das Sportfeld mit dem Stadion den Weg zur stark verkleinerten „Deutschen Weststadt". Quelle: Autor

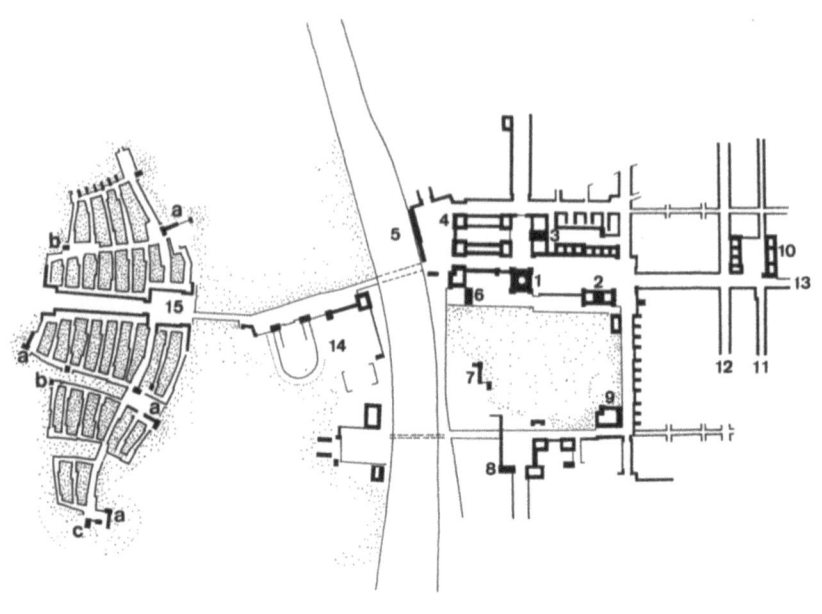

Lodsch: „Skizze zur Neugestaltung" von Walther Bangert vom 1. April 1941. 1 Volks-Halle, 2 Regierung, 3 Theater, 4 Hotel, 5 Hauptbahnhof, 6 Konzertsaal, 7 Hitler-Jugend-Heim, 8 Kino, 9 Museum, 10 Rathaus, 11 Adolf-Hitler-Straße, 12 Hermann-Göring-Straße, 13 Rudolf-Heß-Straße, 14 Stadion, 15 Deutsche Weststadt. Die Siedlungszellen der Weststadt sind ausgestattet mit je einem H.J.-Heim (a), einer Schule (b) und einem Gemeinschaftshaus (c). Umzeichnung: Autor

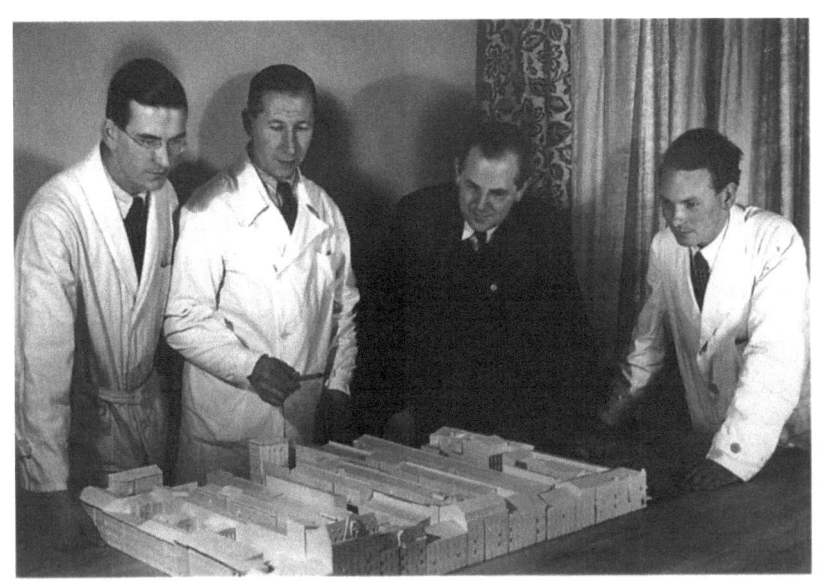

Lodsch: Oben: Mitarbeiter des Stadtsanierungsamtes vor dem Modell des Musterblocks, Dezember 1940. Von links nach rechts: Schilling, Kolesniko (Bildhauer), Helmut Richter, Gerhard Waldmann. Unten: „Sanierungsvorschlag zu den Ladenfronten Adolf-Hitler-Straße 1-9", vor (oben) und nach (unten) der „Entschandelung". Quelle: Autor

„Einschäumen, Rasieren". Pinder wörtlich: „Höhenunterschiede ausgleichen, Umrisse vereinfachen, Farben angleichen, Werkstoffe angleichen, ganz Schlechtes vernichten, Ganzheiten wiederherstellen!"
Unter dem Titel „Litzmannstadt muß schöner werden!" berichtete die *Litzmannstädter Zeitung* am 20. Oktober 1940 über erste Erfolge des Stadtsanierungsamtes und der Stadtbildberatungsstelle: Der „ganze hier vorhandene Zirkus wahlloser Mischung aller Stilarten und Unmöglichkeiten" sei „in geregelte Bahnen" gelenkt worden, die „Überarbeitung unmöglicher polnischer Fassaden der im Rohbau angefangenen Gebäude mit dem Ziel der Umformung zu einem deutscheren Gesicht" sei in der Wanderausstellung „Die schöne Stadt" eindrucksvoll nachgewiesen.
Der „Flächenaufteilungsplan" vom 5. Februar 1941 im Maßstab 1:25 000[257], von Bangert gemeinsam mit Hallbauer unterzeichnet und als „Gemeinschaftsarbeit" ausgewiesen, strebt eine deutliche Reduzierung der Weststadt an. Weitere „deutsche Siedlungen" finden sich nun im Norden und Süden der Stadt, während im Osten nach wie vor „Industriezellen" ausgewiesen sind. Um nun nicht nur durch die Sanierung, sondern auch durch den Bau neuer Siedlungen Erfolge vorweisen zu können, erarbeitete Hans Bartning Mitte April 1941 innerhalb weniger Tage einen Teilbebauungsplan für den Bereich Stockhof (heute Stoki) im Nordosten der Stadt. Am 1. Mai wurde mit dem Bau von insgesamt 7000 Wohnungen begonnen, um dem Gauleiter anläßlich seines Besuches am 8. Mai etwas präsentieren zu können.[258] Die ersten 200 Wohnungen der auf drei Ortsgruppen zu je 4.000 Einwohnern ausgelegten „Gartenstadt" entstanden im Rohbau noch vor Ende des Jahres. Die Beschreibung von Hans Richter, der zu Beginn der dreißiger Jahre die *Baugilde* herausgegeben hatte und nun für die Zeitschrift *Wartheland* die Beilage *Bauen im Wartheland* betreute, liest sich als Wunschvorstellung, der Verwirklichung zum Greifen nahe:
„Die Bauten der Kultur und der politischen Gemeinschaft liegen auf den landschaftlich weithin sichtbaren Höhepunkten des Geländes. In Stockhof-Süd ist dies auf der Höhe vor der vorhandenen und durch einige Neubauten abzurundenden Oberstadt die Schule, die mit dem Wasserturm und dem HJ-Heim zu einer burgartigen Gruppe zusammengeschlossen ist, und am Fuß der Anlage das Ortsgruppengebäude mit seinem turmartigen Dachaufbau. In Stockhof-Mitte wird auf weit vorgeschobener Hügelnase neben dem vorhandenen Baumbestand des heutigen Friedhofes das Deutsche Haus als zusammenfassende Stätte der Betreuung aller 3 Ortsgruppen weithin sichtbar sein, während die Höhe vom HJ-Hauptheim gekrönt ist."[259]

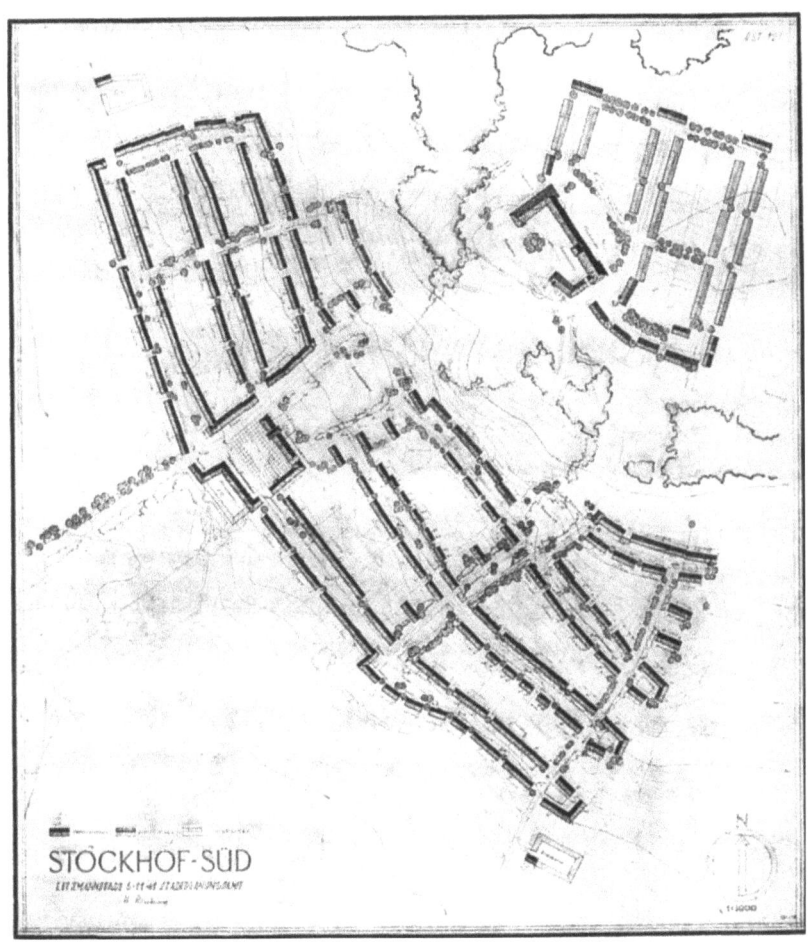

Lodsch. Entwurf für die Gartenstadt Stockhof von Hans Bartning, 6. November 1941. Der Abschnitt Stockhof-Süd bildet eine der drei Ortsgruppen zu je 4000 Einwohnern. In der Mitte der Marktplatz mit dem Ortsgruppengebäude, dahinter (oben rechts) die Schule mit Wasserturm und das H.J.-Heim. Quelle: Bauen im Wartheland, Januar 1942, 38

Lodsch: Bebauung der Siedlung Stockhof-Süd (Stoki), gebaut 1942 für deutsche Beamte durch die Gemeinnützige Wohnungsbaugesellschaft Litzmannstadt (Gewoli), Entwurf von Hans Bartning. Oben: Ladengruppe, unten: Entwurfszeichnungen von Hans Bartning. Quellen: Foto vom 22. Juni 1988 (Autor) und Bauen im Wartheland, Januar 1941, 50, 51

Noch während der Fertigstellung der Gartenstadt Stockhof plante der Baudezernent des Regierungspräsidenten, Wolfgang Rauda, im Stadtteil Julianow im Rahmen des Sonderwohnungsbauprogramms für Reichsbedienstete die Siedlung „Am Wiesenhang". Am Rande der Siedlung sollte ein Freibad entstehen, um den „Litzmannstädter Deutschen Entspannung und Befreiung von der erdrückenden Steinwüste der alten Lodscher Bauunkultur"[260] zu gewähren. Rauda bedauerte die Bindung an die Typen der Trägergesellschaften; nur durch die Abwandlung der Schauseiten könne „Bauen lebendig und seelenvoll werden und Heimatgefühl schaffen" und einen Gegensatz bilden zu dem „kulturlosen Mischmasch", dem die „polnischen Planungsbehörden" Gestalt verliehen hatten. Begeistert schwärmte er 1943 in einem Artikel der *Bauwelt* von den „besonderen, städtebaulich einmaligen Problemen des Ostaufbaus", für den die Grüngestaltung ein entscheidendes Mittel sei, „einen Raum sinnfällig und gemütsmäßig einzudeutschen und alle Bewohner darin zusammenzuschließen". Rauda verlangte „unangreifbare Grüngestaltungbeiträge", um eine geschlossene Gestaltung der öffentlichen Straßenräume und der Hausgärten zu ermöglichen". Der Entwurf für die Siedlung in Julianow hatte programmatische Bedeutung und wurde deshalb bis ins kleinste Detail von dem Potsdamer Gartengestalter Hermann Mattern erarbeitet.

Nur wenige Wochen nach Fertigstellung der Pläne für Stockhof besuchte Himmler am 6. Juni 1941 die Stadt, um sich unter anderem über den Fortgang der Sanierung zu informieren. Gauleiter Greiser formulierte daraufhin einen Erlaß, der sich auf den „Umbau" und die „Neugestaltung der Stadt Litzmannstadt" bezog. Damit sollte Himmlers Entscheidung, „die vorgesehenen Planungen weiter durchzuführen", mit der von Anfang an von Hallbauer gewünschten „Handlungsfreiheit" ausgestattet werden. Ziel war nach wie vor, den Umbau der Stadt mit der Kriegsbeute zu finanzieren: „Im Zuge der vorgesehenen Sanierung und Auskernung der Innenstadt und der Verlegung der Industrie ist der erforderliche Grund und Boden seitens der Haupttreuhandstelle Ost und der Grundstücksgesellschaft der Stadt Litzmannstadt unentgeltlich zur Verfügung zu stellen. [...] Grundsatz bei der Sanierung und dem Neuaufbau der Stadt Litzmannstadt muß eine großzügige Behandlung bei der Verteilung des angefallenen jüdischen und polnischen Vermögens sein. Bürokratische und rechnerische Einwendungen dürfen in keinem Falle dem geplanten Vorhaben hemmend im Weg stehen. Ich ersuche daher alle beteiligten Dienststellen, diesen Grundsätzen des Reichskommissars für die Festigung deutschen Volkstums voll und ganz gerecht zu werden."[261]

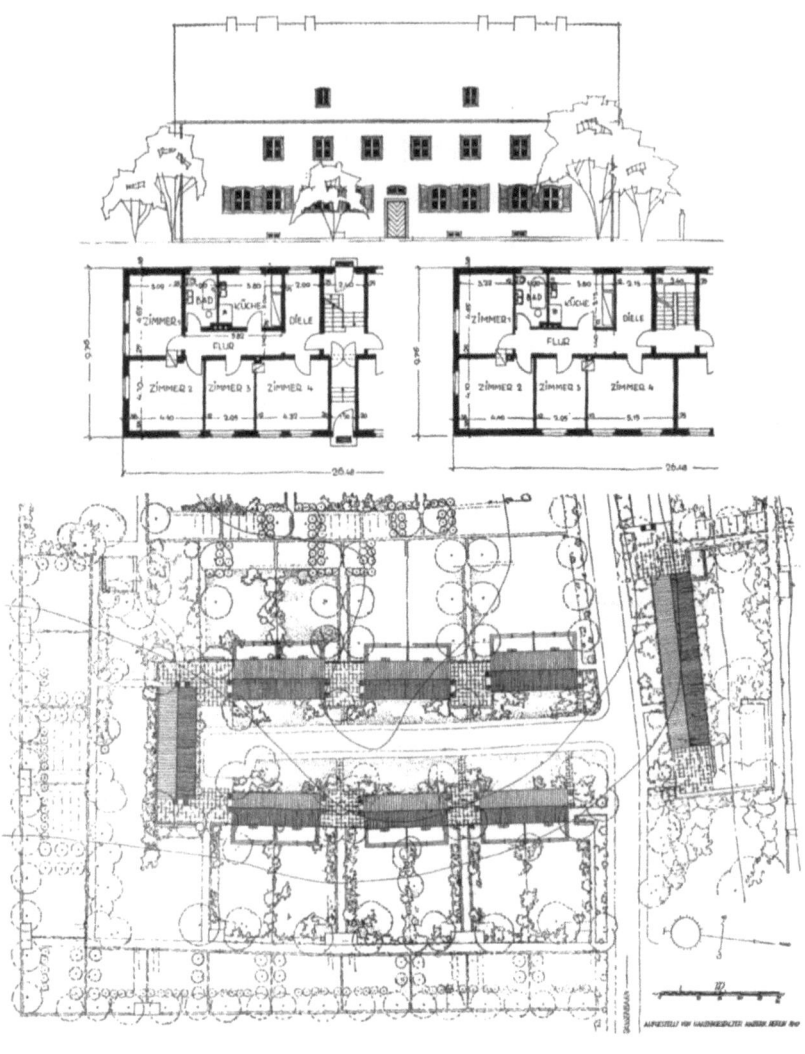

Lodsch: Siedlung „Am Wiesenhang" für Reichsbedienstete im Stadtteil Julianow, gebaut 1942. Städtebaulicher Entwurf von Wolfgang Rauda, Typenentwürfe der Abteilung Bauwesen des Reichsstatthalters in Posen, Gartengestaltung durch den Landschaftsgestalter Hermann Mattern, Potsdam. Quelle: Bauwelt, H. 19/20, 1943, 6 und 8

Obwohl Greiser in Litzmannstadt nahezu unbegrenzt über Grund und Boden verfügen konnte, bemühte er sich dennoch, für die Stadt einen besonderen Status zu gewinnen, der sonst nur den Gauhauptstädten zustand. Zum 21. Oktober 1941 wurde deshalb Litzmannstadt nach dem Gesetz über die Neugestaltung deutscher Städte vom 4. Oktober 1937 zur „Neugestaltungsstadt" erklärt. Greiser konnte es dabei nicht darum gegangen sein, das erweiterte Enteignungsgesetz anzuwenden. Vielmehr wird ihm daran gelegen gewesen sein, in dem ihm unterstehenden „Mustergau" Außergewöhnliches vorweisen zu können und die Großstadt des Ostens den Städten des „Altreichs" demonstrativ gleichzustellen. Kurz darauf verlieh Hallbauer diesem Anspruch auf einer Arbeitstagung der Landesgruppe Nordostdeutschland der Deutschen Akademie für Städtebau, Reichs- und Landesplanung in Posen Nachdruck. Danach ergebe sich „die einmalige Möglichkeit der Überprüfung deutscher Städte auf ihre Lebensfähigkeit für die nächsten Jahrhunderte […] nicht nur durch die Bausünden der abgelaufenen individualistischen Epoche und die neuzeitlichen Anforderungen des Verkehrs, sondern vor allem durch die veränderten geistigen Grundlagen unserer Zeit, die erstmals wieder alle Lebenserscheinungen vom Ganzen her in ihrer Totalität wertet und damit zufällige Einzelform überwindet."[262]

Nachdem Bangerts Mitarbeiter Draesel zum 1. November erneut zur Wehrmacht eingezogen worden war, wurde die Arbeit an der Planung der „Neugestaltung" eingestellt. Im Januar 1942 wurde der Plan noch einmal im Rahmen einer Großkundgebung in der Sporthalle auf einer vier Meter hohen Tafel gezeigt, doch die 59 Mitarbeiter des Stadtplanungsamtes waren weitgehend mit der Vorbereitung des Luftschutzes beschäftigt. Stadtbaurat Hallbauer war zudem gewissermaßen „mit der Truppe" weiter nach Osten gezogen. Ab Oktober agierte er als Stadtbaurat jeweils 14 Tage in Litzmannstadt und 14 Tage in Lemberg (Lwów), um schließlich ab März 1942 ganz in Lemberg zu bleiben. Dort war er auch der Vertreter des Stadthauptmanns und damit unmittelbar zuständig für die „Aussiedlung" der Juden und die Einrichtung eines Wohnbezirks für jüdische Arbeiter der Wehrmacht.[263] Bangert meldete sich bei Hallbauers Nachfolger, dem aus Dresden kommenden Stadtbaurat Freytag, im August 1942 mit der Nachricht, er habe sich mit Josef Umlauf[264] auf die Verkleinerung der Stadt auf 500 000 Einwohner geeinigt: 200 000 Deutsche, 300 000 Polen. Gegen Ende des Jahres nahm der Wehrwirtschaftsführer und Präsident der Wirtschaftskammer Litzmannstadt, Karl Weber, einen Vortrag am Institut für Weltwirtschaft der Universität Kiel zum Anlaß, noch einmal die grundsätzlichen Probleme der „Eindeutschung" zu erörtern. Der Raum könne nur „deutsches Land"[265] werden, wenn es gelinge, „die politischen, kulturellen und wirtschaftlichen Voraussetzungen zu schaffen, die den Menschen an den neuen Osten zu binden vermögen". Der Raum benötige „nach deutschem Empfinden ausgebaute Städte", und „der deutsche Mensch" brauche „ein Theater, er will am Wochenende seine Erholung haben und bedarf dazu der bequemen Verkehrsmittel und Wege"[266]. Eine polnische Unterwanderung werde nicht eintreten, denn der Nationalsozialismus habe „die genügende Kraft in sich, um dieser Gefahr von vornherein zu begegnen und die Polen nur als dem Deutschtum dienende Kräfte zu halten [!]"[267].

In Litzmannstadt traten Sanierung und Neugestaltung 1943 in den Hintergrund. Lediglich die Planung und Gestaltung von „Industriezellen" erschien wie in Posen kriegswichtig, da Rüstungsbetriebe im Zeichen des Luftkrieges zunehmend nach Osten verlagert wurden. Für derartige Aufgaben wurden zudem neue Planer verpflichtet: Während Hans Bernhard Reichow ein Gutachten für Posen erarbeitete, wurde für Litzmannstadt Herbert Rimpl gewonnen, der im „neuen Europa" zwischen der Krim und der Normandie gefragteste Industrieplaner. Stadtbaurat Freytag drängte zudem auf einen Entwurf für die geplante Stadthalle. Rimpl erschien erstmals am 7. Juni 1943 in Litzmannstadt und erklärte, er könne solche „Arbeiten wegen des totalen Krieges nur nebenbei ausführen [...], soweit die Arbeiten in seine Freizeit fielen"[268]. Kaum zwei Wochen später diskutierte man in der Reichsstelle für Raumordnung in Berlin am 19. Juni unter Vorsitz von Karl Köster die als drückend empfundenen Auflagen des Luftschutzes; denn, so heißt es im Protokoll, „je größer die Abstände und je stärker die Auflockerung, insbesondere in den Industriegebieten, desto länger und kostspieliger würden die Wege"[269]. Teilgenommen hatten für das Reicharbeitsministerium Ministerialrat Kuhn, für den Reichswohnungskommissar Baurat Friedrich Nicolaus, für den Regierungspräsidenten Litzmannstadt Baudezernent Wolfgang Rauda und Bezirksplaner Dobelke. Am 8. August kam es zu einer ähnlichen Beratungsrunde in Posen unter Vorsitz von Wolfram Vogel von der Hauptabteilung Planung des Beauftragten des Reichskommissars für die Festigung deutschen Volkstums, um der Forderung Nachdruck zu verleihen, „auch bei der späteren Gestaltung der Gebiete innerhalb der Industriezone entscheidend beteiligt zu werden"[270]. Rimpl führte in den darauffolgenden Monaten Gespräche mit Helmut Döscher vom Reichsarbeitsministerium und Karl Otto vom Reichsministerium für Luftfahrt. Die eigentliche Planung entstand keineswegs in Rimpls

Freizeit, sondern wurde von Willy Kirchner[271] gemeinsam mit dem Gartengestalter Schubert erarbeitet.
Vertreter der Industrie zeigten großes Interesse an der Planung. Noch am 12. Mai 1944 begutachtete Kreisleiter Knaup mit Direktor Aepler von der AEG Rimpls Vorschläge. Und am 1. August 1944 – als in Lublin mit sowjetischer Hilfe bereits eine polnische Regierung installiert war – kam Rimpl erneut nach Litzmannstadt, um eine Abschlagszahlung für seine Leistungen in Empfang zu nehmen und den bestehenden Vertrag zu erweitern. Von Litzmannstadt reiste er nach Metz, um dort in seinem Büro nach dem Rechten zu sehen. Etwa am 8. August hielt er sich in Paris auf und überlebte, wie Franz Rosenberg 44 Jahre später berichtete[272], im Hotel der Organisation Todt einen Anschlag des Widerstandes. Am 16. August löste Rosenberg, der Planungen für unterirdische Fertigungsstätten in Livry und Gargan bearbeitete, das am Champs du Mars in einem Wohnhaus untergebrachte Büro Rimpl auf.
Während noch Experten den weiteren Ausbau der Rüstungsindustrie in Litzmannstadt planten, kam es in Wirklichkeit zu einem weiteren Abbau der Stadt. In einem Aktenvermerk vom 3. Oktober 1944 verlangte das Gartenamt „aus den Beständen der G[h]ettoverwaltung [...] zur Reparatur der Frühbeetfenster 20m² Glas gegen entsprechende Berechnung"[273]. Außerdem wurde die Entgegennahme von 500 kg Abbruchholz für die „Gefolgschaftsmitglieder" der Bauverwaltung vermerkt. Als letzte Eintragung im Posteingangsbuch der Bauverwaltung findet sich unter dem 21. Januar 1945 die Rechnung eines Theodor Allgäuer für Tagelohnarbeiten im Ghetto."[274]

Stadtplanung Posen

Nach dem Überfall auf Polen wurde Arthur Greiser, seit 1934 Präsident des Danziger Senats, am 13. September in Posen (Poznań) Chef der Zivilverwaltung bei der 4. Armee. Anläßlich eines Vortrages im Kieler Institut für Weltwirtschaft am 10. Juni 1942 schilderte er seinen „Einzug" in das „Kernland des deutschen Ostraumes"[275]:
„Ich hatte meine Uniform als Reserveoffizier der Kriegsmarine angezogen und war auf dem Wege nach Kiel. Ich sollte das Kommando eines Bootes einer aktiven Flottille übernehmen. Da erreichte mich ein Funkspruch vom Reichsmarschall, bei dem ich mich zu melden hatte und der mir mitteilte, daß der Führer etwas anderes für mich vorgesehen hätte. So bin ich – auch einmalig in der Geschichte – in Marineuniform zusammen mit der Wehr-

macht in Posen einmarschiert. So haben wir nicht nur diese Provinzhauptstadt, sondern auch das Land in Besitz genommen."
Das Bewußtsein, „Volk mit Raum geworden zu sein", sei, so Greiser in seinem Vortrag, „mit einer gewissen Plötzlichkeit [...] eingestürzt", so daß „das Tempo, mit dem dieses Problem heute abgefangen und gelöst werden muß, vielleicht etwas atemberaubend" erscheine. Noch bevor „Gliederung und Verwaltung der Ostgebiete" durch den Erlaß vom 8. Oktober geklärt wurden, erklärte Greiser am 22. September im *Posener Tageblatt* das Ziel, einen „Mustergau des Großdeutschen Reiches"[276] zu begründen. Greiser wurde am 21. Oktober zum Gauleiter und Reichsstatthalter bestellt, zu einem Zeitpunkt also, als die Reichsstelle für Raumordnung ihren bewährten Referenten Willi Richert[277] bereits nach Posen als Landesplaner abgeordnet hatte. Als Gauhauptstellenleiter war er im „Gauorganisationsamt" für die Erneuerung und Besiedlung des gesamten Warthegaus zuständig.
Zur „Eindeutschung" von Posen erfolgte ebenfalls eine zügige Besetzung der Ämter. Bereits im November 1939 übernahm Werner Lendholt, ein Schüler und Mitarbeiter von Heinrich Wiepking-Jürgensmann, die Garten- und Friedhofsverwaltung. Vorentwürfe für den Golnauer Volkspark im Norden der Stadt lagen bereits vor, als Gerd Luers zum Stadtbaurat[278] berufen wurde.
Unmittelbar darauf wurde Walther Bangert in Berlin beauftragt, einen „Gesamtbebauungsplan" zu erarbeiten, der am 3. Mai 1940 vorgelegt wurde. Nach seiner Abordnung vom Westwall am 1. Februar 1940 hatte Wolfgang Draesel, der mit Bangert seit der gemeinsamen Arbeit im Büro von Werner March 1938 an der Neugestaltungsplanung für Breslau eng verbunden war, sich der Posener Planung drei Monate gewidmet. Zwischen dem Bahnhof und dem wilhelminischen Schloß an der Peripherie der Altstadt sollte ein Gauforum entstehen, das in Abwandlung bereits bekannter Entwürfe aus Frankfurt an der Oder, Weimar (Entwurf Giesler 1936) oder Dresden (Entwurf Kreis 1938) den Aufmarschplatz vor der Großen Halle zugleich als Parkplatz für 200 Wagen ausweist. In L-Form entwickelt sich das Forum zwischen der Großen Halle und dem nach Entwürfen von Paul Baumgarten im Umbau begriffenen Theater.[279] Die Gelenkstelle markiert ein am Bau der Deutschen Arbeitsfront integrierter Turm. Bis zum März 1941 arbeitete im Büro Bangert vor allem Richard Lüer an der weiteren Konkretisierung des Forums. Geeignete und sogar notwendige Voraussetzung dafür bildete der Erlaß vom 12. Juni 1940, nach dem Posen – wie seit 1937 auch viele der anderen Gauhauptstädte – zur Neugestaltungsstadt erklärt worden war. Anläßlich der Amtseinführung von Oberbürgermeister Ger-

Posen: Gesamtbebauungsplan von Walther Bangert vom 3. Mai 1940, gezeichnet von Wolfgang Draesel. Die geplanten Siedlungen sind schematisch um die gesamte Stadt herum angedeutet. Quelle: Autor

hard Scheffler wurden Pressevertreter erstmals mit den Plänen zur Neugestaltung bekannt gemacht. In einer Mitteilung in der Zeitschrift *Bauen, Siedeln, Wohnen*[280] heißt es, „häßliche Stadtviertel" würden neu gestaltet, der „stark vernachlässigte Ring" werde „wieder zu einem schönen Stadtbild umgeformt", und „der neue politische Mittelpunkt" in der Gegend des Schlosses angelegt. „Zehnjährige intensive Arbeit" sei, so der Oberbürgermeister, „erforderlich, um Posen zu einer würdigen Hauptstadt des deutschen Bauerngaues umzuformen."
In der ersten Beratung der Ratsherren Posens vom 27. August wurde die Planung erneut öffentlich vorgestellt und diskutiert. In der *Berliner Börsenzeitung* propagierte der Oberbürgermeister die Errungenschaften der „Eindeutschung": „Schon heute, nach ein paar Monaten deutscher Aufbauarbeit, nach der Rückkehr deutscher Menschen, der Anbringung deutscher Geschäfts- und Straßenaufschriften, der Ausbesserung der Straßen, der Säuberung der Stadtviertel von Schmutz und Unrat, der Auffrischung von Hausfassaden und der Beseitigung einiger übler stilloser Neubauten bietet sich dem Auge das Bild einer deutschen Stadt."[281] Scheffler stellte einen Wohnraummangel von 40000 Wohnungen fest, denn „der größte Teil der von den Polen bisher bewohnten Wohnungen" sei „unzulänglich und untragbar" und käme deshalb „nur für den Abbruch in Frage". Zudem werde „nach den Plänen des Generalbauinspekteurs Professor Speer" in der Umgebung des Schlosses und der Universität „durch machtvolle Parteibauten und durch eine große neue Reichsuniversität ein politischer und geistiger Mittelpunkt des deutschen Ostens entstehen, der von der schöpferischen Gestaltungskraft und Ausdrucksform nationalsozialistischer Weltanschauung künden" werde. Auch in diesem Kontext durfte der Hinweis auf die bevorstehende „Eindeutschung" des Landes nicht fehlen: „Von hier aus werden die Kräfte in das Land ausströmen, die es völkisch, geistig und kulturell für ewige Zeiten deutsch machen werden."
Im Dezember berichtete die *Berliner Börsenzeitung*[282] unter der Überschrift „Posen – Pfalz des Ostens" erneut über „großzügige Pläne zum Aufbau der Stadt". Dreierlei würde dabei zum Ausdruck kommen: „Der Einklang mit dem, was hier historisch gewesen ist, soweit es nicht unter die polnischen Bausünden fällt und beseitigt werden muß, die Raum- und Landschaftsverbundenheit der Stadt und die Betonung des Stadtcharakters mit Rücksicht auf die Stellung Posens als kultureller Mittelpunkt des Ostens."
Der Gesamtbebauungsplan gliedert – meist in Abrundung bestehender Bebauung – zahlreiche „Stadtzellen" um die gesamte Stadt herum und deutet lediglich im Norden eine neue Universität an. Im Herbst 1940 entstand

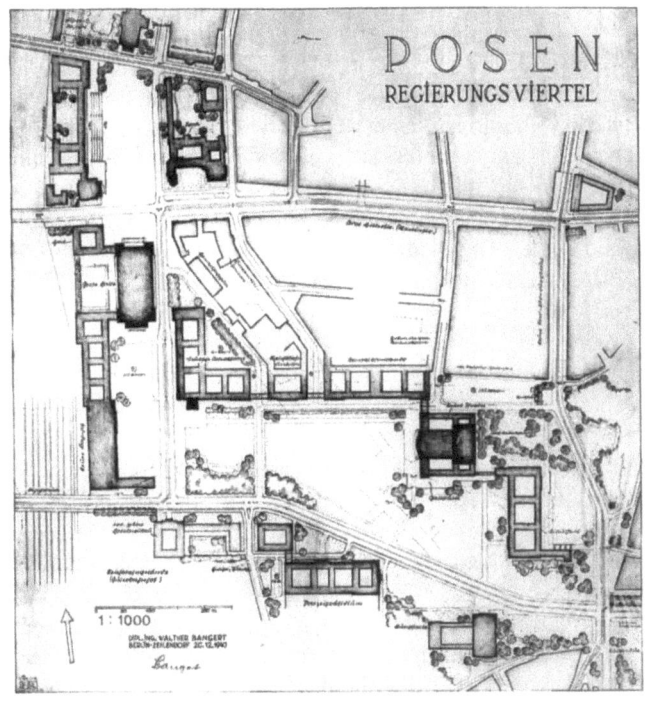

Posen: Oben: Walther Bangerts Entwurf für das „Regierungsviertel" an der Peripherie der historischen Stadt, 20. Dezember 1940, unten: Modellfoto. Quelle: Autor

über schematische Andeutungen hinaus ein Bebauungsplan für die Weststadt im Maßstab 1:2000, in dem in insgesamt 13 Gruppen 7500 neue Wohnungen nachgewiesen waren. Der von Draesel gezeichnete Entwurf variierte die üblichen Planungsmuster des Reichsheimstättenamtes, die ähnlich auch in dem Entwurf von Hermann Jansen im Rahmen der Neugestaltung Berlins[283] für den Ausbau der Südstadt erkennbar sind. Alfred Cuda und Werner Moest bearbeiteten im Büro Jansen die Abschnitte Selchow und Rotberg und bedienten sich dabei derselben Mittel: Achsen sind über angerförmige Plätze verschwenkt, Ortsgruppenhäuser und HJ-Heime sorgen für die notwendigen Höhepunkte, die im Stadtbild die Ordnung der „Volksgemeinschaft" erkennen lassen. Für die Weststadt komponierte Draesel zudem eine repräsentative Ost-West-Achse, die der Anbindung der Weststadt an das Gauforum durch Unterbringung zahlreicher Institutionen – Oberfinanzpräsidium, Polizeipräsidium, Deutsche Arbeitsfront und Luftgaukommando – Nachdruck verleiht.
Zur weiteren Konkretisierung erhielt Hans Brandt aus Berlin einen Auftrag für die „Aufbauplanung" der Weststadt, während Rudolf Geil aus Darmstadt, der sich als Leiter der Hessischen Heimstätte mit Vierjahresplan-Siedlungen in Nordhessen[284] einen Namen gemacht hatte, einen Auftrag für die Planung der Oststadt erhielt. Flörke von der Technischen Hochschule Danzig besorgte die Verkehrsplanung. Den repräsentativsten Auftrag zum Bau der Gauhalle und des Hotels am Aufmarschplatz erhielt Erhard Schmidt aus Berlin. Für den Umbau des Schlosses zum Sitz des Reichsstatthalters meldete die Zeitschrift *Bauen, Siedeln, Wohnen*[285] voreilig die Beauftragung Speers durch den „Führer". Zwei Wochen später hieß es, Speer habe auf Wunsch des Gauleiters „die künstlerische Beratung" übernommen, während die Architekten Böhmer und Petrich für die Ausführung verantwortlich seien.
Am 2. Januar 1941 trat die erste „Anordnung über die Neugestaltung"[286] in Kraft, der zufolge in vier Bereichen, die weite Gebiete der Stadt betreffen, um die rechtliche Grundlage zur nun bevorstehenden Realisierung der Neugestaltung zu schaffen. Kaum sechs Wochen später nahm Speer in einem als „Abschlußbericht"[287] bezeichneten Brief an den Reichsschatzmeister auch zu den Planungen für Posen Stellung. Danach solle dort kein neues Gauforum entstehen, da die vorgefundene Situation mit dem Schloß als Sitz des Reichsstatthalters und einer „Repräsentationswohnung für den Führer", mit der Universität und dem Theater durch Gaubauten lediglich vervollständigt werde. Bangert und Schmidt wurden in dem Schreiben noch einmal ausdrücklich als Planungsbeauftragte bestätigt.

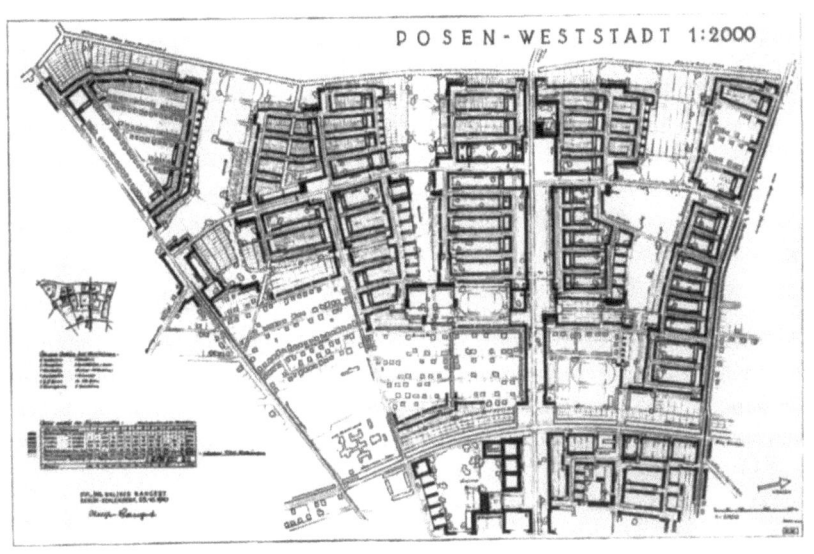

Posen: Walther Bangerts Entwurf für die Weststadt, 25. Oktober 1940, gezeichnet von Wolfgang Draesel. Quelle: Autor

Im April 1941 referierte Bangert im Rahmen einer Schulungstagung über die „Neugestaltung der Gauhauptstadt Posen"[288], dann ruhte die Planung. Im Juni 1942 stellte er für die Erarbeitung des Gesamtbebauungsplans und von Teilbebauungsplänen für die Altstadt und die Weststadt Rechnungen, denn nach dem 2. April 1942 galten Neugestaltungspläne nicht mehr als kriegswichtig.
Im darauffolgenden Jahr gewann jedoch angesichts von Verlagerungen der Rüstungsindustrie in den Osten die Planung von „Industriezellen" auch für Posen Bedeutung. Hans Bernhard Reichow, Baudirektor und Leiter des Hochbauamtes in Stettin, erhielt vermutlich im Laufe des Jahres 1943 von der Reichsstelle für Raumordnung den Auftrag, die „Ansetzung von Industrien vom Standpunkt des Städtebaues, der Wehrtechnik sowie der Reichs- und Landesplanung" zu untersuchen. Die Resultate schlugen sich in einem „Städtebaulichen Gutachten zu den Fragen der Industrie- und Gewerbeansiedlung in der Gauhauptstadt Posen"[289] nieder und ganz ähnlich auch in einer Stellungnahme zum Wiederaufbau Hamburgs. Wenige Tage bevor Reichow aus Stettin flüchtete, wurde sein Gutachten über „Grundsätzliches zur Industrieplanung"[290] vom 3. März 1945 durch den Architekten für die Neugestaltung der Hansestadt, Konstanty Gutschow, verbreitet. Reichow konnte sich übrigens auf statistisches Material stützen, das im Dezember 1944 für die Ermittlung städtebaulicher Richtwerte durch den Arbeitsstab Wiederaufbauplanung zerstörter Städte[291] Verwendung fand.
Reichows Gutachten beanspruchte über die besondere Situation Posens hinaus Allgemeingültigkeit. Keineswegs macht es deutlich, daß die Untersuchungen auf den aktuellen Anlaß der Verlagerung von Rüstungsbetrieben bezogen sind. Er identifiziert zunächst einmal „die sich mit Vorliebe in der Gauhauptstadt ansiedelnde Bauindustrie mit all ihren vielseitigen Nebengewerken", der beim „Ausbau Posens" und „beim Aufbau des neuen deutschen Ostens überhaupt unabsehbare Entwicklungsmöglichkeiten gegeben" seien. Für arbeitsintensive Großgewerbe, Düngemittelfabriken und „bedeutsame Werke" für Aufgaben der Wehrmacht weist das Gutachten in allen „durch das Grünkreuz gebildeten Sektoren der Posener Stadtlandschaft" Flächen mit „knappster linearer Industriegeländeerschließung" aus. So entstanden in der Planung Gebiete, die sich „in grün begrenzten Zellen zur Umgebung" öffnen, „weil jedes Werk für sich als wohlgestaltetes Bauwerk in Erscheinung tritt und deshalb über die Luftschutztarnung hinaus nicht künstlich versteckt zu werden" brauche. Die lang gestreckte Form des „Industriebandes" werde, so Reichow, zudem hinsicht-

lich des Luftschutzes günstiger als jede Ballung sein: Ein „Zielwurf" sei „aus abwehrbedingter Flughöhe [...] so gut wie aussichtslos".
Reichow nahm das Gutachten zum Anlaß, über die engere Aufgabenstellung hinaus seine seit 1940 bereits für Stettin und Hamburg entwickelten Gedanken zur Stadtlandschaft nun auch für Posen zu konkretisieren: „Das nationalsozialistische Posen für Jahrhunderte im Voraus zu erkennen und wenigstens in seinen Grundzügen zu entwickeln, ist die städtebauliche Aufgabe unserer Zeit!" Dabei könne „die neuere polnische Stadterweiterung schon deswegen außer Acht gelassen werden, weil sie das uferlose Zerfließen und formlose Durcheinander [...] nur noch verstärkt" habe. Dem stehe die „alles umfassende Gesamtschau" des nationalsozialistischen Planers gegenüber, die „aus den neuen Formen unseres Lebens und Arbeitens in der großen Gemeinschaft eine neue städtebauliche Zielsetzung schlechthin" bedinge. Reichow ging es dabei „um eine neue Einheit in der Gestalt", die „in der sinnvoll aufgebauten Stadtlandschaft" zu finden sei. Da „zur Charakterisierung so weiter Zielsetzungen" die bisherigen Begriffe nicht taugten, sollte der neue Begriff „sinnfällig und programmatisch" das „neue Ziel" zum Ausdruck bringen.

Der Plan ging weit über das von Bangert anvisierte Ziel der Abrundung des Stadtkörpers hinaus und lokalisierte 34 Siedlungszellen an den Rändern zweier Urstromtäler. Von den „Gemeinschaftsanlagen der Ortsgruppen aller Wohngebiete" sollte der Blick „zur Gauhalle oder Weihehalle des Volkes als Stadtkrone unserer Zeit" von allen störenden Überschneidungen freigehalten werden. Reichow ignorierte Bangerts Entwurf für das Gauforum und plazierte die Große Halle in beherrschender Lage auf einer Höhe nördlich der Stadt.

Die beiden Urstromtäler dominierten als landschaftliche Elemente das Wunschbild der zukünftigen Stadtlandschaft. Reichow konnte dabei auf wichtige Vorarbeiten zurückgreifen, denn das System dieser Urstromtäler hatte Heinrich Wiepking-Jürgensmann für Posen bereits 1940 analysiert und zum Anlaß genommen, beispielhaft für die „Neubewaldung des deutschen Ostens"[292] zu werben: „Um hier eine wahrhaft neue und endgültige deutsche Heimat zu gründen", müsse „das gestaltlos gewordene Land gründlich neugestaltet werden". Als „harter Kämpfer und großer Träumer" bezeichnete sich Wiepking-Jürgensmann, als er Anfang Dezember 1940 auf der Landesplanertagung der Reichsstelle für Raumordnung in Zoppot seine Studie für den Posener Raum vorstellte. Von einer „Lebenslandschaft" war dabei die Rede, die „der Erhaltung der schöpferischen Kräfte des deutschen Volkes" gewidmet sei. Während Wilhelm Wortmann

aus Bremen auf der Tagung den „Gedanken der Stadtlandschaft"[293] erläuterte, klärte SS-Brigadeführer Ulrich Greifelt, der in Berlin die Dienststelle des Reichskommissars für die Festigung deutschen Volkstums leitete, unmißverständlich den Rahmen: Zu den „Hochzielen"[294] der Raumordnung gehöre nun, „das deutsche Volkstum in den volkspolitisch umbrandeten Ostgebieten zu festigen und für alle Zeiten in seinem Bestand zu sichern".
Allen Beiträgen dieser in der Zeitschrift *Raumforschung und Raumordnung* in vollem Wortlaut dokumentierten Tagung gemeinsam ist der Anspruch, „für alle Zeiten" und „endgültig" einen Raum zu gestalten, der als „gestaltlos" wahrgenommen wurde. Deutlicher als auf dieser Tagung war nationalsozialistische Stadtplanung kaum auf den Punkt gebracht: Eine angebliche „Gesamtschau" erlaubte den Aufbau einer Ordnung, in der die Volksgemeinschaft endgültig heimisch werden würde.
Wie selbstverständlich die ungeahnten Möglichkeiten des Ostens ins „Altreich" zurückwirkten und dort „die totale Gesundung der Stadt" und die Verhütung des „Untergangs an der Großstadt" – so Wortmann in seinem Schlußsatz – propagierten, zeigte die Beteiligung von Planern aus dem „Altreich". Reichows Gutachten für Posen stellte drei Jahre nach dieser Tagung die einzige umfassende Konkretisierung des neuen Leitbildes im „deutschen Osten" dar und nahm zugleich seine Vorschläge zum Wiederaufbau von Hamburg[295] vom März 1944 vorweg.
Überzeitlich gültig sollten die im Zeichen des neuen Leitbildes der Stadtlandschaft im Osten gewonnenen Erkenntnisse sein. Als Reichow 1948 in seinem Buch *Organische Stadtbaukunst* das Leitbild der „idealen Stadtlandschaft" vorstellte, bildete seine Planung für Posen den Auftakt, um wortreich die „Einheit der Stadtlandschaft" zu beschwören. Lediglich das Vokabular mußte entnazifiziert werden – die „Weihehalle des Volkes" war nun „Stadthalle" –, der alles umfassende Anspruch auf eine von Ambivalenzen und Widersprüchen befreite Ordnung blieb jedoch unangetastet. Unverändert blieb auch die Sehnsucht nach einer „Wahrung aller Lebensgesetze von Mensch und Volk, Natur und Landschaft"[296]. Als Antithese zum Entwurf für Posen findet sich in dem Buch der Gesamtbebauungsplan von Bangert des Jahres 1940 abgebildet, in der Bildunterschrift gekennzeichnet als „Kind kompakter, unorganischer, nicht struktureller Stadtgestaltung".
Reichows Plan für Posen entstand, ebenso wie seine Studie für Stettin im Jahre 1940 in dem Eifer, einem neuen Leitbild zum Durchbruch zu verhelfen, da er als Leiter des Stettiner Hochbauamtes für städtische Bauten, nicht aber für Stadtplanung und schon gar nicht für die Neugestaltungsplanung zuständig war. Möglicherweise gelangte die Planung nicht einmal bis

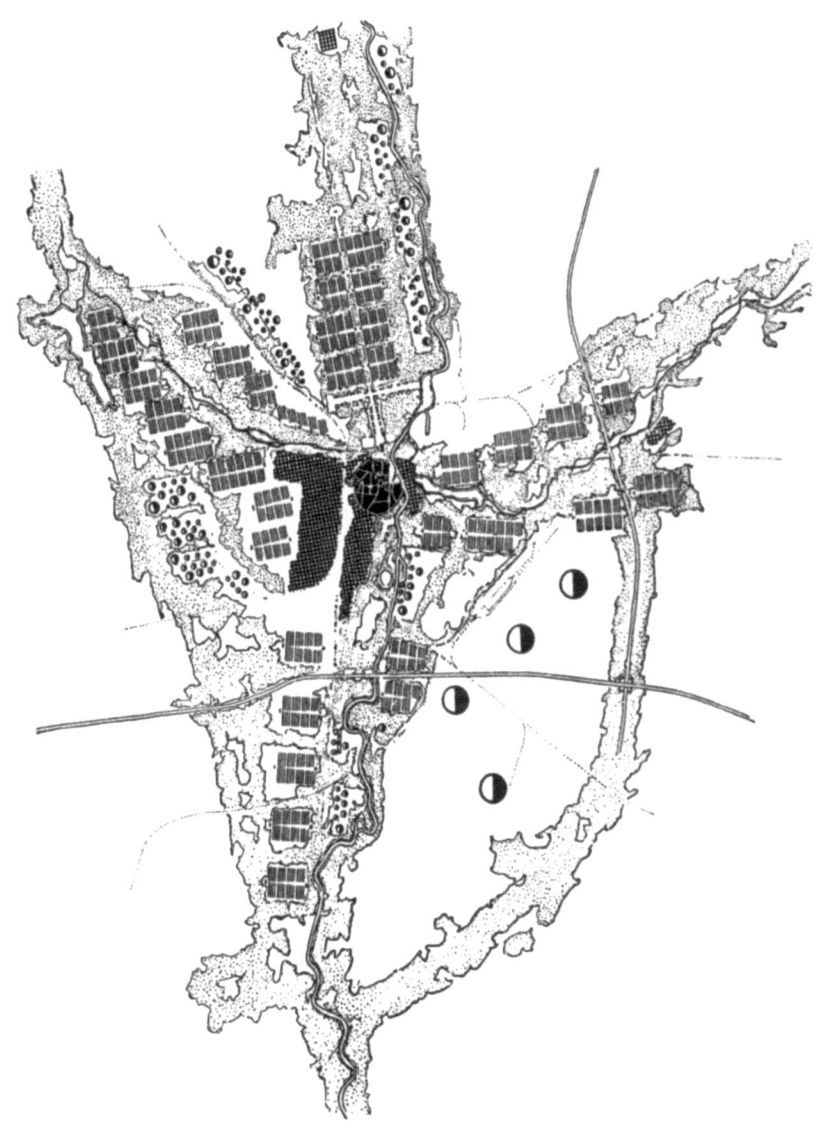

Posen: Entwurf zur Gestaltung der Stadtlandschaft von Hans Bernhard Reichow, um 1943.
Quelle: Hans Bernhard Reichow, Organische Stadtbaukunst, Braunschweig 1948, 61

ins Stadtplanungsamt von Posen. Jedenfalls erinnert sich Piotr Zaremba[297], der dort als zwangsverpflichteter Zeichner arbeiten mußte, nicht an einen solchen Plan. Er bekam ihn auch nicht zu sehen, als er Reichow 1964 in Hamburg besuchte. Während das Stadtplanungsamt seine Arbeit in Posen 1943 und 1944 auf den Entwurf von Behelfshaussiedlungen beschränkte, arbeite Zaremba mit einer Gruppe von polnischen Architekten im Geheimen im Dezember 1944 an einer nicht minder ehrgeizigen und weitreichenden Planung.[298] Die Gliederung der Stadt in „Siedlungszellen" oder Nachbarschaften – angelsächsische Literatur hatte bereits 1943 den Weg nach Polen gefunden – war inzwischen zum Gemeingut von Planern in ganz Europa geworden. Ganz anders war jedoch von den polnischen Planern die Struktur eines zukünftigen Poznań entwickelt. Ähnlich wie in Bangerts Entwurf wurde eine konzentrische Struktur beibehalten, die Siedlungsfläche jedoch verdoppelt.

Ende Januar 1945 beschaffte sich Reichow eine Zuzugsgenehmigung nach Hamburg, so daß er Anfang Februar Stettin verlassen konnte – mit Unterlagen für Industrieplanungen im Gepäck. Piotr Zaremba wurde am 28. April 1945 in Stettin als Bürgermeister in einer Stadt eingesetzt, aus der alle Menschen evakuiert waren.

4 Zur Kontinuität des Leitbildes „Stadtlandschaft"

Nach Zeiten der Destabilisierung der Stadt im 19. Jahrhundert, die auch die überkommene Beziehung von Stadt und Land aufkündigte, trat zu Beginn des 20. Jahrhunderts die Moderne mit dem erklärten Ziel an, in der „funktionellen Stadt" eine neue Ordnung zu realisieren. Die Charta von Athen suchte diese Ordnung zu kodifizieren, um unübersichtliche, unökonomische und unhygienische Überlagerungen zu meiden.
Über das Jahr 1933 hinaus konnten deutsche Architekten an dieser international geführten Diskussion nicht mehr teilnehmen. Als etwa Helena und Szymon Syrkus (der acht Jahre später in der Bauleitungsbaracke in Auschwitz Zwangsarbeit zu leisten hatte) 1934 ihren Entwurf für ein funktionelles Warschau (Warszawa Funkcjonalna) auf der Sitzung der CIRPAC-Gruppe in London vorstellten, war außer ihnen nur noch Rudolf Steiger aus Zürich erschienen, mit analytischen Untersuchungen, nicht mit einem fertig ausgearbeiteten Entwurf für ein funktionelles Zürich. Die deutschen Delegierten des Internationalen Kongresses für Neues Bauen, Eugen Blanck und Wolfgang Bangert (Bruder von Walther Bangert, der sechs Jahre später für Posen und Litzmannstadt planen wird), stellten dagegen ihren Entwurf für die „funktionelle Stadt" 1934 in *Wasmuths Monatsheften für Baukunst* vor. In der Erläuterung bezeichneten sie den Naturraum der Kölner Bucht als eine „Einheit", die „alle Elemente der Siedlung zu einer gemeinsamen Ordnung"[299] zusammenfasse. Im Zusammenhang dieser exemplarischen und zugleich hypothetischen Planung tauchte der der Humangeographie entlehnte Begriff „Stadtlandschaft" erstmals auf, um „Einheit" und „gemeinsame Ordnung" zu beschwören – Ziele, die landauf, landab im Zuge der nach der nationalsozialistischen „Machtergreifung" unter Architekten ausgebrochenen Planungseuphorie in den darauffolgenden Jahren immer wieder benannt wurden.
Unter dem Titel „Stadt und Land" formulierte 1938 in der Zeitschrift *Raumforschung und Raumordnung* Heinrich Dörr von der Reichsstelle für Raumordnung die Forderung nach einer spezifisch „deutschen Stadtlandschaft", die „eine organische Weiterbildung zum vielgliedrigen, alle

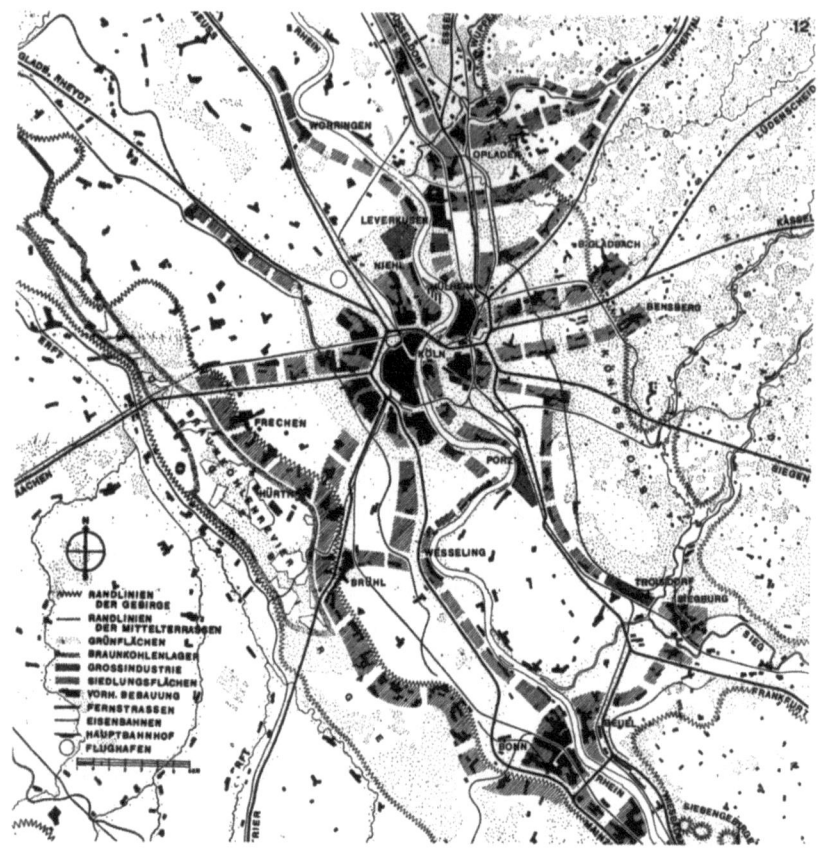

Entwurf zu einem „Gesamtsiedlungsplan der Kölner Bucht" von Wolfgang Bangert und Eugen Blanck, 1934: „Die natürliche Gliederung bestimmt die Gestalt der Siedlung. Die aufgelockerte Altstadt liegt im Mittelpunkt der Stadtlandschaft. Die neuen Siedlungsflächen folgen den Ufern des Rheins, den geschützten Hängen des Vorgebirges und den Tälern des Bergischen Landes in den Hauptrichtungen der Ausfallstraßen." Quelle: Wasmuths Monatshefte für Baukunst, 1934, 47

Funktionen aufnehmenden Stadtkörper" sein werde. Nun war es jedoch bereits das „lebensgesetzliche Betrachtungs- und Gestaltungsprinzip des Nationalsozialismus", das zur Bildung eines „vielseitigen und gegliederten Stadtorganismus"[300] führen sollte.

Konkret schlug sich das neue Leitbild von der Stadtlandschaft erst 1940 in Planungen für Stettin und Hamburg nieder. Für Stettin agierte Hans Bernhard Reichow, dort Leiter des Hochbauamtes, mit einer aus eigener Initiative erarbeiteten Denkschrift, die „das Ganze umfassende Gestaltungen" verlangte, wo sich doch „das Denken und Handeln des Führers wie ein klärendes Gewitter auf ästhetisierende Bestrebungen und analysierende Wissenschaft im Städtebau"[301] ausgewirkt habe. In Hamburg war es Konstanty Gutschow, der mit seinem Studienfreund aus Danziger Zeit, Reichow, und seinem Bremer Kollegen Wilhelm Wortmann, mit dem er 1927 im Büro von Fritz Schumacher gearbeitet hatte, nach der Unterzeichnung des Waffenstillstandes in Compiégne im Juni 1940 die Konturen einer Stadtlandschaft entwarf.

Wortmann entwickelte daraufhin ähnliche Gedanken für Bremen, die er anläßlich der bereits erwähnten Tagung der Deutschen Akademie für Städtebau, Reichs- und Landesplanung in Zoppot am 11. Dezember 1940 vortrug. Ulrich Greifelt, der Leiter der Dienststelle des Reichskommissars für die Festigung deutschen Volkstums (Himmler), stellte im Eröffnungsreferat weitreichende Bezüge her, um Stadtplaner und Architekten in den Dienst der beabsichtigten „Eindeutschung" des Ostens zu stellen. Wortmann zufolge ging es um eine „totale Gesundung der Stadt", die dazu beitrage, „den Untergang an der Großstadt, dem seit Jahrtausenden die Völker zum Opfer gefallen sind, für das deutsche Volk zu verhüten". Auf dieser Basis bewegte sich 1943 auch Hans Stosberg mit seinen Erläuterungen zum Generalbebauungsplan für Auschwitz: „Die organische Gestaltung des Raumes" sollte „die gesamte Stadtlandschaft erfassen", um so „deutschen Menschen einen Boden zu bereiten". Reichow ging noch einen Schritt weiter. Ab 1943 arbeitete er nach der Erprobung des Leitbildes am Beispiel Posens an einem Buch, das zum Manifest der neuen Stadtvision werden sollte. Die Idee der Stadtlandschaft, die auf einer freigebombten Topographie sich ungehindert entwickeln würde, trug fortan religionsähnliche Züge. Nicht die Zuordnung von Funktionen stand im Vordergrund, sondern die Verknüpfung von Siedlungszellen in einem für überzeitlich erachteten Modell. Reichow zufolge würde die Stadtlandschaft „Einheit und Ganzes von bleibendem, unwandelbaren Charakter"[302] sein, eine „wunderbare städtebauliche Einheit von ewiger Dauer".

Analog Saul Friedländers These vom „Erlösungsantisemitismus", mit dem die Nazis durch die Vertreibung und Vernichtung der Juden ins Paradies einzuziehen hofften, könnte man in ähnlicher Weise von einer utopischen Dimension des Städtebaus sprechen: Erlöst von den Fesseln der „Ballung" und der „Masse", würde aus den Trümmern ein Paradies entstehen.
Etwa zur gleichen Zeit stellte Otto Völckers in dem Buch *Dorf und Stadt*, das 1942 mit dem Untertitel *eine deutsche Fibel* erschien, apodiktisch fest, „die deutsche Großstadt oder Großstadterweiterung" werde „nicht wieder zur ufer- und formlosen Steinwüste auseinanderfließen, sondern sich aus ‚Siedlungszellen' zusammensetzen, von denen jede (im Unterschied zu heutigen ‚Vororten') nach Umfang, Bebauung und Wohndichte planmäßig umgrenzt sein und eine in sich lebensfähige und künstlerisch sinnfällig faßbare Einheit bilden soll"[303].
Der Zusammenhang und Widerspruch zwischen Zerstörung und Mord, von Luftangriffen und Not einerseits und dem Festhalten an angeblich ewig gültigen Ordnungsmodellen ist bis heute nicht hinreichend gewürdigt worden.
Wollten die Architekten dieser Generation mit Visionen rechthaberisch untergehen, oder glaubten sie tatsächlich, das räumliche Ordnungsmodell der Stadtlandschaft sei ganz systemunabhängig auch für jede andere Gesellschaftsform gültig? Vieles deutet darauf hin, daß Architekten glaubten, die politisch befriedete und von Ambivalenzen befreite Volksgemeinschaft werde trotz aller Niederlagen jeglichen Ausgang des Krieges überdauern. Das Ende des Krieges wurde deshalb auch nur als ein „Zusammenbruch" erlebt, nicht aber als ein Einschnitt, der zur Überprüfung oder gar Revision der Arbeitshypothesen hätte führen können
Auch die hinter der Idee der Stadtlandschaft stehenden Wunschbilder und Sehnsüchte sind noch längst nicht hinreichend aufgedeckt. Auf eine bemerkenswerte Evidenz wies vor wenigen Jahren Simon Schama in seinem Buch *Landscape and Memory*[304] hin. Seine Betrachtungen legen nahe, einen direkten Zusammenhang zwischen der im „deutschen Osten" immer wieder geforderten „artgerechten" Siedlung und den Aktivitäten der 1935 von Himmler gegründeten Organisation „Ahnenerbe"[305] zu suchen.
Zahlreiche Anthropologen, Archäologen, Ethnologen und Philologen hatten im Auftrag Himmlers die historische und biologische Überlegenheit des Germanentums nachzuweisen sich bemüht. Die Suche nach den Ursprüngen weckte ungeahnte Begehrlichkeiten. Anläßlich des Besuches von Mussolini 1936 in Berlin erwartete Hitler die Überlassung des einzigen überlieferten Manuskriptes der im Jahre 98 von Tacitus verfaßten Schrift

über den *Ursprung und die Siedlungsgebiete der Germanen (De origine et situ Germanorum)*. Ein Sturm der Entrüstung zwang Mussolini dazu, seine anfängliche Zustimmung zurückzunehmen. Jahre später gelang es Himmler, das Manuskript zu entleihen und in einer als zuverlässig erachteten Edition zu veröffentlichen. Im Vorwort[306] schreibt Himmler 1943, „die Zukunft gehöre denen, die im Bewußtsein des Ursprungs ihrer Rasse" lebten.
So wenig, wie das Vorrücken der Roten Armee das Festhalten an „artgerechter Siedlung" im Warthegau bis zum Februar 1945 verhinderte, konnte die Landung der Alliierten auf Sizilien die Emissäre der SS nach der Absetzung Mussolinis daran hindern, Tacitus' Urschrift zu suchen.
Im Herbst 1943 – etwa in den Tagen, als Albert Speer Hitler den Erlaß zum Wiederaufbau bombenzerstörter Städte unterschreiben ließ und in Auschwitz die Vernichtungsmaschinerie auf Hochtouren lief, ließ Himmler den Palazzo Belani in Fontedamo vergeblich auf den Kopf stellen: Das Manuskript wurde nicht gefunden.
Nahezu fünfhundert Jahre zuvor war die „Germania" in Hersfeld gefunden und 1496 in Nürnberg gedruckt worden. Kurz darauf wurde Tacitus' Schrift zur Waffe gegen den Papst und Rom gemacht: Die organische Lebenswelt des deutschen Waldes stand gegen die tote Welt römischer Mauern. Doch mußte dieser Gegensatz im Zuge einer „kulturellen Wiederaufforstung", so Schama, erst konstruiert werden. Während Tacitus noch von einer brutalen Wildnis berichtete, galt der Wald nun als ein Hort von Gesundheit und Wohlstand. Und Wälder existierten angeblich in einer harmonischen Beziehung zu den Städten. Vielleicht suchte Himmler an diesem Punkt anzuknüpfen: Im „Bewußtsein des Ursprungs" schien die Rückkehr in den Wald oder doch zumindest die Bindung an die Scholle Erlösung zu verheißen. Mit der Idee der Stadtlandschaft war die geeignete Formel gefunden.
Wortmanns „Untergang an der Großstadt" war offensichtlich ein Schreckgespenst mit langer Vorgeschichte. Über Jahrhunderte hinweg war die Stadt das Sinnbild für Dekadenz und Tod. Nationalsozialistischer, „lebensgesetzlicher" Städtebau drängte zurück zum Ursprung und suchte die Stadt mit der Landschaft zu versöhnen. Die Wortbildung „Stadtlandschaft" demonstriert „sinnfällig" (ein Wort, das Reichow besonders gern einsetzte) diese Vorstellung. Himmler hatte es vermocht, nationalistische Sehnsüchte zu bündeln und antiurbane Ressentiments zu schüren. „Menschen und Sachen" mußten geordnet werden, um eine fiktive „Einheit" herzustellen, für die auch der Begriff „Stadtlandschaft" steht.

Die Idee der Stadtlandschaft überlebte das Ende des Krieges tatsächlich nahezu uneingeschränkt und trat als Leitbild erst gegen Ende der fünfziger Jahre im Zeichen einer neuen Sehnsucht nach Urbanität in den Hintergrund. Und wieder war es Wortmann, der den Paradigmenwechsel wortreich begleitete. 1961 wollte er lediglich eine „übersteigerte Natursehnsucht" für die negativen Auswirkungen des Leitbildes der Stadtlandschaft verantwortlich machen und forderte nun seinerseits eine „Re-Urbanisierung"[307].

Im Osten hatten die Architekten erst angesichts der russischen Offensive ihre Pläne zusammengerollt und zu retten versucht. Auf dem Papier schrumpften die Visionen zu gespenstischer Bedeutungslosigkeit. Vielleicht sorgte dies dafür, daß den Planungen vom Internationalen Militärgerichtshof in Nürnberg allein ein „wissenschaftlicher Charakter" zugebilligt wurde. Die Freisprechung Konrad Meyers 1948 in Nürnberg hatte jedoch nicht unbedingt Signalcharakter; denn kein einziger der Architekten und Planer wollte seine Rolle als „Vordenker der Vernichtung" erkennen. Hadernd trugen sie ihr Selbstverständnis deshalb durch die kargen, bisweilen von Zwangsarbeit bei der Trümmerräumung gekennzeichneten Jahre, um es im Westen Deutschlands – wenn auch „entnazifiziert" – zur Geltung zu bringen. Wohlgemerkt: Keiner derjenigen, die bei Leys Deutscher Arbeitsfront, beim Generalbauinspektor Speer, bei der Reichsstelle für Raumordnung oder beim Reichskommissar für die Festigung deutschen Volkstums tätig gewesen war, ließ sich im Osten Deutschlands nieder.

Von anfänglicher Ratlosigkeit zeugten die Sitzungen des Hamburger Arbeitsausschusses für Stadtplanung im September 1945. Lapidar stellte man fest, das Konzept der „Ortsgruppe als Siedlungszelle" sei nicht mehr gültig. Die Suche nach einem zellenartigen Aufbau der „organischen" Stadt war damit aber nicht aufgegeben. Der Arbeitsausschuß fordert „geistige Zusammenhänge zu entwickeln; denn ohne ihre Grundlage" könne „auch der Stadtplaner keine natürliche Wachstumszelle entwickeln". Vorsichtig wurde spekuliert, die Kirche könne „kulturelle Trägerin des wirklichen Lebens"[308] werden. Bis 1950 war allerdings die Suche nach Werten und Bildern, die sich zu „Ordnungsgedanken" verdichten sollten, spürbar abgeebbt. So gesehen, handelte es sich um einen Anachronismus, als 1957 das Buch *Die gegliederte und aufgelockerte Stadt* erschien. Es geriet zu einem nahezu nostalgischen Rückblick zu einem Zeitpunkt, als Wortmann bereits vom Ende der Phase des quantitativen Wiederaufbaus sprach und Hillebrecht in Hannover im Ergebnis eine „verpaßte Chance"[309] zu erkennen glaubte. Die Autoren der späten Schrift, Johannes Göderitz, Hubert Hoff-

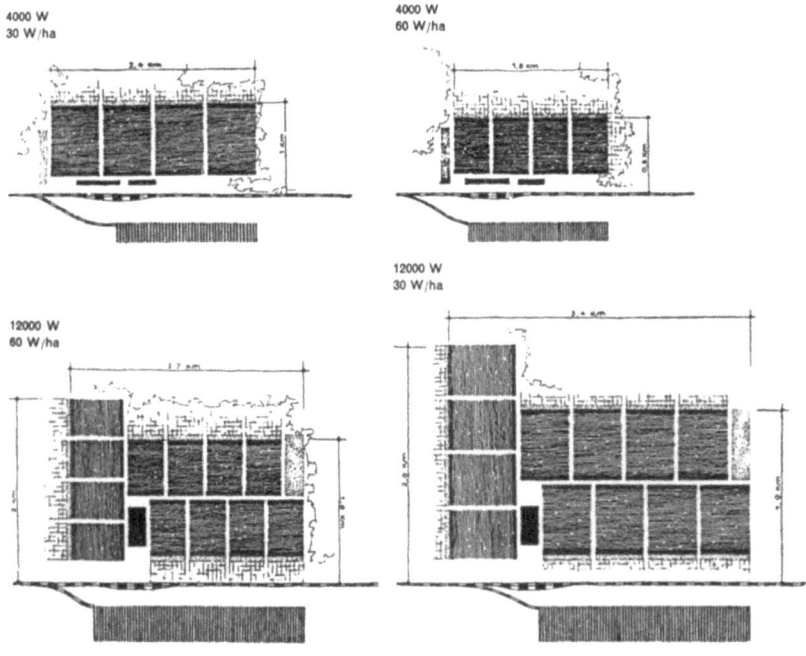

Die *gegliederte und aufgelockerte Stadt*. Abbildung aus der 1957 von Johannes Göderitz, Roland Rainer und Hubert Hoffmann publizierten Schrift. Die Erläuterung lautet: „Eine Nachbarschaft von 1000 Wohnungen bedeckt bei einer Wohnungsdichte von 30W/ha Nettobauland (das sind 20 oder 22 W/ha Bruttowohnbaugebiet) einschließlich aller Gemeinschaftsanlagen eine Fläche von 50 ha. [...] Setzt man 4 Nachbarschaften zu einer Stadtzelle zusammen, so ergibt sich ein Stadtgebiet, das bei einer Dichte von 30 W/ha Nettowohnbauland rund 2,4 km, bei 60 W/ha rund 1,8 km lang und rund 0,8-1 km breit ist. Auch hier sind die übergeordneten, allen Teileinheiten gemeinsamen Gemeinschaftsanlagen noch zu Fuß erreichbar. Eine gegliederte und aufgelockerte Stadt von rund 4000 Wohnungen = 16 000 Einwohnern bedarf also keiner öffentlichen Verkehrsmittel. 3 Stadtzellen bilden zusammen einen Stadtbezirk, der als selbständige Einheit den wichtigen und häufigen Typus der Kreisstadt verkörpern kann." In der im Januar 1945 erschienenen Ausgabe des Buches findet sich im identischen Text „Stadtkleinzelle" statt „Nachbarschaft", eine „Stadtzelle" war eine „Stadtmittelzelle". Quelle: Die gegliederte und aufgelockerte Stadt, 1957, S. 71, 1945, S. 49

mann und Roland Rainer, hatten ja auch nur eine alte Akte aus dem Hut gezaubert. Nur geringfügige Änderungen und eine Entnazifizierung des Vokabulars waren nötig gewesen, um ein Buch zu publizieren, dessen erste Auflage im Januar 1945 in Burg bei Magdeburg gedruckt, wenige Tage darauf aber in Berlin verbrannt worden war. Bereits vor zwanzig Jahren fand der Berliner Architekturhistoriker Jonas Geist eines der wenigen erhaltenen Exemplare im Nachlaß von Hans Scharoun im Archiv der Akademie der Künste[310] in Berlin.
Göderitz hatte mit dem Büro der Akademie für Städtebau, Reichs- und Landesplanung noch bis Anfang Februar 1945 in einem Ausweichquartier jenseits der Oder unbeirrt an den Konturen einer „organisch gegliederten, aufgelockerten Stadt" gearbeitet. Im Juli 1945 hatte er dann als Stadtbaurat von Braunschweig erstmals die Möglichkeit, eine Stadt, das „bauliche und räumliche Gefäß des menschlichen Lebens", in „überschaubare Einheiten organisch" zu ordnen und dadurch, wie er erläuterte, zu „organisieren"[311]. Zur Seite stand ihm im Stadtplanungsamt Helmut Döscher, der sich noch zwei Jahre zuvor um die Besiedlungsdichte von Auschwitz gekümmert hatte. Auch Hermann Roloff, der im November 1939 Auschwitz in den „Kranz der deutschen Städte" des oberschlesischen Industrieraumes eingereiht hatte, strich 1956 in einer Schrift über die „Aufgaben der Bundesraumordnung" noch einmal die Bedeutung der Stadtlandschaft heraus: Das „Idealbild der modernen Großstadt" decke sich, so Roloff, „weitgehend mit dem Idealbild des städtebaulichen Luftschutzes"[312]. Das hätten die Erfahrungen des letzten Krieges hinreichend bewiesen. Wie sehr der Luftkrieg die Erfahrungen und damit auch die konkreten „Wunschbilder" dieser Generation von Architekten geprägt hatte, ist heute, da niemand mehr von Luftschutz redet, schon fast vergessen. Dabei wurde 1951 in der Zeitschrift *Bauen und Wohnen* ganz ernsthaft über das Thema „Städtebau im Atomzeitalter"[313] geschrieben – mit dem erklärten Ziel, der sich horizontal entwickelnden Stadtlandschaft Raum zu verschaffen: „Da die atomaren Gefahrenmomente lawinenartig mit der Stockwerk-Anzahl zunehmen, wird sich der Städtebau in Zukunft horizontal und nicht vertikal weiterentwickeln müssen." Da macht sich offenbar ein „Experte" bemerkbar, denn nun wird empfohlen, beim Bau von Häusern „Terrassen-Aufschüttungen als Luft- und Hitzewellen-Sprungschanzen" einzuplanen. Schließlich werde „die Bodengestaltung als Schutzfaktor [...] in Zukunft hohe Beachtung finden".
Neben Architekten und Stadtplanern waren vor allem Raumplaner – der Ausbildung nach Soziologen, Geographen und Juristen – von der Vorstel-

lung fasziniert, in einem als „gestaltlos" erachteten Raum wirksam zu werden. 1935 als Profession eingerichtet, hatte die Raumplanung von vornherein politische Aufgaben zu erfüllen. Anlaß der Begründung der Reichsstelle für Raumordnung war die Suche nach geeigneten Truppenübungsplätzen. Ab 1939 waren Raumplaner integraler Teil der nationalsozialistischen Ostfeldzüge; Ideologen und Praktiker dessen, was im Partei- und Staatsjargon „Eindeutschung" hieß.
Der siebenundvierzigjährige Nationalökonom Walter Christaller war Assistent am Kommunalwissenschaftlichen Institut in Freiburg, als er 1940 die „Gliederung der Verwaltung" im „deutschen Ostraum" auf der Basis des von ihm maßgeblich entwickelten Modells der „zentralen Orte" zu realisieren versuchte. Wenige Monate zuvor hatte der SS-Brigadeführer Wilhelm Stuckart in einem gerade erschienenen Standardwerk zum „organisatorischen Aufbau" von „Stadt und Verwaltung"[314] den weiteren Rahmen ausgreifender Raumplanung abgesteckt, denn Adolf Hitlers Führung habe dazu geführt, „eine Neuordnung Europas, ja der Welt einzuleiten".
„Neuordnung der Machtverhältnisse" hieß Neuordnung des Raumes. Für sie waren „Ordnungsmodelle" erforderlich. An deren Verfeinerung arbeitete Christaller unermüdlich weiter. In der Wortwahl unverändert und immer noch auf Europa zielend, legte er noch zehn Jahre später, 1950, einen Beitrag mit dem Titel *Das Grundgerüst der räumlichen Ordnung in Europa*[315] vor, dessen Aufgabe es sei, so Christaller in der Einleitung, für „Europa eine bestimmte räumliche Ordnung" zu skizzieren, nicht zuletzt um dadurch „gerade auch das Nichtgeordnete, das Ordnungswidrige erkennbar" zu machen. Die Analyse ermögliche, „Hinweise auf Um- und Neuzuordnendes" zu geben: So werde „man dem Ideal der Ordnung oder der idealen Ordnung, der dringenden Aufgabe unserer Gegenwart, näherkommen"[316].

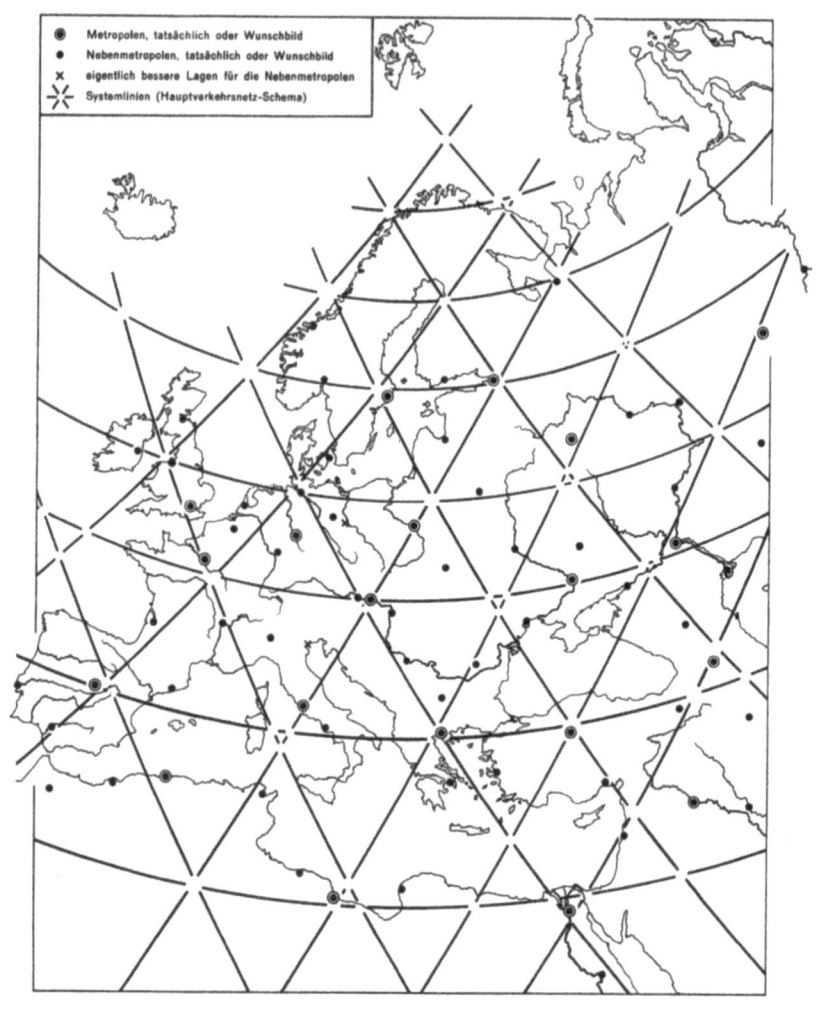

„Die zentralörtlichen Systeme der Metropolen in Europa", eingebunden in ein Netz von „Systemlinien (Hauptverkehrsnetz-Schema)", das auf der Bildung von Dreiecken beruht. Entwurf von Walter Christaller, 1950. Quelle: Das Grundgerüst der räumlichen Ordnung in Europa, in: Frankfurter Geographische Hefte, 24. Jg., H. 1, 1950, Karte 2

5 Biographischer Anhang

Architekten, Ingenieure und Planer in und um Auschwitz
Stellvertretend für die vielen Architekten, die zwischen 1940 und 1944 in und um Auschwitz agierten, werden im folgenden sechs Biographien vorgestellt, um einen Zusammenhang zwischen Lebensweg, Ausbildung und Karriere herzustellen. Santo (*1891), Anders (*1892), Kammler (*1901), Fischer (*1902) und Stosberg (*1903) gehören zur Gruppe der Älteren, von denen allein Kammler als Sohn eines Oberst der Infanterie noch 1919 beim Grenzschutz Ost in Danzig gedient hatte. Hartjenstein (*1908) und Froese (*1911) treten der SS schon 1933, Ertl (*1908) erst 1938 bei, nur Froese gibt sich als glühender Verfechter des Nationalsozialismus. Ertl kommt eher durch einen Zufall zur Bauleitung nach Auschwitz. Hartjenstein erweist sich mit einer chronischen Angina als untauglich für die Front: Zweimal wird er ins Stabshauptamt der SS nach Berlin abgeordnet, wo er als Architekt gefragt ist. Schließlich gelingt ihm sogar die Versetzung nach Düsseldorf, wo er bei einem ehemaligen Assistenten von Paul Schmitthenner Visionen für die Zukunft der zerstörten Stadt ersinnt.
Deutlich wird, daß der Technischen Hochschule Stuttgart die größte Bedeutung bei der Ausbildung zukommt. Ziegler macht dort 1926 Diplom, Liedecke 1928, Hartjenstein 1937. Kammler promoviert 1932 in Hannover, Stosberg 1933. Ernst Vetterlein hatte an der dortigen Technischen Hochschule als Lehrer im Städtebau offenbar eine Bedeutung, die in der Geschichte des Städtebaus bisher kaum richtig eingeschätzt wird.
Daß Fritz Ertl von 1928 bis 1931 am Bauhaus in Dessau studierte, zeigt, daß auch eine „fortschrittliche Erziehung" nicht davor bewahrte, zu einem Parteigänger des Nationalsozialismus zu werden. Ertl tritt gleich nach dem „Anschluß" Österreichs im April 1938 der SS bei und wird unmittelbar darauf Mitglied der NSDAP. Kammler ist bereits 1932 Parteimitglied, Richert, Froese und Fischer treten „rechtzeitig" in die Partei ein, zum 1. Mai 1933, während Ziegler und Stosberg ihr Einverständnis erst vier Jahre später bekunden zu einem Zeitpunkt, als viele Architekten in die Partei eintreten.
Prägender als die Ausbildung und die Parteimitgliedschaft sind für zahlreiche Planer die Lehrjahre in der Reichsstelle für Raumordnung, die im Juni

1935 begründet wird, um die Bedürfnisse der Wehrmacht im Zuge der Aufrüstung durchzusetzen. Der neue Begriff „Raumordnung" erhielt 1940 im Rahmen des „Generalplans Ost" eine imperiale Dimension, der sich nicht nur die „Generalreferenten für Raumplanung", sondern auch die Bezirks- und Stadtplaner verschreiben. 1935 sind Kammler, Ziegler und Richert gleichzeitig am Aufbau der Reichsstelle für Raumordnung beteiligt, der in Gießen in Volkswirtschaft gerade promovierte Froese folgt 1936 zur Reichsarbeitsgemeinschaft für Raumforschung, die seit Dezember 1935 die Arbeit von 42 regionalen Arbeitsgemeinschaften bündelte.

Sechs Jahre später agieren alle sechs und zudem Gerhard Ziegler in gegensätzlichen Positionen: entweder, um dem Konzentrationslager oder einer „Heimat für deutsche Menschen" Raum zu verschaffen. Ziegler vertritt die dem Gauleiter zugeordnete oberste Planungsbehörde und akzeptiert dabei ebenso wie der ihm nachgeordnete und dem Regierungspräsidenten verantwortlichen Froese Existenz und Raumansprüche des Konzentrationslagers. Stosberg und Fischer vertreten die Erwartungen und Ansprüche des Reichsarbeitsministeriums und der I.G. Farbenindustrie an eine „organische" Stadtentwicklung, Kammler setzt unerbittlich die wirtschaftlichen Interessen des Wirtschafts-Verwaltungshauptamtes der SS durch, der „Häftlingseinsatz" verspricht Gewinn. Dem ist die Planungsarbeit seines Mitarbeiters Hartjenstein ebenso untergeordnet wie die Entwurfsarbeit und Bauleitung von Ertl in der „Zentralbauleitung der Waffen-SS in Auschwitz".

Clemens Anders
Geboren am 2. Juli 1892 in Ludwigshafen am Rhein. Nach dem Besuch der Volksschule in Ludwigshafen und der Mittelschule in Ludwigshafen und Mannheim erlernt er von 1908 bis 1913 den Beruf des Schreiners und legt nach einer Volontärtätigkeit in München an der Gewerbeschule in Mannheim die Meisterprüfung ab. Kurze Zeit darauf studiert Anders an der Akademie in München drei Jahre in der Architekturklasse von Richard Berndt. Nach dem ersten Weltkrieg bildet er mit dem um zwei Jahre älteren Max Wiederanders, der später zur Neuorganisation und Leitung der Gewerbeschule für holzbearbeitende Berufe in München berufen wird, eine Arbeitsgemeinschaft. Zum 21. Februar 1921 (fünf Jahre vor Max Fischer und ein Jahr vor Camill Santo) wird er Mitarbeiter der Bautechnischen Abteilung der I.G. Farbenindustrie, die später in Technische Abteilung umbenannt wird. Anders ist seit den späten dreißiger Jahren für die Gestaltung von Siedlungen zuständig, 1939 entstehen nach seinem städtebaulichen Ent-

wurf die Bereitschaftssiedlungen des Bunawerkes in Marl und der Hydrierwerke in Pölitz (Police) bei Stettin (Szczecin). Bereits in der ersten Baubesprechung für das „I.G.-Werk Auschwitz" am 24. März 1941 in Ludwigshafen stellt Camill Santo fest, Anders werde für die Planungen der Wohnungen in Auschwitz „abgestellt". Bis Ende Mai mußte noch die Genehmigung für die Planung der „Werks-Siedlung" durch die Gewoge (Gemeinnützige Wohnungsbaugesellschaft Ludwigshafen) erwirkt werden. Dann erarbeitet Hans Stosberg bis Ende August gemeinsam mit Anders die Planung, während Anders im Juni Stosbergs Entwurf für das Gasthaus am Ring umzeichnet.

Nach dem Zweiten Weltkrieg ist Anders bis zu seiner Pensionierung am 30. September 1957 an Siedlungsplanungen der BASF maßgeblich beteiligt. Clemens Anders stirbt am 9. Januar 1966 in Worms.

Quelle: Unternehmensarchiv der BASF Aktiengesellschaft in Ludwigshafen

Fritz Ertl

Im Kontext der Tätigkeit von Architekten und Planern in Auschwitz und an anderen Orten des „eingedeutschten" Ostens stellt sich die Frage nach einer Mitschuld bei Evakuierung, Vertreibung und Mord. Albert Speer ist zwar vom Internationalen Militärgerichtshof verurteilt worden, der Todesstrafe entging er jedoch mit der Behauptung, von der Vernichtung der europäischen Juden nichts gewußt zu haben. Erst in den neunziger Jahren konnte seine Mitwirkung an der „Entjudung" Berliner Wohnbezirke belegt werden. Hans Kammler entging der Verurteilung durch Selbstmord. Allein in den Prozessen gegen Ertl und Dejaco sowie gegen Konrad Meyer, die mit Freisprüchen endeten, wurde der Frage nach der Schuld nachgegangen. Am 10. März 1948 wurde Konrad Meyer-Hetling vom Internationalen Militärgerichtshof Nürnberg zwar für seine Mitgliedschaft in einer verbrecherischen Organisation, der SS, verurteilt, nicht jedoch für seine Mitwirkung an der Vertreibung von Polen und Juden im Zuge der Verwirklichung des „Generalplans Ost". Die Anklage hatte argumentiert, daß „Planung, Aussiedlungen und Umsiedlung Hand in Hand gingen" (Rössler 1993, S. 358). Demgegenüber machte die Verteidigung geltend, daß es sich um „rein fachliche theoretische Planungen" handelte. Josef Umlauf verstieg sich als Zeuge sogar zu der Aussage, es habe sich um "Wunschbildplanungen" gehandelt, die keine praktischen Auswirkungen gehabt hätten. Ähnlich bezeichnete Heinrich Wiepking-Jürgensmann die Arbeit Meyers als "ausgesprochene Friedensarbeit". Zudem glaubte er bei Meyer "die Achtung vor der

Heiligkeit des Lebens und des Leides [...] herausgefühlt" zu haben (Gröning/Wolschke-Bulmahn 1987, S. 219). In einer Aussage (überliefert im Nachlaß Max Fischer) im Prozeß gegen Fritz ter Meer, Mitglied des Zentral-Ausschusses des Vorstandes der I.G. Farbenindustrie, schreibt Wiepking-Jürgensmann, er "habe allerdings niemals ein K.Z. besucht und auch sonst während der Nazizeit kaum etwas von den Vorgängen in solchen gehört". Ähnlich wie der Architekt Friedrich Tamms schlug Wiepking-Jürgensmann daraus Kapital, daß er nie Mitglied in der NSDAP gewesen war.

Vierundzwanzig Jahre später wurde in Wien erneut die Frage nach der Mitschuld von Architekten gestellt. Diesmal ging es nicht um „Planung", sondern ganz konkret um den Bau der Krematorien, die im Herbst 1941 von Georg Werkmann im Hauptamt Haushalt und Boden in Berlin entworfen und von Ertl und Dejaco in der Zentralbauleitung in Auschwitz umgeplant wurden und im April 1943 ihren Betrieb aufnahmen.

Lebenslauf
Heidelager, Post Pustkow G.G., den 27. Juni 1943
Am 31. 8. 1908 wurde ich als Sohn des Baumeisters Josef Ertl (gest. 21.5.35 im Alter von 66 Jahren) und der Agathe geb. Becker in Breitbrunn bei Linz/Donau geboren. Ich bin deutscher Staatsangehöriger und gottgläubig. Meine kleine SS-Ahnentafel habe ich bei der Aufnahme in die allgemeine SS beigebracht.
Ab 1915 besuchte ich die Volksschule in Thening, anschließend von 1919-1923 die Unterrealschule in Linz/Donau und hierauf von 1923-1927 die Bundeslehranstalt für Hochbau in Salzburg. Während der Ferien erlernte ich das Maurerhandwerk und war nach Ablegung der Reifeprüfung im Jahre 1927 als Bauführer im väterlichen Geschäft tätig. Von Ostern 1928 bis Ostern 1931 besuchte ich die Architekturabteilung des Bauhauses in Dessau, war jedoch in der Zwischenzeit 1 Jahr als Bauleiter in Wien tätig, um gleichzeitig meine Praxis zu vervollständigen. Nach Erlangung des Diploms im Jahre 1931 war ich im väterlichen Baugeschäft in Linz tätig, legte im Jahre 1934 die Baumeisterprüfung ab und übernahm nach dem Tode meines Vaters am 21.5.1935 gemeinsam mit meinem älteren Bruder das väterliche Baugeschäft. Dort war ich bis zu meiner Einberufung am 15.11.1939 zur Waffen-SS beruflich tätig.
Im April 1938 trat ich der Allg. SS bei und wurde am 1. Mai 1938 in die NSDAP aufgenommen. Dort war ich im Wirtschaftsbeirat der Kreisleitung Linz-Stadt als Sachbearbeiter Bauwesen tätig.

Am 15.11.1939 wurde ich zur Waffen-SS eingezogen und beim 8. SS-T. Inf. Rgt. in Krakau ausgebildet. Von dort aus wurde ich am 27.5.1940 zur SS-Neubauleitung K.L. Auschwitz kommandiert und am 30.11.1940 zum Verwaltungsamt-SS versetzt (SS-W.V.H.-Amt).
Bei der Bauleitung war ich vorerst als Sachbearbeiter für Hochbau und seit Jänner 1942 als stellvertretender Dienststellenleiter tätig.
Am 20.4.40 wurde ich zum SS-Sturmmann u. am 20.4.1941 zum SS-Rottenführer ernannt, am 1.10.1941 zum SS-Unterscharführer befördert. Aufgrund meiner Dienststellung wurde ich mit Wirkung vom 1.1.42 zum Fachführer SS-Ustuf (F) ernannt.
Mit Wirkung vom 25.1.43 wurde ich vom SS-WVH-Amt als Fachführer entlassen und mit meinem früheren Dienstgrad – SS-Uscha [Unterscharführer] – zur SS-Pionierschule Hridinstko versetzt. Von dort zur Vervollständigung der Truppenausbildung vorerst zum Pi.E.Btl. 1 Dresden, hierauf zum SS-Pz. Gren. Ausf. u. E. Btl. 3 Warschau und dann zurück zum Pi.E. Btl. 1 Dresden versetzt. Am 4.5.43 kam ich zum Pi.Btl./SS-Kav. Div. SS-Tr. Üb. Heidelager und bin hier dem Stab zugeteilt.
Mein jüngerer Bruder ist Obergefreiter bei der Luftnachrichtentruppe, mein älterer Bruder zur Zeit als Betriebsleiter UK gestellt.
Familienstand ledig, ein außer der Ehe geborenes Kind (männlich) habe ich zu erhalten. Meine Vermögensverhältnisse sind geordnet.
Fritz Ertl, SS-Uscha
Quelle: Lebenslauf, dem Rasse- und Sippe-Fragebogen beigelegt, Bundesarchiv Berlin, Außenstelle Zehlendorf (ehem. BDC)

Max Fischer
Geboren am 5. Mai 1902 in Innleiten bei Rosenheim. 1916 bis 1919 absolviert er eine Gärtnerlehre (Kunst- und Landschaftsgärtnerei sowie Gemüsetreiberei) bei der „Gräfl. Wilding von Königsbrück'schen Gutsverwaltung von Schloß Altenburg", wo er weitere drei Jahre tätig ist. Dem folgt eine einjährige Tätigkeit bei der Gross Sack Fabrik M. Niedermayr A.G. in Rosenheim. Während des Studiums an der Höheren Staatslehranstalt für Gartenbau Weihenstephan von 1924 bis 1926, das er mit der 1. Staatlichen Gärtnerischen Fachprüfung abschließt, arbeitet er als Praktikant bei der Stadtgarten-Direktion in München. Zum 1. März 1926 wird Fischer Betriebsleiter der von der I.G. Farbenindustrie in Oppau bei Ludwigshafen gegründeten pflanzenphysiologischen Versuchsstation. In den darauffolgenden Jahren besucht er Gartenbauausstellungen in Dresden, Essen, Hannover, Berlin, London, Paris und Brüssel.

Nach zwei Jahren ist er bei der I.G. Farbenindustrie auch für die Erhaltung und Pflege sämtlicher Grünanlagen des Werkes Oppau, für „die Ausschmückung des Direktionszimmers sowie die großen Dekorationen bei festlichen Anlässen in Casino und Vereinshaus" zuständig. Nach dem Diplom als staatlich diplomierter Gartenbau-Inspektor 1928 in Weihenstephan weiter bei der I.G. Farbenindustrie beschäftigt, tritt er am 1. Mai 1933 in die NSDAP ein und wird Mitglied des Nationalsozialistischen Kraftfahrkorps.

1934 gewinnt Fischer einen Siedlungswettbewerb der Deutschen Arbeitsfront (DAF) für ein Werk in Eisenberg in der Pfalz und erhält zudem den „Sonderpreis für Garten-, Boden-, und Tierplanung". Ab 1936 wird sein Aufgabengebiet auf die neuen Werke in Mitteldeutschland (Leuna, Schkopau) und „im Osten des Reiches" (Pölitz bei Stettin seit 1938, Auschwitz seit 1941) erweitert. Dreißig Jahre später erinnert sich Fischer: „Während des Krieges konzentrierte sich meine Arbeit auf den Bau von Belegschaftssiedlungen u. die Tarnung der Industrieanlagen, so daß bis zu 2000 Mann dafür im Einsatz waren. Die verheerenden Einwirkungen des Luftkrieges erforderten den vollen Einsatz für den Wiederaufbau der zerstörten Anlagen und die Planung neuer Werke."

Am 8. März 1941 immatrikuliert sich Fischer an der Landwirtschaftlichen Fakultät der Friedrich-Wilhelms-Universität Berlin und wird „im Einvernehmen mit Herrn Professor Wiepking" im April 1943 nach einem dreisemestrigen Studium „ausnahmsweise" zur Hauptprüfung für Diplomgärtner zugelassen. In der Bewerbung heißt es: „Da die nationale Erhebung eine besondere Belebung des Bau- und Siedlungsgedankens mitsichbrachte und in der Verkündung des Vierjahresplanes die Neugründung großer industrieller Werke vorgesehen war, wurden an meine Abteilung umfangreiche Gestaltungsarbeiten herangetragen. Unter diesen Aufgaben sind besonders hervorzuheben: 1. Die Planung des Großgrüns in den Industriewerken und ihren Wohngebieten; 2. Anfertigung von Lageplänen für Siedlungen, Wohngebiete und Werksanlagen in Zusammenhang mit den Bauarchitekten; 3 Planung von Freizeitplätzen und Grünanlagen innerhalb der Werke; 4. Grüngestaltung der Straßenzüge, Planung von Siedlungen, Kleinwohnungsgebieten und Einfamilienhaus-Kolonien; 5. Gestaltung von Dorfplätzen, sowie Nutz- und Ziergärten; 6. Planung und Durchführung der Werkssportfelder und Schwimmanlagen; 7. Planung und Errichtung von Werksgärtnereien zur Versorgung der Werke mit Blumen und Gemüse; 8. Tarnung von Industriewerken gegen Fliegereinsicht und Anlage von Dauerkleingärten. Z. Zt. werden 10 Werke in der genannten Richtung bearbeitet."

Im Februar 1944 schließt Fischer sein Studium mit einer Diplomarbeit über *die Grünplanung und die Gestaltung der Stadt und des Raumes Auschwitz* ab, die Direktion der I.G. Farbenindustrie teilt ihm mit Schreiben vom 15. März 1944 mit, er sei „mit sofortiger Wirkung als Diplom-Gärtner unter die Akademiker eingereiht."
Nach dem Krieg promoviert Fischer bei Heinrich Wiepking-Jürgensmann an der Hochschule für Gartenbau und Landeskultur im Jahr 1951 in Hannover mit der Arbeit *Stadtvolk und Stadtgrün - Über die Bedeutung und Gestaltung der Grünflächen in der Großstadt in hygienischer, sozialer und betriebswirtschaftlicher Betrachtung unter besonderer Berücksichtigung der Industrieorte.*
Bei einem der Nürnberger Prozesse gibt Fischer am 20. Januar 1948 eine eidesstattliche Erklärung darüber ab, daß Direktor Dr. Otto Ambros ihn beauftragt habe, „die Neuplanung der Stadt Auschwitz und insbesondere alle Fragen der Landschafts- und Gartengestaltung der Stadt und des IG Werkes Auschwitz wahrzunehmen". In der Annahme der Größenordnung habe er sich auf einen Brief von Helmut Döscher von der Prüfstelle des Reichsarbeitsministeriums vom 10. Juli 1943 bezogen.
Trotz eines Rufs als „bayerischer Staatsgärtendirektor der Verwaltung der Bayerischen Schlösser, Gärten und Seen" 1950 und eines Rufs an die Technische Hochschule München an den Lehrstuhl für Landschaftsgestaltung 1953 bleibt Fischer bis 1967 beim Nachfolgeunternehmen der I.G. Farbenindustrie, der BASF, in Ludwigshafen. 1965 bis 1966 entwickelt er ein Verfahren zur Begrünung steriler Sand- und Ödflächen mit Hilfe von Schaumstoff. 1961 wird ihm der Hans-Bickel-Gedächtnispreis für seine Verdienste um die Begrünung der Badischen Anilin- und Sodafabrik verliehen. Seit 1967 ist Fischer Ehrenmitglied des Bundesverbandes der Deutschen Gesellschaft für Gartenbaukunst,.
Max Fischer stirbt am 22. Oktober 1979 in Bad Dürkheim.
Quelle: Gespräch mit Inge Demuth, der Tochter von Fischer, am 31. Oktober 1994 in Bad Dürkheim, zahlreiche Zeugnisse und Lebensläufe (12.9.1933, 8.3.1941 und ca. 1968) aus dem Nachlaß Max Fischer

Udo Froese
Geboren am 17. Juni 1911 in Königsberg als Sohn des technischen Telegraphenbeamten Paul Froese. Dort besucht er das Reformrealgymnasium „Auf der Burg" bis 1930. Nach Versetzung des Vaters nach Gießen studiert er von 1930 bis 1934 an der Universität Gießen Staats- und Rechtswissenschaft, schließt als Diplom-Volkswirt ab und promoviert im Juni 1934

zum Dr. rer. pol.. Von September 1934 bis zum August 1935 Mitarbeiter der „Wirtschaftsforschung Lahntal" der Deutschen Forschungsgemeinschaft, dient er vom 1. November 1935 bis zum 3. Oktober 1936 freiwillig bei der Wehrmacht und wird als Gefreiter der Reserve entlassen. Im März 1933 tritt er in die SS ein, um als Pressereferent der Motor-SS-Standarte 1/83 anzugehören, am 1. April 1933 wird er Mitglied der NSDAP.
Im Rasse- und Sippe-Fragebogen von 1937 findet sich eine Notiz Froeses, die als „Glaubensbekenntnis" gelten kann und deshalb die „Haltung" eines Raumplaners beredt erläutert: „Die Gesellschaft wurde aus ursprünglichen Einzelwesen zusammengesetzt gedacht: sie leitete ihre Existenz also erst von den Einzelwesen her. Politisch hatte diese Haltung den Parlamentarismus zur Folge: so wie die menschliche Gemeinschaft als mechanische Summierung von Einzelnen erklärt wurde, wurde auch der Wille, der diese Gemeinschaft leiten muß, durch Summierung aller Einzelwillen gesucht. Kulturell entsprang daraus ein privates Psychologisieren auf allen Gebieten, das wohl in die geheimsten Kammern der menschlichen Seele drang, aber gerade dadurch alles echte Erleben und vor allem alle Gemeinschaftsbeziehung geradezu - nicht immer bewußt - zerstörte. Diese Entwicklung hätte zwangsläufig zum Abgrund, das heißt letzten Endes zur Selbstzerstörung und damit zum Untergang des deutschen Volkes führen müssen, wenn nicht die nationalsozialistische Bewegung den Wahnsinn des ‚Individualismus' erkannt und diesem volkszerstörerischen Geist den Kampf bis zum letzten Atemzug angesagt hätte. Das Kulturleben wurde nun nicht mehr von wenigen isolierten Einzelgängern getragen, sondern Kunst und Wissenschaft wurden auf die Urelemente, denen sie entsprangen: völkisches Seelentum, deutsches Blut und deutsche Erde zurückgeführt und damit erst dem Volke wiedergegeben." Froeses Ausführungen haben vor allem deshalb Bedeutung, weil sie sich nicht in einem konkreten Planungszusammenhang finden, in dem sie als Lippenbekenntnis gedeutet werden können. Es handelt sich vielmehr um eine unaufgeforderte Niederschrift von Gedanken, die seine Ehefähigkeit bekräftigen sollen.
Zum Rottenführer befördert, wird er zum 15. Dezember 1936 wissenschaftlicher Referent bei der Reichsarbeitsgemeinschaft für Raumforschung in Berlin. Von dort aus wechselt Froese zur Bezirksstelle der Landesplanung in Oppeln und, im Dezember 1939, zur Bezirksstelle in Kattowitz, die ab 1941 dem Generalreferat für Raumordnung beim Regierungspräsidenten untersteht. Froese nimmt ab Frühjahr 1941 an den Verhandlungen zwischen Regierung, SS und Landesplanungsgemeinschaft teil und unterzeichnet von 1942 bis 1943 die Pläne, die die Interessenbereiche von

Stadt und Konzentrationslager abgrenzen. Die von Hans Stosberg im März 1941 angefertigte Raumordnungsskizze Auschwitz wird in den folgenden Jahren von Udo Froese weiterbearbeitet, während Stosberg sich mit seiner Planung auf den unmittelbaren Stadtbereich beschränkt.
Quelle: Handgeschriebener Lebenslauf vom 4.7.1937, der dem Rasse- und Sippe-Fragebogen beiliegt. Bundesarchiv Berlin, Außenstelle Zehlendorf (ehem. BDC)

Lothar Hartjenstein
Geboren am 24. August 1908 als Sohn des Architekten Friedrich Hartjenstein in Hannover. Nach dem Abitur an der Hindenburgschule in Hannover besucht er von 1928 bis 1933 die Staatliche Akademie für Technik in Chemnitz und absolviert gleichzeitig eine Praxis als Maurer in Hannover. Im Wintersemester 1933/1934 beginnt er an der Technischen Hochschule in Hannover Architektur zu studieren, wechselt dann jedoch nach Karlsruhe und schließlich nach Stuttgart, wo er nach vier Semestern im Oktober 1937 das Studium abschließt. Während des Studiums arbeitet er im väterlichen Büro in Hannover, seit 1935 am Lehrstuhl für Baukonstruktion von Paul Schmitthenner, ab 1937 als Mitarbeiter bei Gerhard Graubner, der bereits 1923 in Stuttgart sein Studium beendet hatte und Assistent bei Ernst Fiechter und bis 1932 bei Paul Bonatz gewesen war. Hartjenstein arbeitet in Graubners Büro an Wettbewerben für die Deutsche Botschaft in Ankara, das Verwaltungsforum in Frankfurt/Oder und die Hochschulstadt Berlin mit, auf der Ausstellung „Schaffendes Volk" in Düsseldorf besorgt er für Graubner die Bauleitung.
1933 wird Hartjenstein Mitglied der SS und wird mit der Mitgliedsnummer 263 906 im Sturm 7/13 geführt. Am 16. November 1939 tritt er der Waffen-SS bei und heiratet, nachdem der Rasse- und Sippe-Fragenbogen vom 25. Juni 1939 die Ehefähigkeit nach den Kriterien der SS nachweist, am 30. Dezember Gerda Distelhorst. Kurz nach der Einberufung wird er mit chronischer Angina ins Lazarett Bromberg eingeliefert und im Juni 1940 im Lazarett der SS in Dachau behandelt. Von dort aus wird er für die Tätigkeit als Architekt im Hauptamt Planung und Boden, später Wirtschafts-Verwaltungshauptamt der SS in Berlin-Lichterfelde freigestellt. Am 21. Juni 1942 zum Untersturmbannführer befördert, entwirft er im November 1942 einen Generalbebauungsplan für das Konzentrationslager Auschwitz, der am 12. November von Oswald Pohl und am 5. Dezember von Hans Kammler gegengezeichnet wird. Im Mai 1943 erscheint er mit seinem Vorgesetzten noch einmal in Auschwitz, um mit Hans Stosberg die

Gestaltung der Grünanlagen zwischen der Stadt und dem Konzentrationslager abzusprechen. Für den November 1943 verzeichnen die Personalakten der SS einen erneuten Aufenthalt im SS-Lazarett in Dachau, nachdem Hartjenstein am 9. November zum Obersturmbannführer befördert worden war. Vom 9. Januar bis zum 1. Juli 1944 ist er beim Höheren SS- und Polizeiführer des Adriatischen Küstenlandes, um dann erneut an das Amt C des Wirtschafts- Verwaltungshauptamtes abgeordnet zu werden. Ab Juli 1944 ist er als Angehöriger dieses Amtes Mitarbeiter von Gerhard Graubner, der nun, neben seiner Tätigkeit als Professor der Technischen Hochschule Hannover als „Beauftragter des Führers für die Neugestaltung der Stadt Düsseldorf" fungiert.
Quelle: Rasse- und Sippe-Fragebogen vom 25.6.1939 und Personalakte, Bundesarchiv Berlin, Außenstelle Zehlendorf (ehem. BDC)

Hans Kammler
Die folgende Biographie beruht auf einem handschriftlichen Lebenslauf vom Frühjahr 1938, der seiner im Bundesarchiv Berlin, Außenstelle Zehlendorf (ehem. BDC) aufbewahrten Personalakte der NSDAP entnommen ist. Der besseren Lesbarkeit wegen sind einige der häufig auftretenden Abkürzungen ausgeschrieben. Die letzten sieben Jahre von Kammlers Tätigkeit wurden an Hand von Dokumenten der Personalakte und der Akte „Auschwitz" der Landesplanungsgemeinschaft im Staatsarchiv Kattowitz rekonstruiert.

Lebenslauf vom Frühjahr 1938
Geboren am 26.08.1901 in Stettin als Sohn des damaligen Oberleutnants Franz Kammler und seiner Ehefrau Maria, geborene Steinhausen. Franz Kammler gestorben als Oberst der Infanterie und Gendarmerie a. D. 13.3.1937, Maria Kammler gestorben 24.3.1938.
1908 bis 1918/19 humanistische Gymnasien in Bromberg, Ulm an der Donau und Danzig. Reifezeugnis städtisches Gymnasium Danzig 1919 auf Grund der freiwilligen Zugehörigkeit zum Grenzschutz Ost gemäß Erlaß des Ministers für Wissenschaft, Kunst und Volksbildung vom 12.7.1919 (U II Nr. 15769).
Militärdienst. Freiwilliger beim Leibhusaren-Regiment Nr. 2, Grenzschutz Ost, freiwillige Sturmabteilung Roßbach, Kaiserliche Abteilung. Aus dem Militärdienst freiwillig ausgeschieden August 1919. Zur Zeit [1938, Anm. d. Verf.] Wachtmeister der Reserve beim Kaiserlichen Regi-

ment Nr. 9, gemäß Wehrpaß geeignet, Leutnant der Reserve gemäß Abteilung der Reserve-Übung III.
Hochschulstudium. Wintersemester 1919 bis Wintersemester 1923. Architektur-Abteilung Technische Hochschulen Danzig und München. (Sommersemester 1922). Diplomvorexamen: 29.10.21 Technische Hochschule Danzig. Diplom-Hauptexamen: 25.10.23 TH Danzig. Dr. Ing. Promotion: 29.11.32 Technische Hochschule Hannover. 1921/22 Siedlungsamt der Stadt Danzig (Semesterferien). 1920 - 23 praktische Arbeit als Bau- und Hafentransport- und Akkordarbeiter in einer Zuckerfabrik.
Ausbildung für den *Preußischen Staatsdienst* im Hochbau. Februar 1924 bis August 1925 bei Prof. Dr. Ing. Regierungsbaumeister a. D. Paul Mebes, Berlin. August 1925 bis April 1928 außerdienstlich mit der Genehmigung der preußischen Bau-Finanzdirektion Berlin, Mitarbeiter bei Prof. Paul Mebes. Februar 1924 bis Februar 1925: Örtliche Bauleitung der Groß-Siedlung Zehlendorf West. Flachbau.
Februar 1925 bis August 1925 bzw. April 1928. Selbständige Entwurfsbearbeitung und Bauaufsicht: Landarbeiten, Garten- und Bauernsiedlungen – städtischer Flach- und Hochbau. – umfangreiche Wohnungs- und Siedlungsbauvorhaben in Berlin, Bochum usw. Mitarbeit an Wettbewerben für Generalbebauungspläne, Büro- und Verwaltungsgebäude, Schulen, Kinos. August 1925 bis Februar 1927 Preußische Bau- und Finanzdirektion Berlin. Bauleitung von Kraftwagenunterkünften, Polizeifunktürmen in Adlershof, größere Instandsetzungsarbeiten bei staatlichen Verwaltungsgebäuden in Berlin.
Entwurfsbearbeitung und Veranschlagung von zahlreichen Polizeikraftfahrzeugunterkünften, Reparaturwerkstätten, Polizeikraftfahrschule mit Werkstätten, Vorführräumen der Versuchsbahn, Polizei-Kraftverkehrsamt Berlin, offene Polizei Schwimmanstalt Spandau, Polizeischule für Leibesübungen Spandau. Bearbeitung von Bau- und Verwaltungsangelegenheiten bei der Preußischen Bau- und Finanzdirektion Berlin, der Abt. II. und III. der Regierung Potsdam, Polizeipräsidium Berlin, Katasterdirektion Berlin. Januar bis März 1926 nebenamtlich Lehrer über Baukunde in der Technikerklasse der Städtischen Gewerbeschule zu Berlin. Staatsprüfung für das Hochbaufach Regierungsbaumeister 4.2.1928.
1.4.1928 bis 28.3.1931 Wissenschaftlicher Sachbearbeiter bei der *Reichsforschungsgesellschaft* für Wirtschaftlichkeit im Bau- und Wohnungswesen, unterstellt dem Reichsarbeitsministerium, Abteilung für Planung und Baubetrieb, Wohnsiedlungen im Reich. Vertretung des Vorstandes bei Ver-

handlungen mit Behörden, bei Tagungen im In- und Ausland, wissenschaftliche Vorträge an Technischen Hochschulen.
1.4.1931 bis 1.9.1933. Hauptamtlicher Referent der *Stiftung zur Förderung von Bauforschungen,* Berlin im *Reichsarbeitsministerium.* Leitung und Überwachung von Forschungsarbeiten und Verbreitung von Forschungsergebnissen auf den Gebieten der Bauplanung, Baustoffe und Bauweisen, Bauklima und Bauwirtschaft beim Wohnungs- und Siedlungswesen in Stadt oder Land. Mitarbeit bei der Abteilung Wohnungs- und Siedlungswesen im Reichsarbeitsministerium.
1.10.1933 bis 1.6.1936 Referent für die bäuerliche Siedlung im *Reichsernährungsministerium.* Persönlicher Referent des Abteilungsleiters Siedlung und Beihilfe. Referent in der Reichsstelle für Umsiedlung, Referent für die Reichsstelle für Raumordnung, Verbindungsreferent für sämtliche Reichsministerien inbezug auf Raumordnung. 1. 8. 1934 Regierungsrat im Reichsdienst.
1. 6. 1936 Referent für sämtliche Bauangelegenheiten eines Luftkreises bzw. Gaues im *Reichsluftfahrtministerium.* Wohnungs- und Siedlungsbau für Angehörige der Luftwaffe, Bauten der Nachrichtennutzer der Luftwaffe und der Verkehrsluftfahrt. Lazarettbau und Kurierbau. Sonderaufgaben.
1.11.1936 Regierungsbaurat. – 1.6.1937 Oberregierungsbaurat. – Eintritt in die N.S.D.A.P Ende 1931. Seit 1931 bis 1933 Mitarbeiter in der ingenieurtechnischen Abteilung des Gaues Großberlin. 1933 - 1936 Abteilungsleiter für Wohnungs- und Siedlungswesen Gau Großberlin, agrarpolitische Abteilung. – 1933. Eintritt in die S.S. 1/R. 7. Bearbeiter der Nachprüfung arischer Abstammung im Sturm, sodann bei der Standarte. 1937 Schulungsredner für weltanschauliche Schulung der Berliner Schutzpolizei.
1933 bis 1934 Mitarbeiter im Amt für Agrarpolitik Reichsleitung der NSDAP Siedlung.
1933 bis 1935 im Auftrag der Reichsleitung der NSDAP Amt für Agrarpolitik, Aufbau und Führung der Reichskammer der Kleingärten und Kleinsiedler (1 Million Einzelmitglieder in Deutschland). Auf eigenen Wunsch von Reichsleiter Darré vom Amt entbunden 1.4.1935.
Mitglied des Reichsbundes deutscher Beamter für Gründung desgl. b. NSV 1.3.1934, der N.S. Kampfhilfe Mitglied Nr. 14501.
Mitglied der deutschen Akademie für Bauforschung, des Krankenhausbauausschusses des deutschen Gemeindetages, des Aufsichtsrates der gemeinnützigen Wohnungsbau a. G. Groß-Berlin (Kapitel Reich-Preußen).

Angaben zur Biographie 1938-1945
Entgegen der Eintragung im Lebenslauf ist Kammler erst zum 1. März 1932 Mitglied der NSDAP. Bis zum 31. Mai 1941 dient er, seit August 1940 SS-Standartenführer, im Reichsministerium für Luftfahrt. Nachdem Himmler ihn zum Leiter des Hauptamtes Haushalt und Boden und nach Umwandlung des Amtes am 1. Februar 1942 als Chef der Amtsgruppe C des Wirtschafts- Verwaltungshauptamtes beruft, ist er für den Bau und den Unterhalt aller Konzentrationslager zuständig. Zum ersten Mal besucht er das Konzentrationslager Auschwitz Anfang Oktober 1941, nachdem er zum 1. Oktober Karl Bischoff, einen ehemaligen Mitarbeiter aus dem Luftwaffenbauamt zum Leiter der Sonderbauleitung für die Errichtung eines Kriegsgefangenenlagers abgeordnet hatte. Kammlers Unterschrift findet sich unter den ersten Entwürfen von Georg Werkmann für das Krematorium im November 1941. Am 17. Juli 1942 besucht Kammler das Konzentrationslager in Begleitung von Himmler und Gauleiter Bracht und erläutert den Gästen mit Hilfe von Karten, Bauplänen und Modellen den beabsichtigten Ausbau (Czech 1989, S. 250; Höß 1963. S. 181). Zwei Monate später ist er erneut in Auschwitz, um an der Sitzung teilzunehmen, die endgültig die Grenzfragen des Konzentrationslagers klären soll. Weitere zwei Monate später erscheint Kammler in Auschwitz, um mit der Abteilung Landwirtschaft den Ausbau des Gutsbezirkes zu besprechen. Kammler macht dabei „den Fortschritt der Arbeit" vom „Häftlingseinsatz" abhängig.

Inzwischen ist Kammler eng mit der Rüstungsproduktion verbunden; der „Häftlingseinsatz" zielt nun nicht mehr auf die Drainage von Gutsbezirken, sondern auf die Anlegung unterirdischer Fabriken. In einem Schreiben vom 17. Dezember 1943 teilt Albert Speer als Reichsminister für Rüstung und Kriegsproduktion deshalb seinem Kollegen Kammler seine „höchste Anerkennung" mit. Kammler habe „in einer fast unmöglich kurzen Zeit von 2 Monaten die unterirdischen Anlagen in Nie. aus dem Rohzustand in eine Fabrik verwandelt, die ihresgleichen in Europa kein annäherndes Beispiel hat und darüber hinaus selbst für amerikanische Begriffe unübertroffen dasteht". Gemeint war damit die Umwandlung von Stollen im Berg Kohnstein bei Nordhausen zu Fertigungsstätten der „Vergeltungswaffen" (V1 und V2) seit dem 28. August 1943. Die oberste Bauleitung lag bei Karl Otto Saur, dem Leiter des Technischen Amtes im Rüstungsministerium, den „Häftlingseinsatz" und damit den „Erfolg" sicherte jedoch Hans Kammler. Bis zum Frühjahr 1945 arbeiteten in Dora-Mittelbau 60.000 Häftlinge, von denen über 10.000 umkamen. Im September 1944

wird Kammler durch Himmler das Eiserne Kreuz I. und II. Klasse verliehen, und zwar für seinen „tapferen Einsatz, durch den allein das Schießen auf die uns bekannten Ziele möglich wurde". Kammler bekennt in einem Dankschreiben an den Chef des Personalamtes, von Herff, man habe „bei dem gesamten Einsatz [...] tatsächlich unerhörten Dusel gehabt". Kurz darauf erhält er am 29. November zudem in Anbetracht seiner „Verdienste um den Einsatz der kriegswichtigen V 2 das Deutsche Kreuz in Gold" verliehen. Kammlers Personalakte verzeichnet zudem penibel die Überreichung einer Barock-Plastik im Wert von 30 RM 14 Tage nach der Ordensverleihung. Seit dem 30. Januar 1944 ist Kammler zudem Generalleutnant und Gruppenführer der Waffen-SS. Zu Beginn des Jahres 1945 fungiert er als Obergruppenführer und „Generalbevollmächtigter des Führers für Strahlenflugzeuge".
Kammler hat wahrscheinlich am 9. Mai 1945 bei Prag Selbstmord begangen. Beim Landgericht Hagen wurde am 17. 11. 1959 bezeugt, Kammlers Leiche sei „notdürftig vergraben" worden.

Hans Stosberg
Geboren am 10. Februar 1903 als Sohn des Bürgermeisters Rudolf Stosberg in Lennep im Rheinland. Das Realgymnasium beendete er 1922 in Hannover, nachdem die Familie im Jahr zuvor umgezogen war. Das Architekturstudium begann er in München, setzte es an der Technischen Hochschule Hannover fort und schloß dort 1928 mit dem Diplom ab. Während des Studiums war Stosberg ein volles Jahr praktisch tätig und arbeitete zudem ein Jahr im Büro von Walther Wickop an städtebaulichen und architektonischen Entwürfen.
Unmittelbar nach dem Studium war er bis November 1929 im Büro des für Hannover bedeutenden Architekten Adolf Falke mit dem Entwurf von Großsiedlungen beschäftigt, zugleich war er Hausarchitekt der Geschäftsbücherfabrik J.C. König u. Ebhardt.
Am 1. Januar 1930 beginnt Stosberg seinen Dienst bei der Stadt Breslau als Baumeister im Stadterweiterungsamt und arbeitet im Wintersemester 1931/1932 zugleich als Assistent von Professor Hartleb am Lehrstuhl für Städtebau und Städtischen Tiefbau an der Technischen Hochschule Breslau. Während seiner Tätigkeit für die Stadtverwaltung erarbeitet Stosberg zudem den Generalbebauungsplan für die Stadt Maltsch an der Oder und realisiert als Architekt verschiedene Bauvorhaben. Gleichzeitig bearbeitet er eine Dissertation und promoviert am 26. Juli 1933 bei Professor Kanold an der Technischen Hochschule Hannover, wobei Professor Ernst Vetter-

lein, der unter anderem an Wettbewerben in Breslau beteiligt war, sein Koreferent ist. Unter dem Titel *Brückenkopf Breslau* untersucht Stosberg *Die städtebaulichen Auswirkungen der in Schlesiens Hauptstadt zusammenströmenden Verkehrswege, ihren Ursprung, ihre Entwicklung und Bedeutung.* Mit Bezug auf die „mittelalterlichen Stadtgründer" stellt er fest, daß es „Städtebauer kühnsten Formates mit großzügigem, in die Jahrhunderte der Zukunft planvoll und weit vorausschauendem Blick" waren. Nun gelte es, „ehrfurchtsvoll die ererbten und machtvollen Zeichen einstiger Größe zu bewahren und zu pflegen, zugleich und vor allem aber kommenden Geschlechtern in mühevoller und opferwilliger Arbeit die Wege zu bereiten, auf daß sie sich ihrer großen Vorfahren würdig erweisen können". Zum Wesen der städtebaulichen Planung schreibt er, sie gliedere sich „in die Fragen der Linie, Fläche und der Massen". Die Frage der Linie sei „die Forderung des Verkehrs", deren „Beantwortung und Erfüllung [...] unabweisbare Grundlage jeder sinnvollen weiteren Planungsarbeit". Nur auf der Grundlage einer „sorgfältigen und weitschauenden Verkehrsplanung" könne „die Gestaltung eines lebensfähigen und lebenswürdigen, harmonisch gegliederten Gesamtorganismus Wirklichkeit werden". Ganz ähnlich äußert sich Stosberg in den darauffolgenden dreißig Jahren seiner Tätigkeit als Stadtplaner: Alles „Ringen" gelte der Herstellung eines „Gesamtorganismus", harmonisch gegliedert und den Menschen Lebenswürde garantierend.

Seit dem 1. September 1933 ist Stosberg Geschäftsführer der Stadt und Land Siedlung G.m.b.H in Breslau. Wie so viele seiner Architekten-Kollegen wird er zum 1. Mai 1937 Mitglied in der NSDAP. Etwa im Dezember 1940 erhält er von Gerhard Ziegler, dem Leiter der in Breslau angesiedelten Landesplanungsgemeinschaft, den Auftrag, für 13 Gemeinden in der im Rahmen des Generalplans Ost ausgewiesenen „Siedlungszone Ia" zwischen Bielitz (Bielsko) und Krakau (Kraków) Raumordnungsskizzen anzufertigen, die er im März 1941 abschließt. Stosberg erinnerte sich 48 Jahre später, es habe sich dabei um seinen „ersten größeren städtebaulich-architektonischen Staatsauftrag" gehandelt. Er erinnerte sich auch, am Ende des Winters „noch bei starker Kälte in Oberschlesien" gewesen zu sein, „um bei der Regierung in Kattowitz ein Referat zu halten, an dem auch die Industrie teilnahm". Nach der Sitzung sei „ein Vertreter der IG-Farben Industrie" gekommen und habe ihm „die Flächen in der Nähe von Auschwitz, die ihm für ein großes, neues Werk günstig gelegen schienen", gezeigt. Unklar ist, um welche Sitzung es sich in Kattowitz gehandelt haben mag. Selbst für die Gründungssitzung des Bunawerkes am 7. April

1941 ist Stosbergs Teilnahme nicht bezeugt. Das Protokoll verzeichnet lediglich die Aufforderung an Stosberg als „Beauftragten der Landesplanung", für Auschwitz „Ausbaupläne" bis zu 40 000 Einwohnern anzufertigen.
Am 17. August 1941 stellt Stosberg seine Planung erstmals mit einem Vortrag in Bielitz vor. Etwa zur selben Zeit wird das Rathaus von Auschwitz nach seinem Entwurf umgebaut, daneben entsteht ein neues Gasthaus.
Im Frühjahr 1942 arbeitet Stosberg erneut an Raumordnungsskizzen. Gegenüber der Landesplanungsgemeinschaft macht er geltend, von Arbeiten im Kreis Blachstädt befreit werden zu wollen. Für Brzeszcze bei Auschwitz sei die Arbeit leichter durchführbar, da er „fortlaufend in Auschwitz" arbeite und dort auch seinen Kraftwagen stehen habe. Allein der Generalbebauungsplan des darauffolgenden Jahres, den er am 3. September 1942 dem Regierungspräsidenten in den Räumen des Stadtbauamtes vorstellt, ist ganz überliefert. Anläßlich des Treffens mit Oswald Pohl im Haus der Waffen-SS in Auschwitz hat Stosberg am 23. September erneut Gelegenheit, die Planung zu erläutern. Mit einem Erläuterungsbericht zum „Bebauungsplan für die Stadt Auschwitz" vom Januar 1943 kommt die Planung schließlich zu einem vorläufigen Abschluß. Aufstellungen zur „Verteilung der Schulen im Stadtgebiet" vom 13. März und zum „Eigenbedarf und öffentliche Anlagen in der I.G. Bereitschaftssiedlung" vom 17. Februar ergänzen den Erläuterungsbericht. Für den 13. Mai 1943 ist im Stadtbauamt Auschwitz eine letzte Zusammenkunft mit dem Chef des Amtes C IV des Wirtschafts-Verwaltungshauptamtes bezeugt, da sich dort der Generalbebauungsplan für das Konzentrationslager in Überarbeitung befindet. Danach verliert sich Stosbergs Spur in Auschwitz. Nach eigenen Angaben ging er zur Wehrmacht und kehrte wohl erst nach fünf Jahren nach Hannover zurück.
Nachdem dort Rudolf Hillebrecht, der fünf Jahre nach Stosberg das Architekturstudium an der Technischen Hochschule Hannover abgeschlossen und ebenfalls anfangs bei Adolf Falke gearbeitet hatte, am 1. August 1948 zum Stadtbaurat gewählt worden war, bewirbt sich Stosberg um die Leitung des Stadtplanungsamtes. Hillebrecht erinnerte sich im Februar 1987, Stosberg habe ihm anläßlich der Bewerbung von seiner Tätigkeit in Auschwitz mit der Frage berichtet, ob das ein Hindernisgrund für die Mitarbeit in der Stadtverwaltung sei. Weder Hillebrecht noch der Fraktionsvorsitzende der SDP, der ebenfalls informiert wurde, sahen irgend einen Anlaß zur Besorgnis. Stosberg ist in den folgenden zwanzig Jahren in Hannover Leiter des Stadtplanungsamtes. Gemeinsam mit Wilhelm Wortmann

koordiniert er 1949 und 1950 den Flächennutzungsplan und macht 1954 noch einmal, in gewissem Sinne anknüpfend an die Planung in Auschwitz, den Versuch, eine „großräumige Stadtlandschaft der Zukunft" zu entwerfen, und zwar mit „Ausblick auf das Jahr 2000". Er fordert die Überwindung der „chinesischen Mauern" der Städte, der „kommunalpolitischen und kommunalwirtschaftlichen Grenzen", sonst drohe „als Folge der verstärkten Menschenballung eine neue ‚Gründerzeit' mit einer erneuten – nun aber unentschuldbaren Versteinerung unserer Großstädte" (Stosberg 1956, S. 36). Zuversichtlich sieht er einer „neuzeitlichen, gesunden Gestaltung unseres Lebensraumes" entgegen.

Stosberg wirkt gelegentlich auch über die Grenzen Hannovers hinaus. So etwa, wenn er 1956 – gemeinsam mit Friedrich Tamms (Studienkollege, dann enger Mitarbeiter von Albert Speer für die Neugestaltung Berlins, 1948-1969 für die Stadtplanung Düsseldorfs zuständig) und Max-Erich Feuchtinger – an einem Gutachten der Deutschen Akademie für Städtebau und Landesplanung über Verkehrsfragen in Bremen oder 1964 an einem Wettbewerb für ein innerstädtisches Geschäftszentrum in Ludwigshafen als Preisrichter mitwirkt.

Hans Stosberg stirbt am 2. Oktober 1989.

Quellen: Lebenslauf im Anhang der Dissertation *Brückenkopf Breslau*, Breslau 1935; Akten des Archiwum Panstwowe w Katowicach, Land Pl GO/S, 467; Brief von Hans Stosberg vom 23. August 1989, Gespräch mit Rudolf Hillebrecht im Februar 1987

Camill Santo
Geboren am 30. März 1891 in Lahr/Baden. Nach dem Besuch des Gymnasiums in Lahr studiert er ab 1909 an den Technischen Hochschulen Karlsruhe und Braunschweig Bauingenieurwesen. Im August 1914 besteht er zwar das Examen, doch erhält er das Zeugnis erst im April 1920 – die Diplomarbeit konnte erst nach vierjährigem Kriegsdienst und eineinhalbjähriger französischer Kriegsgefangenschaft nachgeliefert werden.

Von Juli 1920 bis zum August 1921 arbeitet Santo in der Abteilung Dortmunder Union der deutsch-luxemburgischen Hütten- und Bergwerks-AG als Statiker und Konstrukteur in der Abteilung Eisenhochbau und Brückenbau, bevor er weitere acht Monate in der Neubauabteilung tätig ist. Zum 1. Mai 1922 wird er Mitarbeiter der Bautechnischen Abteilung der I.G. Farbenindustrie in Ludwigshafen. Im Rückblick schreibt er 1949: „Ich werde es immer dankbar als glückhafte Fügung ansehen, daß ich damit in einen Arbeitskreis gestellt wurde, der mir nicht nur vielseitige und in-

Hannover: „Vision einer großräumigen Stadtlandschaft der Zukunft" von Hans Stosberg, 1954. Das Urstromtal der Leine bildet das Rückgrat eines weitgestreckten, in Nachbarschaften gegliederten, aufgelockerten Siedlungsbandes. Quelle: Baukunst und Werkform, H.2, 1956, 36

teressante Arbeiten bot, sondern darüber hinaus mich in späteren Jahren an Aufgaben stellte, die in ihrer Größe und Eigenart höchste Schaffensfreude erleben ließen, allerdings auch größte Anstrengung aller Kräfte." Bis 1928 konstruiert Santo die Leuna-Werke in Merseburg, deren Schwelanlage 2.000 t Stahlkonstruktionen erforderte. Daneben plante er Stickstoffanlagen in Japan, Frankreich und Italien, sowie Farben-Fabriken in den USA. Den Höhepunkt seiner Tätigkeit sah Santo im Rückblick in der Mitarbeit am Bau des nach Entwurf von Hans Poelzig in Frankfurt gebauten Verwaltungsgebäudes der I.G. Farbenindustrie in den Jahren 1929/1930: „Das Neue für mich lag weniger in der Bewältigung der bautechnischen Konstruktionen, wie sie dem Bauingenieur sich boten, als in dem Eingehen auf die Forderungen des Architekten, auf sein Schaffen und die Probleme, die der architektonische Auf- und Ausbau mit den vielgestaltigen und umfangreichen technischen Installationen und Einrichtungen eines so modernen, riesigen Verwaltungsgebäudes stellt. Voller Ehrfurcht und Dankbarkeit werde ich immer des großen Schöpfers dieses Werkes, Herrn Professor Hans Poelzig, gedenken, dessen Meisterschaft und Führung meine Schaffenskraft beseelte, mein bautechnisches Wissen erweiterte und die Grundlage für meine spätere bautechnische Arbeit auf breiter Basis schuf."
1932 wird Santo die Leitung der gesamten Bauabteilung der I.G. Farben übertragen. Der Vierjahresplan verlangte, schreibt Santo, die „Schaffung neuer, bisher noch nicht hergestellter Produkte" und „die Errichtung neuer großer Werksanlagen in ganz Deutschland". Für die „Planung und völlige Ausführung" der Bunawerke in Schkopau, der Hydrierwerke in Köln-Wesseling, Pölitz, Scholven und Gelsenberg, des Bunawerkes „Chemische-Werke Hüls", des Stickstoff- und Treibstoff-Werkes Heydebreck (für das Paul Schmitthenner die dazugehörige Stadt plante), der Chemischen Fabrik in Dyhernfurth und der Stickstoffwerke Ostmark in Linz zeichnete Santo verantwortlich. In der von ihm im Dezember 1949 aufgestellten Liste der Werke fehlt das „I.G. - Werk Auschwitz", für dessen Bau er laut Protokoll der 1. Baubesprechung am 24. März 1941 „die einheitliche architektonische Gestaltung" übernimmt. Innerhalb einer Woche erarbeitet er die Grundplanung für das Werk. Im Rahmen von vierzehn Baubesprechungen begleitet Santo bis zum Jahresende auch die Planung für die Bereitschaftssiedlung.
Santo erinnert sich 1949: „In der Zeit zwischen 1936 und 1944 mußten diese Werke gebaut werden, eine Zeit, die durch den Mangel an Baustoffen sowie Fach- und Hilfsarbeitern die größten Schwierigkeiten verursachte und allein zu deren Bewältigung einen unsäglichen Arbeitsaufwand erforderte.

In der Spitze waren in dieser Zeit etwa 42 000 Arbeitskräfte tätig, für deren fortwährendes Arbeiten zu planen, die Sicherung und Heranführung der Baustoffe, Geräte und Maschinen und nicht zuletzt ihre Unterkünfte und Verpflegung zu sorgen war. Die größten Störungen, die durch die Kriegsereignisse entstanden, Zerstörungen und Wiederaufbau zur Ermöglichung der Produktion mit all ihren Schwierigkeiten und nervenaufreibenden Anforderungen sollen nur angedeutet werden. Wenn es dennoch gelang, all diese Werke zu errichten, so kann die freudige Genugtuung und die Befriedigung verstanden werden, die alle an diesen Bauaufgaben beteiligten Bauleute erfüllte, wenn die Schornsteine rauchten und die ersten Produkte das neugeschaffene Werk verließen."
1951 erhält Santo durch die Technische Hochschule Karlsruhe die Ehrendoktorwürde verliehen, 1954 wird er den Beirat des Deutschen Architekten- und Ingenieurverbandes berufen. Bis zu seiner Pensionierung Ende 1956 kann er die „Rheinischen Olefin-Werke" in Wesseling und gemeinsam mit Hentrich und Petschnigg den Bau des BASF-Hochhauses in Ludwigshafen planen und fertigstellen: „Es war ein beglückendes Arbeiten und für mich die Krönung meines Schaffens in unserer BASF AG", stellt Santo in einem Nachtrag zu seinen Erinnerungen von 1949 fest.
Camill Santo stirbt am 10. April 1980 in Neustadt a. d. Weinstraße.
Quelle: *Aus meinem Schaffen* (Angaben zum Lebenslauf, Notiz vom 12. Dezember 1949) sowie ein Nachtrag (etwa 1958) des Unternehmensarchivs BASF in Ludwigshafen.

Landesplaner in Oberschlesien im Warthegau und in Danzig-Westpreußen
Unter „Personalnachrichten" meldete die Zeitschrift *Raumforschung und Raumordnung* in ihrer Nummer 11/12 (S. 580) vom Dezember 1939 die Berufung von Ewald Liedecke und Willi Richert zu „Generalreferenten für Raumordnung" bei den Reichsstatthaltern in Danzig-Westpreußen und Posen. Richert hatte seinen Dienst bereits im Oktober angetreten, Liedecke wohl erst im Dezember. Im Januar 1940 wird Gerhard Ziegler nach Breslau versetzt. In derselben Ausgabe der genannten Zeitschrift ist der „Erlaß des Führers und Reichskanzlers über Gliederung und Verwaltung der Ostgebiete" abgedruckt, mit der lapidaren Vorbemerkung: „Die Beendigung des polnischen Feldzuges und der Verfall des polnischen Staates haben bedeutsame Veränderungen in den Ostgebieten zur Folge gehabt."
Zum Reichsgau Danzig-Westpreußen gehören nun die Regierungsbezirke Marienwerder und Bromberg, zum Reichsgau Posen die Regierungsbezir-

ke Posen, Hohensalza und Kalisch, während der Regierungsbezirk Kattowitz Schlesien zugeschlagen wird und der Regierungsbezirk Zichenau Ostpreußen.
Liedecke, Richert und Ziegler waren ausgezeichnet vorbereitet für die Aufgabe, waren sie doch seit 1935 als Mitarbeiter der neu eingerichteten Reichsstelle für Raumordnung tätig und vor ihrer Berufung bereits in benachbarten Regionen mit der Leitung der Landesplanung beauftragt gewesen: Richert 1938 in der Ostmark, Ziegler 1938 im Sudetengau und Liedecke seit 1935 in Ostpreußen.
Alle drei waren in ihrer Jugend „völkisch" orientiert und damit geneigt, den ihrem Beruf als Architekt eigenen Anspruch auf Gestaltung „ganzheitlich" im Sinne nationalsozialistischer Sehnsucht nach der Volksgemeinschaft auszulegen. Liedecke war vor 1933 für den freiwilligen württembergischen Arbeitsdienst tätig, auf dessen „Kameradschaftshöfen" auf die Ostwanderung vorbereitet wurde. Richert diente 1919 bei der Volkswehr in Posen und Ziegler 1920 beim Deutschvölkischen Schutz- und Trutzbund, der von einer „germanischen Erneuerung" schwärmte Um so mehr erstaunt Zieglers Umweg in den Osten über New York, wo er am Entwurf für das Rockefeller Centre mitarbeitete. In Zieglers nachgelassenen Notizen finden sich zwar Anzeichen einer Einsicht in seine Schuld, doch überwiegt die „Sehnsucht nach geordneten Verhältnissen" (1951), die ihn bis 1965 an einer Raumplanung für Baden-Württemberg arbeiten läßt, die die „wahren Bedürfnisse des Menschen" befriedige.

Ewald Liedecke
Geboren am 25. November 1905 in Stuttgart. Dort studiert er an der Technischen Hochschule, insbesondere bei Schmitthenner und Wetzel, von 1924 bis 1928 Architektur. Nach dem Diplom arbeitet er zur selben Zeit wie Josef Umlauf als Mitarbeiter von Hermann Jansen in Berlin an Generalbebauungsplänen für Madrid, Ankara und Wiesbaden. Zurück in Stuttgart, ist er freiberuflich mit dem Bau von Einfamilienhäusern beschäftigt, bevor er im Frühjahr 1934 nach Königsberg in Ostpreußen wechselt. Dort ist er anfangs Planungsdezernent im Regierungspräsidium, nach wenigen Monaten Planungsleiter der Landesplanung, die beim Oberpräsidenten angesiedelt ist. Aus dieser Situation beschreibt er im Juni 1934 dem um drei Jahre älteren, von einer schweren Krankheit gezeichneten Gerhard Ziegler die Arbeit im Osten und lädt zugleich zu einer „Nacherholung" ein, die nur drei Monate später zu Zieglers Übersiedlung nach Königsberg führen sollte. Liedeckes Bericht aus Cranz-Westend macht deutlich, mit welchem

Pathos und welchen Erwartungen die Dreißigjährigen nach Osten zogen, um an der Verwirklichung des Ostpreußenplans mitzuwirken: „Die letzten Jahre habe ich am württembergischen Arbeitsdienst mitgeholfen. Und das Gebalge der Kampfzeit war mir lieber als die Starre jetzt. Ich habe seinerzeit meine dicke berliner Stellung verlassen aus Ekel. Was halfen diese Pläne alle, die von irgendwelchen Parlamenten zerredet wurden? Was half dieser Städtebau, der dem Verkehr, der Hygiene und hundert anderen Gesichtspunkten gerecht zu werden versuchte, wie nun eben der Staat dies auch wollte. Und so baute ich privatim noch verschiedene Häuserchen, arbeitete aber mehr und mehr am Arbeitsdienst, wo ich die Kameradschaft in ihrer Gesetzlichkeit erlebte, die mir heute der Ausgangspunkt bei der Bildung der neuen Siedlungszellen des Ostens ist. Gewiß ist noch keine Regel gefunden. Aber ich weiß nun, wofür ich das alles mache, und wo die Ausgangspunkte liegen. Ich habe in Württemberg noch die Kameradschaftshöfe aufgebaut, wo die geeignetste Mannschaft politisch und fachlich für die Ostwanderung vorbereitet wird. Als der gröbste Aufbau geleistet war, wanderte ich selber nach Osten. Im Vergleich zum Ländle ists hier reichlich kolonial, die Gegend noch etwas ungestalt, ohne romantisch zu sein, wie ungestaltete Gegenden im Süden oder meinetwegen weiter im Norden. Aber vielleicht kennst Du das aus Deiner Danziger Zeit. Gerade wenn man nach Danzig fährt, fällt dieser sozusagen weiblose Zustand Ostpreußens vergleichsweise auf. Indessen liegt gerade hier die Aufgabe."
Zu Beginn des Jahres 1940 wird Liedecke von der Reichsstelle für Raumordnung zur Dienststelle des Reichsstatthalters von Danzig-Westpreußen abgeordnet. Dort ist er anfangs Generalreferent für Raumordnung, bis die Landesplanungsgemeinschaft des neuen Reichsgaus begründet wird und in Gotenhafen (Gdynia) ein Büro bezieht. Bereits am 24. Januar 1940 nahm Liedecke an der „Besprechung" des Reichskommissars für die Festigung deutschen Volkstums in Posen teil, auf der Konrad Meyer die ersten Grundzüge des „Generalplans Ost" vorstellte. Danach sollten in der „Siedlungszone I. Ordnung" „Volkstumsbrücken" entstehen, in denen die deutsche Bevölkerung nahezu verzehnfacht werden sollte. Die Landesplaner waren also von Beginn an auf Aufgaben eingeschworen, die in engem Bezug standen zu dem, was Götz Aly im Untertitel seines 1995 erschienen Buches *Endlösung* benannte: *Völkerverschiebung und der Mord an den europäischen Juden.*
In den darauffolgenden beiden Jahren entwickelt sich Liedecke durch zahlreiche Artikel in den Hauszeitschriften der Deutschen Arbeitsfront (*Bauen, Siedeln, Wohnen*), des Reichswohnungskommissars (*Der soziale Woh-*

nungsbau in Deutschland) und des Reichsnährstandes (*Der Landbaumeister*, in: *Neues Bauerntum*) zum kompromißlosen Sprecher der „Eindeutschung" einer Landschaft, die als „Rohstoff" (Liedecke 1940b, 137) eingestuft wird. Noch weiter ging seine Denkschrift „über die raumpolitische Sicherung des Reiches gegen Osten" vom 23. August 1941, also im Zeichen des Überfalls auf die Sowjetunion (im Wortlaut abgedruckt in Müller 1991: 148-153). Darin wird vorgeschlagen, „die deutsche Stadt als Herrschaftsmittel im Osten" einzusetzen. Städtebau, das hatte Liedecke schon im Jahr zuvor deutlich gemacht, habe „zielbewußt und kurzfristig" gelöst zu werden, etwa so wie „die Aufrüstung" (Liedecke 1940a, 910).
Auch in der praktischen Entwurfsarbeit bewährt sich Liedecke durch „Erfolge". So etwa erzielte er beim „Wettbewerb zur Erlangung von Entwürfen für neue Dörfer in den wiedergewonnenen Ostgebieten" in der Arbeitsgruppe Danzig-Westpreußen im Sommer 1941 den zweiten Preis. Zur gleichen Zeit entwirft er zwei neue Städte im Süden Westpreußens entlang der Weichsel, Leipe (Lipno) und Dobrin (Dobrzyń). Auch in der Schulung von Architekten macht er sich einen Namen. Anfangs unterrichtet er als Dozent in Königsberg (1935-1938) und an der Technischen Hochschule Danzig (1937-1943) Grundzüge von Landesplanung und Siedlungswesen, bis er dort im Sommer 1943 den Lehrstuhl für Raumordnung, Ostkolonisation und ländliches Siedlungswesen übernimmt.
Nach der Flucht aus Danzig läßt sich Liedecke in Tübingen als Architekt nieder, ist im sozialen Wohnungsbau und als Gutachter im Bereich Städtebau und Siedlungswesen tätig. Zu seinen ersten Arbeiten gehört im August 1946 ein Gutachten zum „Wiederaufbau von Freudenstadt", zu dem ihn sein Lehrer Paul Schmitthenner angeregt hatte. Zu Beginn der sechziger Jahre arbeitet er an der Regionalplanung für den Raum Mainz/Wiesbaden. Ewald Liedecke stirbt in Stuttgart am 9. Februar 1967.
Quellen: Brief von Maja Liedecke vom 20. Februar 1985 mit handschriftlichem Lebenslauf von Ewald Liedecke und Brief von Ewald Liedecke an Gerhard Ziegler vom 14. Juni 1934: Autor; Nachlaß Paul Schmitthenner

Willi Richert
Geboren am 24. Oktober 1897 in Schönsee bei Schönebeck-Salzahnen in Westpreußen. Nach dem Besuch eines humanistischen Gymnasiums ist er bis März 1918 Soldat und Leutnant, 1919-1920 in Posen Mitglied der Volkswehr. Danach studiert er an der Technischen Hochschule Hannover Architektur. Nach dem Diplom im Januar 1927 ist er am Lehrstuhl für Städtebau und Siedlungswesen von Ernst Vetterlein Assistent und zugleich in dessen

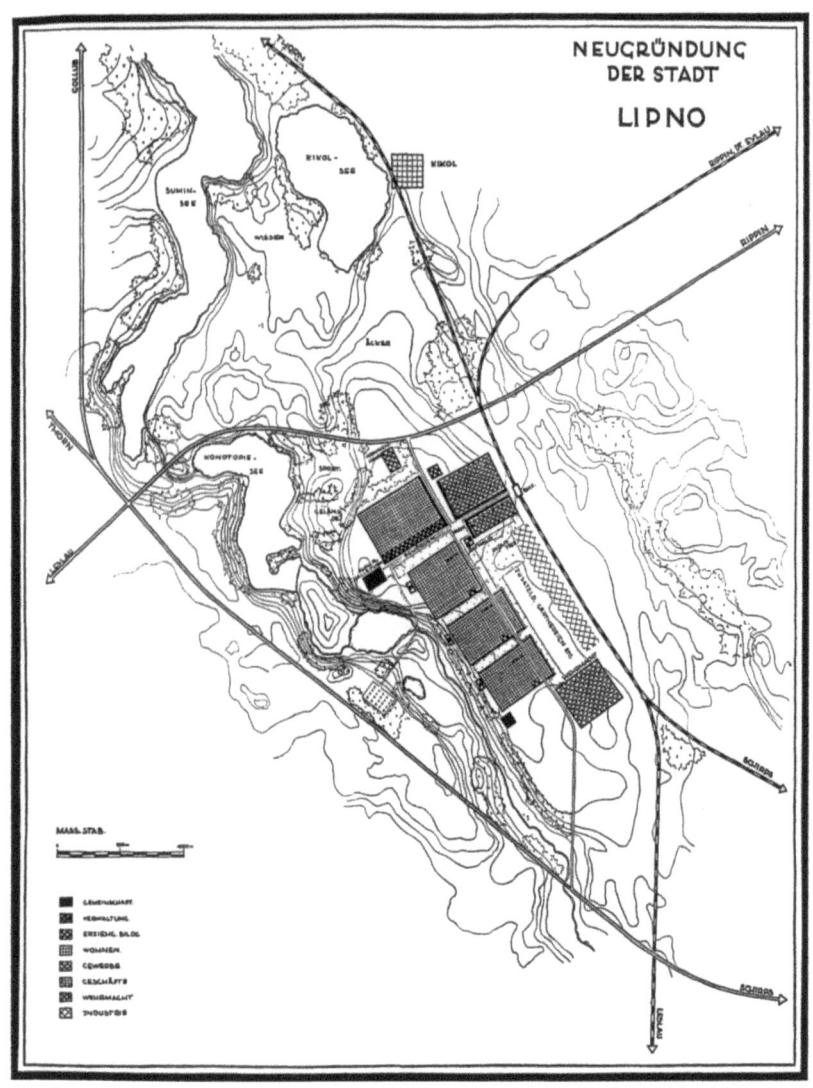

Ewald Liedecke, Entwurf für die „Neugründung der Stadt Lipno" im „Reichsgau Danzig-Westpreußen", gegliedert in Siedlungszellen, mit einer Kreishalle in topographisch hervorgehobener Situation, nach der Systematik von Carl Culemann, 1941. Quelle: Raumforschung und Raumordnung, H.3/4, 1941, Ill. XXXI

Büro Mitarbeiter – während Hans Stosberg dort noch studiert. 1927 gewinnt er bei einem städtebaulichen Ideenwettbewerb für Wedel bei Hamburg den ersten Preis, im Büro Vetterlein arbeitet er an der Landesplanung Unterweser, für den Regierungsbezirk Magdeburg und den Landkreis Bückeburg. Seit 1. Mai 1933 Mitglied der NSDAP, arbeitet er ab 1934 beim Reichskommissar für Siedlungswesen, Gottfried Feder, und dessen Stellvertreter, Johann-Wilhelm Ludowici (zuvor Siedlungsbeauftragter der NSDAP beim Stellvertreter des Führers), mit, um dann im darauffolgenden Jahr zu der im Juni 1935 neugegründeten Reichsstelle für Raumordnung zu wechseln. 1936 begründet er beim Oberpräsidium in Magdeburg die Landesplanungsgemeinschaft Sachsen-Anhalt, wechselt dann aber nach dem „Anschluß" Österreichs auf Betreiben seines Freundes Heinrich Dörr nach Wien, um die Landesplanung für die „Ostmark" aufzubauen. Doch auch dort verbleibt Richert nur ein knappes Jahr. Ähnlich wie sein Kollege Ziegler arbeitet er daran, vereinnahmten Raum durch Raumplanung in Besitz zu nehmen. 1939 ist er nur fünf Monate in seiner alten Dienststelle in Magdeburg tätig, bevor er im Oktober 1939 zum Reichsstatthalter Arthur Greiser in Posen als Generalreferent für Raumordnung abgeordnet wird. In dieser Funktion ist er zugleich „Beauftragter" des Reichskommissars für die Festigung deutschen Volkstums", dessen Aufgabe die „Einweisung der Rückwanderer" aus dem Baltikum, Wolhynien und Rumänien war. Richert berichtet von „störender Beeinflussung durch neue Stellen", da er sich mit seinem Konzept eines Besiedlungsrasters zur „Verdeutschung des Gaues" nicht durchsetzen kann. In immer neuen „Schriftsätzen" versucht er, der „Aufgabe und Organisation der Planung" und der Stimme der Reichsstelle für Raumordnung Gehör zu verschaffen. Eher routinemäßig wird ihm im Februar 1944 das Kriegsverdienstkreuz I. Klasse zugesprochen. Am 3. und 4. Mai 1944 nimmt er an der Tagung der Reichsstelle für Raumordnung in Wittenberg teil, auf der die „umfassende Neuordnung beim Wiederaufbau der Städte" erörtert wird. Sein Protokoll (BAarchK, R 113) dokumentiert erneut die verletzten Gefühle des Raumplaners; die seien nämlich „keine Dutzend-Philosophen und -Wissenschaftler, die allzuviel Wesens um Selbstverständlichkeiten machen". Die guten alten Forderungen der Raumplaner sollten nicht „mit schlagwortreichen Formulierungen" begründet werden. Nachdem die Landesplanungsgemeinschaften durch Erlaß vom 27. November 1944 stillgelegt sind, ist Richert praktisch ohne Aufgabe. Sein Gauleiter versichert ihm dennoch „freundschaftliche Verbundenheit", indem er ihm zum 24. Dezember 1944 aus einem „vorsorglich schon im Frühjahr ‚organisierten' und noch recht-

zeitig aus Frankreich eingetroffenen Transport" einige Flaschen Wein zukommen läßt, nicht ohne ihm für seine „persönlichen großen Anteile an Kampf, Mühen, Sorgen und Aufbauerfolgen recht herzlich zu danken".
Am 23. Februar 1945 ist Posen wieder Poznań und polnisch. Von Willi Richert fehlt jede Spur.
Quellen: Personalakte Willi Richert, Archiwum Panstwowego Poznańiu, Reichsstatthalter Posen, 372 und 370, 388

Gerhard Ziegler
Geboren am 27. Februar 1902 in Zwiefalten, „in Hörweite zum Barockmünster". Kurz darauf Umzug nach Weinsberg mit Schulbesuch in Heilbronn.
In *Kurzblicken auf meinen Lebenslauf*, die Ziegler 1967 notiert, heißt es: „Schon mit drei Jahren oft ganz verloren im Sinnieren über Steine, Versteinerungen und Pflanzen: dann dem Rätsel der ‚Gestalt' eifrigst nachgegangen erst im Gefühl, später im Verstand." Nach der Reifeprüfung im Juli 1920 und dem Besuch der Gewerbeschule in Heilbronn und der Maurerlehre in Heilbronn und Köln von 1921 bis Oktober 1926 Architekturstudium in Danzig und Stuttgart, insbesondere bei Paul Schmitthenner und Paul Bonatz. Für die Zeit in Danzig notiert Ziegler „erste Berührung und Sehnsucht nach dem doch fremdartigen deutschen Osten". 1924 arbeitet er als Eisenflechter bei Wayss & Freytag in Danzig, dann ein Jahr als Regierungsbauführer im Staatlichen Hochbauamt Danzig, beauftragt mit Entwurf und Bauführung einer Beamtensiedlung.
Bereits als Schüler war Ziegler von 1916-1918 Mitglied der Jugendwehr, 1920-1921 Mitglied des Deutschvölkischen Schutz- und Trutzbundes und im Oktober/November 1923 der Schwarzen Reichswehr. Für diese Zeit ist in den Erinnerungen vermerkt: „Viele Nächte Debatten angesichts allgemeiner Richtungslosigkeit. Aber auch Aufstand gegen zu sturen Ernst und für Lebensfreuden der Jugend. Ergebnis aber doch: Chaos, Sinnlosigkeit des Daseins. Es gibt keinen sinnvollen Lebensweg. Wegwerfen dieses Lebens wäre allein logisch."
Von Dezember 1926 bis Mai 1928 arbeitet Ziegler in den Büros Distel & Grubitz (Großkrankenhäuser) sowie Bensel & Kamps in Hamburg und beteiligt sich am Wettbewerb für den Völkerbundpalast Genf. Die Zeit in Hamburg bezeichnete er als „Sprungbrett", durch das er die ‚Moderne' kennenlernte und den „Abbruch der Traditionsformen". Im Mai 1928 reiste er in die USA und „blieb völlig unbeabsichtigt in New York City" hängen. Als „Steinträger mit Negern" fängt er „ganz unten" an, arbeitet dann

in der Häuserfabrik Sears Roebuck & Co. in Newark und als Rasierklingen-Schleifer. Erst 1929 findet er zum Architekten-Beruf und studiert gleichzeitig Volkswirtschaft an der Columbia-University. Für zwei Semester arbeitet er auch als Assistent an der Columbia University und betreut Entwurfsarbeiten fortgeschrittener Architekturstudenten. Von Juli 1928 bis Juli 1929 ist er im Büro P. Hoffmann Inc. mit Laden- und Kinoeinrichtungen beschäftigt, im folgenden Jahr im Büro Rodgers & Poor sowie in der Bürogemeinschaft Corbett, Harrison & MacMurray – dort Mitarbeit am Entwurf für das Rockefeller Building Centre/Radio City. Zur gleichen Zeit bildet Ziegler mit Professor A. Lawrence Kocher eine Bürogemeinschaft, um Typenentwürfe für 50geschossige Wohnhäuser, sogenannte „Sunlight Towers", zu entwickeln. Im Juli 1930 verläßt er New York und reist für fünf Monate im Wohnwagen durch die USA (Besuch bei Frank Lloyd Wright) und Kanada, um schließlich bis zum Juli 1931 in Los Angeles zu bleiben. Dort baut er den Prototyp eines Siedlungshauses.
Nach einer einjährigen Reise durch Japan, China und Rußland kehrt Ziegler nach Deutschland zurück. Über die Aleuten erreicht er Japan mit dem Schiff, in China gerät er im chinesisch-japanischen Krieg zwischen die Fronten. Im Stakkato-Ton notiert er: „Mußte nach Rußland durch die Front reisen Richtung Korea-Mukden. Keine Gesandtschaft wußte, was los war. Gegen Millionen-Strom von Flüchtlingen mit zweirädrigen Holzscheibenrädern. Wo Zug nicht weiterfuhr, aussteigen und mit einem deutschen Kaufmann allein in Rikschahs zur Front. Durch Front zu Fuß Koffer stückweise getragen. Wunderbar durchgekommen. Koreanische und mandschurische Fruchtlandschaft. Entsetzliches Elend weißrussischer Flüchtlinge in China und Mandschurei gesehen. Sibirien Landesplanung wichtigst. UdSSR die gigantischen Pläne. Ungezählte neue Städte geplant. Damals furchtbares Elend einerseits und herrliche Kirchen geschlossen, andererseits. Schlimmer Feudalismus Grund für Revolution. Treffe zufällig auf der Straße in Moskau meinen Chef und Freund W.K. Harrison [den Entwerfer von Radio City, Anm. d. Verf.] aus New York, der eine offiz. Beraterkommission der USA für die Russen führt. Er empfiehlt mich sehr den Russen. Sie wollen, daß ich bleibe, Städte in Sibirien baue."
Nach der Rückkehr nach Deutschland erscheint Ziegler die Situation im Herbst 1931 ausweglos. Sollte er „nach Rußland oder zurück ins noch offengehaltene Nest New York" gehen? Dann jedoch macht eine mißglückte Operation („Kampf gegen Gott" – „Ruine eines Lebens") weitere Pläne unmöglich. Schwer erkrankt wird er mit einer Krankenhaus-Psychose entlassen und beginnt im Frühjahr 1933 im eigenen Architekturbüro mit der Teil-

nahme an Wettbewerben und Neu- und Umbauten für ein Sanatorium in Königsfeld.

Im Oktober 1934 folgt Ziegler schließlich seinem wenig jüngeren Studienfreund Ewald Liedecke nach Königsberg, um als Angestellter der Landeplanungsstelle am „Ostpreußenplan" mitzuarbeiten. Dort habe er, schreibt er, eine „erste Systematik der Planung" ausarbeiten können, und dort sei „die unbegreifliche geistige und räumliche Enge in Deutschland, die althierarchische Titel- und Zuständigkeitseinteilung noch am ehesten zu ertragen" gewesen. Von Königsberg wird er nach Gumbinnen versetzt. Dort bearbeitet er für den gesamten Regierungsbezirk Wirtschafts-, Generalbebauungs-, Bebauungs-, und Siedlungspläne, und zwar nicht nur für die Schublade: 1935 zum Beispiel wird die NSKOV [Nationalsozialistischer Kriegsopferverband]-Siedlung in Tilsit nach seinem Entwurf gebaut.

Im Oktober 1937 wechselt Ziegler, seit Mai nun auch Mitglied der NSDAP (und der Deutschen Arbeitsfront, des Nationalsozialistischen Bundes der Technik, des Nationalsozialistischen Lehrerbundes und der Nationalsozialistischen Volkswohlfahrt), nach Berlin zur Reichsstelle für Raumordnung und erarbeitet dort für die Reichsplanungsgemeinschaft eine Systematik von Raumordnungsplänen, die zwischen 1940 und 1943 auch in Oberschlesien angewendet wurde. Für die Reichsstelle für Raumordnung knüpfte er Kontakte zu Städtebauern und Landesplanern im Ausland, war von 1937 bis 1940 sogar Mitglied der American Association of Planning Officials. Am 10. Oktober 1938 wurde Ziegler von der Reichsstelle für Raumordnung zum Aufbau der Landesplanungsbehörde im Sudetengau nach Reichenberg abgeordnet. Für die drei Regierungsbezirke Aussig, Karlsbad und Troppau hatte er eben erst die Bezirksplanungen fertiggestellt, als er im Januar 1940 Leiter der Landesplanungsgemeinschaft Schlesien wird. Empfohlen hatte ihn der stellvertretende Oberpräsident von Schlesien, Fritz-Dietlof Graf von der Schulenburg, der zuvor in Ostpreußen Landrat und ab 1937 stellvertretender Polizeipräsident in Berlin gewesen war. Ziegler erinnert sich 1967: „Alle Phasen der Umsturzpläne durch Schulenburg, Matuschka, Köttgen, Kessler [Fritz-Dietlof Graf von der Schulenburg hatte als Stellvertreter des Oberpräsidenten 1939 Erich Keßler zu seinem Stellvertreter bestellt, Michael Graf Matuschka als Landrat von Oppeln eingesetzt und Arnold Koettgen zum Generalpolizeidezernenten von Kattowitz gemacht, Anm. d. Verf.] usw. wenigstens richtungsweise durcherlebt. Schließliche Entscheidung, trotz aller Zweifel bei diesem ahnungslos geistig mißgebildeten Volk, durch Frage Schulenburgs: ‚Können Sie, was bei

uns geschieht, vor Ihrem Gewissen verantworten?' ,Nein!' ,Ich kann es nicht glauben, daß der Umsturz gelingen kann, aber es muß sein."'
Als Landesplaner betreut Ziegler Planungen für vier Regierungsbezirke. Dabei erteilt er unter anderem Hans Stosberg den Auftrag, für 13 Gemeinden im Beskiden-Vorland im Rahmen des „Generalplans Ost" Raumordnungsskizzen anzufertigen. Als Leiter der Landesplanungsgemeinschaft agiert Ziegler zugleich als Beauftragter des Reichskommissars für die Festigung deutschen Volkstums. Nach der Begründung Oberschlesiens als selbständigen Gaues im Februar 1941 wechselt Ziegler zum 1. Juli nach Kattowitz, nun als Beamter des Provinzialverbandes. Beim Oberpräsidenten – der zugleich Gauleiter ist – übernimmt er die Planungsbehörde und ist damit für die Bezirksplanungsstelle beim Regierungspräsidenten zuständig. Bereits ab Dezember 1940 ist er mit der Ausdehnung des „Interessengebietes des Konzentrationslagers" befaßt, am 7. April 1941 nimmt er an der Gründungssitzung des Bunawerkes in Kattowitz teil, im Lager selbst am 30. Juni 1941 an einer Sitzung, bei der es „um die Beeinflussung der Planung des Raumes Auschwitz durch die Planung des KZ-Lagers" geht, denn als Vertreter des Oberpräsidenten hat er dafür „den Sichtvermerk" zu erteilen. Am 24. September ist Ziegler erneut in Auschwitz, um über die Ausdehnung des Lagers zu diskutieren, die er am 18. März 1942 in Gegenwart des Gauleiters und am 23. September im SS-Heim Auschwitz in Gegenwart von Oswald Pohl erneut vorträgt. Am 10. September 1943 wurde Ziegler zwar einberufen, der Gauleiter besorgte jedoch seine Freistellung vom Wehrdienst.
Als am 27. Januar 1945 die Verwaltung von Oberschlesien in den Ort Neiße verlegt wurde, brachte Ziegler Planungsunterlagen „in Sicherheit", die er 1962 dem Bundesarchiv Koblenz übergeben sollte. Im April geriet er zunächst in russische, dann in amerikanische Gefangenschaft, konnte aber bis in ein Dorf bei Alpirsbach im Schwarzwald fliehen. Am 13. Juli 1945 besuchte er den Präsidenten der Technischen Ämter in der Landesverwaltung des Inneren von Baden-Württemberg und erhielt den Auftrag, ab September als Leiter des Aufbauamtes der Kreise Künzelsau, Öhringen und Heilbronn die ersten Planungen für den Wiederaufbau zu bearbeiten, u.a. auch Siedlungen in Heilbronn im Rahmen des Sofort-Programms für Obdachlose. Zum 22. Januar 1946 wird er bei der Landesdirektion des Inneren in Tübingen angestellt, später – nach der Teilung von Baden und Württemberg – im Innenministerium Württemberg-Hohenzollern in Tübingen als Abteilungsleiter für Baustoffverteilung, Wiederaufbau, Raumordnung

und Landesplanung. In dieser Funktion ist er maßgeblich an der Diskussion um den Wiederaufbau Freudenstadts beteiligt.
Im September 1950 wird Ziegler ins Beamtenverhältnis übernommen und bis zu seiner Versetzung in den Ruhestand am 23. Mai 1966 zum Ministerialrat und Ministerialdirigenten befördert.
In seinem Nachlaß findet sich eine Akte mit der Überschrift *Versuche, politisch wirksam zu sein*. Aus dem Dokument geht hervor, daß er sich in zahlreichen Leserbriefen an Zeitschriften und Zeitungen sowie in Gesprächskreisen und im Briefwechsel – u.a. mit Gustav Heinemann – vehement gegen die Einbindung der Bundesrepublik in ein neues Bündnissystem gewehrt hat. Noch 1952 schrieb er Artikel über eine Bodenreform, die es dem Städtebau ermöglichen würde, sich auf ganz andere Art zu entfalten. Ein *Aufruf an die Städtebauer und Architekten* vom 30. Juli 1952 zeigt zudem, daß seine Sehnsucht nach einer befriedeten Volksgemeinschaft fortlebt: Die Bewohner „tragen alle eine Sehnsucht im Herzen nach geordneten Verhältnissen im freundlichen Heim, nicht allzu weit weg von ihrer Arbeitsstätte und sehen meist keine Möglichkeit, diese Sehnsucht zu erfüllen. Im äußeren Bild unserer Gemeinden zeigt sich so das Gesetz, daß sich der Geist seinen Körper baut. Man kann aus der formalen und wirtschaftlichen Ungeformtheit das innere Chaos an uns ohne weiteres ablesen."
Von 1962 bis 1966 leitet Ziegler die Landesplanungsstelle beim Innenministerium von Baden-Württemberg. Im Juni 1965 legt er das „große Werk des Referentenentwurfs zu einem Landesentwicklungsplan" vor, das „den wahren Bedürfnissen des Menschen" gerecht werde und die „nachhaltige Pflege der Natur" zum Ziel habe. In zahlreichen Aufsätzen fordert er eine Landesplanung, die eine „lebendige Ordnung anstrebt". Eine solche Ordnung sei, so schreibt er 1960, „wohl in dauernder Umbildung und innerem Ausgleich begriffen", könne „aber sehr wohl im Rahmen dieser Bewegung erfaßt und beeinflußt werden".
Ziegler ist seit 1937 Mitglied der Deutschen Akademie für Städtebau und Landesplanung und ab 1947 Mitglied der Akademie für Raumforschung und Landesplanung, der Nachfolgeorganisation der Reichsstelle für Raumordnung. 1962 wird er zum Honorarprofessor an der Technischen Hochschule Stuttgart ernannt und 1966 in Hannover mit dem Fritz-Schumacher-Preis ausgezeichnet.
Gerhard Ziegler stirbt am 15. April 1967 in Tübingen.
Quellen: *Kurzblicke auf meinen Lebenslauf* vom 15. März 1967, Lebenslauf von ca. 1947, Personalakte, APK, Land Pl GO/S, 60, Gespräch mit Hadulint Ziegler am 17. Mai 1985

Abkürzungen

APK	Archiwum Państwowe w Kotawicach (Staatsarchiv Kattowitz)
APKr	Archiwum Państwowe w Krakowie (Staatsarchiv Krakau)
APL	Archiwum Państwowe w Łódź (Staatsarchiv Lodsch)
APMO	Archiwum Państwowego Muzeum w Oświęcimiu (Archiv des Staatlichen Museums in Auschwitz)
APP	Archiwum Państwowe w Poznaniu
APW	Archiwum Państwowe w Warszawe
BArchB	Bundesarchiv Berlin
BArchK	Bundesarchiv Koblenz
BDC	Berlin Document Center
CCIDK	Centr chranenija istoriko-dokumentalnych kollekcij, Moskva (Sonderarchiv Moskau)

Anmerkungen

Vorwort und Einleitung

1 Durth, Werner; Gutschow, Niels, Träume in Trümmern, Braunschweig/Wiesbaden 1988 (München 1993)
2 Groß, Hubert, Sonnen und Brunnen. Geschichte und Geschichten unserer Familie, 1976, Manuskript
3 Aly, Götz, Heim, Susanne, Vordenker der Vernichtung. Auschwitz und die deutschen Pläne für eine neue europäische Ordnung, Hamburg 1991 (Frankfurt 1993)
4 Liedecke, Ewald, Deutscher Städtebau in polnischen Städten, in: Bauen, Siedeln, Wohnen, H. 24, 1940, S. 910
5 Bauman, Zygmunt, Moderne und Ambivalenz. Das Ende der Eindeutigkeit, Hamburg 1992 (Frankfurt am Main 1995), S. 35, 215
6 Brief von Heinrich Wiepking-Jürgensmann an Heinrich Dörr vom 21. Oktober 1939. Quelle: APP, Der Reichsstatthalter, 384
7 Gollert, Friedrich, Warschau unter deutscher Herrschaft, Krakau 1942
8 Safrian, Hans, Die Eichmann-Männer, Wien/Zürich 1993
9 Goldhagen, Daniel, Hitlers willige Vollstrecker, Berlin 1996
10 Herbert, Ulrich, Best, Werner, Biographische Studien über Radikalismus, Weltanschauung und Vernunft, 1903-1989, Bonn 1996
11 Lozowick, Yaacov, Hitlers Bürokraten. Eichmann, seine willigen Vollstrecker und die Banalität des Bösen, Zürich/München 2000
12 A.a.O., Anm. 3
13 Kershaw, Ian, Hitler. 1936-1945, Stuttgart 2000
14 Wolters, Rudolf, Vom Beruf des Baumeister, in: Die Baukunst, H. 9, 1943, S. 162
15 Burleigh, Michael, Die Zeit des Nationalsozialismus. Eine Gesamtdarstellung, Frankfurt a. M. 2000
16 Perels, Joachim, Das juristische Erbe des „Dritten Reiches„; Beschädigungen der demokratischen Rechtsordnung, Frankfurt am Main/New York 1999
17 Durth, Werner, Deutsche Architekten. Biographische Verflechtungen 1900-1970, Braunschweig/Wiesbaden 1986 (München 1992)

1 „Eindeutschung"

18 Dietrich, Otto, Auf den Straßen des Sieges - Erlebnisse mit dem Führer in Polen, München 1939

19 Gollerts Kommentar in einer Bildunterschrift, in: Gollert, Friedrich (Bearb.), Warschau unter deutscher Herrschaft. Deutsche Aufbauarbeit im Distrikt Warschau, Krakau 1942
20 A.a.O.,S. 23-24
21 Horn, Walter, Symbole der Tat - Zur Ausstellung „Polenfeldzug in Bildern und Bildnissen", in: Die Kunst des Deutschen Reiches, H.2, 1940, S. 37-53
22 A.a.O., S. 37
23 A.a.O., Anm. 18, S. 142-143
24 Zitiert nach Aly, Götz, Die Endlösung, 1995, S. 64. Der Erlaß ist abgedruckt in: Die faschistische Okkupationspolitik in Polen (1939-1945), Europa unterm Hakenkreuz, Bd. 2, Berlin 1989, S. 132
25 Dörr, Heinrich, Bomben brechen die „Haufen"-Stadt, in: Raumforschung und Raumordnung, H.5, 1941, S. 269-273
26 Roth, Karl Heinz, Einleitung, in: O.M.G.U.S., Ermittlungen gegen die Dresdner Bank, Nördlingen 1986, S. VII
27 A.a.O., Anm. 24, S. 70
28 Eine Abschrift des Erlasses findet sich im Archiwum Panstwowe Gdańsk, Bestand Haupttreuhandstelle Ost, 264/8. Gert Gröning und Joachim Wolschke-Bulmahn (1987) geben als Fundort BArchK, R 49/2, fol. 3 an.
29 Personalakte im BArchK, Außenstelle Zehlendorf (ehem. BDC), zitiert nach Wolschke-Bulmahn (1986), S. 41
30 Im Wortlaut abgedruckt in: Mitteilungen der Dokumentationsstelle zur NS-Sozialpolitik, Juni/1985. Als Fundort ist BArchK, R 49,157 angegeben. Auszugsweise auch abgedruckt bei Wolschke-Bulmahn (1987), S. 220-223, als Fundort ist BArchK 113,10 angegeben. Im Wortlaut auch abgedruckt in: Müller, Rolf-Dieter (1991), S. 130-138, als Fundort ist das Militärarchiv Freiburg ausgewiesen, RW 19, 1628
31 Vermerk, betr. Umsiedlung, gez. Siemer, 30. Januar 1940. Quelle: BArchK R113, 129. Den Hinweis auf diese Quelle verdanke ich Koos Bosma, Mai 1989
32 Richert, Willi, Zum Neuaufbau des Warthegaues, Posen, März-Mai 1942. Quelle: APL, Reichsstatthalter Posen, 369. Den Hinweis auf diese Quelle verdanke ich Czeslaw Madajczyk, Juli 1988
33 Brief von Hermann Muß an Willi Richert vom 15. August 1942. Quelle: APP, Reichsstatthalter Posen, 370, S. 24-27
34 Richert, Willi, Die Planung im Warthegau. Aufgabe und Organisation, Posen, Juli-September 1941. Quelle: APP, Reichsstatthalter Posen, 373, S. 8-13
35 Liedecke, Ewald, Deutscher Städtebau in polnischen Städten, in: Bauen, Siedeln, Wohnen, H. 24, 1940, S. 909- 913
36 Liedecke, Ewald, Der neue deutsche Osten als Planungsraum, in: Neues Bauerntum, H. 4/5, 1940, S. 135-137
37 Architektenschulungslehrgang in Posen vom 2. bis 7. März 1941, in: Der Deutsche Baumeister, H. 3, 1941, S. 31-32
38 Culemann, Carl, Die Gestaltung der städtischen Siedlungsmasse, in: Raumforschung und Raumordnung, H. 3,4, 1941, S. 122-134
39 Liedecke, Ewald, Über die Vorarbeiten zum Bau einer neuen Kreisstadt bei Leipe, in: Der soziale Wohnungsbau in Deutschland, H.16, 1941, S. 571 574
40 Liedecke, Ewald, Die neue Landstadt Dobrin und ihre landschaftliche Gestaltung, in: Neues Bauerntum, H. 10-12, 1943, S. 201-207

41 Im Wortlaut abgedruckt in: Müller, Rolf-Dieter, Hitlers Ostkrieg und die deutsche Siedlungspolitik, Frankfurt 1991, S. 148-154. Quelle: Hauptstaatsarchiv Stuttgart, E140/1
42 Brief von Albert Speer an Alfred Rosenberg vom 11. Februar 1942. Quelle: Hepp, Michael, Fälschung und Wahrheit: Albert Speer und „Der Sklavenstaat", in: Mitteilungen der Dokumentationsstelle zur NS-Sozialpolitik, H.3, 1985, Dokumenten-Anhang
43 Ziegler, Gerhard, Einen Schritt weiter! Neue Raumordnung in Schlesien, Breslau 1941. Quelle: BArchK, Ost-Dok 10, 780
44 A.a.O.
45 Johst, Hanns, Ruf des Reiches, Stimme des Volkes! Eine Ostfahrt, München 1940, S. 27
46 A.a.O., S. 31
47 A.a.O., S. 90
48 A.a.O., S. 92
49 Siehe dazu vor allem die Publikationen des Stabshauptamtes des Reichskommissars für die Festigung deutschen Volkstums von 1942 (Planung und Aufbau im Osten) und 1943 (Neue Dorflandschaften)
50 Gespräch mit Waldemar Alder am 23. April 1993 in Potsdam. Den Siebenundachtzigjährigen pflegte seine dritte Frau, Felicja, 1940 Mitarbeiterin in seinem Büro in Posen.
51 Jarmer, Ernst, Die Aufgabe der Raumordnung im neuen Osten, in: Raumforschung und Raumordnung, H.1, 1941, S. 1-2
52 Wiepking-Jürgensmann, Heinrich, Raumordnung und Landschaftsgestaltung. Um die Erhaltung der schöpferischen Kräfte des deutschen Volkes, in: Raumforschung und Raumordnung, H. 1, 1941, S. 21
53 Gespräch mit Helmut Richter am 12. Juli 1989 in Kassel
54 Architektenschulungslehrgang in Posen vom 2.-7. März 1941, in: Der Deutsche Baumeister, H.3, 1941, S. 31
55 Gespräch mit Gerhard Waldmann am 1. Februar 1990 in Hamburg
56 Darlegungen Himmlers in Posen vor den SS-Führern über die Siedlung am 24. Oktober 1939. Im Wortlaut abgedruckt in: Müller, Rolf-Dieter, Hitlers Ostkrieg und die deutsche Siedlungspolitik, Frankfurt 1991, S. 119-121, Quelle: BArchK, NS 2/60
57 Neue Leitung des Gauheimstättenamtes Wartheland der DAF, in: Bauen, Siedeln, Wohnen, H. 22, 1940, S. 821
58 Schönheit des Wohnens im Warthegau auch im Kriege, o.V., o.D. Quelle: APP, Reichsstatthalter Posen, 3208
59 Aktennotiz. Weiterbearbeitung von Schönheit des Wohnens im Warthegau bis Kriegsende. Quelle: a.a.O.
60 Quelle: Archiv Werner Durth, Darmstadt
61 Quelle: Nachlaß Hans Döllgast, Architekturmuseum München. Der Entwurf für den Sessel des Oberbürgermeisters ist abgedruckt in: Durth, Werner; Gutschow, Niels, Träume in Trümmern, München 1993, S. 87
62 Quelle: APMO, abgebildet bei Dwork, Debórah; Pelt, Robert-Jan, Auschwitz – 1270 to the present, New York 1996, S. 230
63 Manke, Deutsche Wohnkultur im Warthegau, in: Der soziale Wohnungsbau in Deutschland, H.6, 1942, S. 188
64 Quelle: APP, Reichsstatthalter Posen, 3208
65 Hornung, Willy, Die Aufgabe, 1. November 1941. Quelle: APP, Reichsstatthalter Posen, 3211. Der Vermerk erschien einige Monate später unter demselben Titel in: Der soziale Wohnungsbau in Deutschland, H. 6, 1942, S. 176-180

66 Derichsweiler, Die Deutsche Arbeitsfront und ihre soziale Aufgabe im Osten, in: Der soziale Wohnungsbau in Deutschland, H.6, 1942, S. 174

2 Vom Abbau polnischer Städte und vom Aufbau deutscher Städte

67 Dörr, Heinrich, Bomben brechen die Haufenstadt, in: Raumforschung und Raumordnung, H.5, 1941, S. 269
68 Siehe den ausführlichen Lebenslauf in Gutschow, Niels; Klain, B., Warschau – Vernichtung und Utopie, Hamburg 1994, S. 155-156
69 Piotrowski, Stanislaw, Dziennik Hansa Franka, Warschau 1957, S. 260
70 A.a.O., siehe Anm. 2, S. 261
71 A.a.O., S. 255
72 Fischer, Ludwig, Grundsätzliche Bemerkungen über die Gestaltung Warschaus während des Krieges und nach dem Kriege, o.D. Quelle: APW, Bestand: Amt des Distrikts Warschau, Sign. 880, S.K. 63-97. Im Wortlaut abgedruckt in: Warschau – Vernichtung und Utopie (siehe Anm. 68), S. 129-130
73 Protokoll des Verhörs von Oskar Dengel durch Marjan Weclewicz in Dachau am 18. Juni 1947. Quelle: Glowna Komisja Badania Zbrodni Hitlerowskich w Polsce (GKBZHP), Bestand SAW, 68, S. 23-31
74 Siehe den ausführlichen Lebenslauf in : Warschau – Vernichtung und Utopie (siehe Anm. 68), S. 156-162
75 Groß, Hubert, Sonnen und Brunnen – Geschichte und Geschichten unserer Familie, Band II, Manuskript S. 157, geschrieben 1973. Quelle: Autor
76 A.a.O., siehe Anm. 75
77 Feder, Gottfried, Die neue Stadt, Berlin 1939
78 Der Deutsche Baumeister, H. 3, 1943
79 A.a.O., siehe Anm. 19, S. 229
80 Zur Raumordnung im Generalgouvernement siehe: Esch, Michael G., „Ohne Rücksicht auf historisch Gewordenes", Berlin 1992
81 Grundsätzliche Bemerkungen über die Gestaltung Warschaus während des Krieges und nach dem Kriege, auszugsweise abgedruckt in: Warschau – Vernichtung und Utopie (siehe Anm. 68), S. 129-130. Als Verfasser der Schrift wird Friedrich Fischer genannt, handschriftlich ist jedoch hinzugefügt: „Entwurf Dr. Gollert". Quelle: APW, Bestand Amt des Distrikts Warschau, 880, S.K. 63-97
82 Abgebildet in: Warschau – Vernichtung und Utopie (s. Anm. 68), S. 138
83 Ritter, Hans, Biographische Skizzen zum Leben und Schaffen von Dr. Ing. Hubert Ritter, in: Hubert Ritter – Eine Monographie, Dresden 1993, S. 14
84 So jedenfalls stellte das Hans Ritter dar, der mit seinem Vater nach Krakau gegangen war. Gespräch mit Hans Ritter am 23. Mai 1996 in München
85 Ritter, Hubert, Der Generalbebauungsplan von Krakau, um 1941. Quelle: Nachlaß Hubert Ritter, Architekturmuseum München
86 Vermerk von Hubert Ritter, Betrifft: Schreber- und Pachtgärten, Leipzig, den 20. Januar 1941. Quelle: APKr, SMKr 115
87 Ein neues deutsches Viertel in Krakau, in: Bauen, Siedeln, Wohnen, H.15, 1940, S. 516

88 Brief von Hans Hüttner an den Stadthauptmann vom April 1942. Quelle: APKr, SMKr 130
89 Stadt Krakau. 26. Oktober 1939-1941, gez. Robert Pavlu. Quelle: Archiv Wojciech Kosinski (dem ich die Überlassung einer Kopie verdanke)
90 Urban, Herbert, Repräsentative Um- und Neubauten in Krakau, in: Krakauer Zeitung, 11. Januar 1941
91 Brief von Herbert Urban, Krakauer Zeitung, an den Stadthauptmann Dr. Krämer vom 30. September 1944. Quelle: APKr, SMKr 13
92 Angaben zum Lebenslauf in einem Brief von Helmuth Baur vom 3. Mai 1986. Quelle: Nachlaß von Bartning im Hamburgischen Architekturarchiv
93 Gespräch mit Heinz Killus am 11. Juli 1988 in Einbeck. Er hatte 1937 bei Hans Poelzig diplomiert, war dann aber als Mitarbeiter von Gottfried Feder in Wilhelmshaven tätig, u. a. für den Entwurf eines Betonschiffes und die Bauleitung einer Siedlung
94 Quelle: APL, Bestand Bauverwaltung, 289 (Organisation des Amtes 650 (Hochbauamt))
95 Gespräch mit Hans Richter am 12. Juli 1989 in Kassel
96 Gespräche mit Gerhard Waldmann am 13. Juli 1989 und 1. Februar 1990 in Hamburg-Rahlstedt
97 Dorn, Alfred (Bearb.), Die Semlowerstraße in Stralsund, 1940, S. 159
98 Lindner, Werner, Heimatpflege-Heimatgestaltung. Feuerlöschteiche im Ortsbild, in: Der Deutsche Baumeister, H. 2, 1943, S. 19
99 Heinz Killus im Gespräch mit Niels Gutschow am 11. Juli 1988 in Einbeck
100 Quelle: Personalakte Rauda, BArchK, Außenstelle Zehlendorf (ehem. BDC)
101 Rauda, Wolfgang, Die städtebauliche Neugestaltung der Stadt Kempen als Beispiel für die städtebauliche Neuordnung im Osten, in: Wohnungswesen, Städtebau und Raumordnung, H. 3-4, 1943, S. 188
102 Rauda, Wolfgang, Die Siedlung Litzmannstadt „Am Wiesenhang", in: Bauwelt, H. 19-20, 1943, S. 1-8
103 Petz, Ursula von, Planungen im Nationalsozialismus für die Industriestadt Dortmund, in: Schmals, Klaus M. (Hg.), Vor 50 Jahren... – Auch die Raumplanung hat eine Geschichte!, Dortmund 1997, S. 91-112
104 Protokoll der Sitzung des Arbeitskreises für Baugestaltung und Baupflege vom 17. Januar 1941. Quelle: APP, Reichsstatthalter, 3356
105 Umlauf, Josef, Zur Stadtplanung in den neuen deutschen Ostgebieten, in: Raumforschung und Raumordnung, H.3,4, 1941, S. 118
106 Quelle: APP, Reichsstatthalter, 3356
107 Neuplanungen der Städte im Warthegau, in: Der soziale Wohnungsbau in Deutschland, H. 11, 1941, S. 414
108 Quelle: APK, Bestand Land Pl GO/S, 608
109 Quelle: BAK, Ost-Dok-10/780-K213. Der Plan gehört zu dem Konvolut an Planungsdokumenten, die dem Bundesarchiv Koblenz von Gerhard Ziegler übergeben wurden.
110 Vermerk von Heinrich Dörr vom Dezember 1942, Betr. Planung Neu/Sosnowitz. Quelle: BArchK, R 113, 1523, S. 39-40
111 Notwendige Maßnahmen für die Planung einer deutschen Stadt im Dombrowaer Industriegebiet, Denkschrift von Schönwälder vom Dezember 1940. Quelle: a.a.O., S. 24-29
112 Vermerk von Gerhard Ziegler vom 20. Januar 1941, Betr. Entwicklung der Städte im oberschlesischen Zentralrevier. Quelle: a.a.O., S. 8-15
113 Brief von Schönwälder an Gauleiter Bracht vom 27. August 1942. Quelle: a.a.O., S. 46-47

114 Brief des Gauleiters und Oberpräsidenten von Oberschlesien an Oberbürgermeister Schönwälder vom 2. September 1942. Quelle: a.a.O., S. 48-49
115 Raumplanliche Stellungnahme von Heinrich Dörr vom 19. November 1942. Quelle: a.a.O., S. 31-34
116 Brief von Dr. Faust an den Leiter der Reichsstelle für Raumordnung vom 29. Oktober 1942. Quelle: a.a.O., S. 30
117 Dörr, Heinrich, Stadt und Landschaft, in: Raumforschung und Raumordnung, H. 4-5, 1938, S. 166-173
118 Vermerk über die Besprechung der Planung einer neuen deutschen Wohnstadt bei Sosnowitz am 4. Dezember 1942, Berlin, den 19. Dezember 1942. Quelle: APK, Land Pl GO/S, 798, S. 20-22
119 Brief vom 15. Januar 1943. Quelle: BAarchK, R 113, S. 44-45
120 Vermerk von Wolfgang Teubert über die Besprechungen mit Landesplaner Ziegler am 26., 27. und 28. Januar 1943. Quelle: a.a.O., S. 49-50
121 Vermerk der Planungsbehörde beim Oberpräsidenten vom 27. Februar 1943, abgezeichnet von Ziegler am 2. März. Quelle: APK, Land Pl GO/S, 798, S. 5-8
122 Zitiert nach: Aly/Heim (siehe Anm. 3), S. 169
123 Schreiben von Ministerialdirektor Surén vom 19. März 1943 an den Regierungspräsidenten. Quelle: siehe Anm. 121, S. 1
124 Der soziale Wohnungsbau in Deutschland, H. 14, 16. Juli 1941
125 Von Auer, Wolfgang, Aufgaben der Planung als Voraussetzung für den Wohnungsbau im Regierungsbezirk Zichenau, in: Der soziale Wohnungsbau in Deutschland, H. 14, 1941, S. 506-510
126 Reiser, Dietrich, Wohnungsbau als volkspolitische Aufgabe, in: Der soziale Wohnungsbau in Deutschland, H. 14, 1941, S. 502-506
127 Feier, Die Wirtschaftsstruktur im Regierungsbezirk Zichenau, in: Der soziale Wohnungsbau in Deutschland, H.14, 1941, S. 499-502
128 Gespräch von Jan Wilhelm Prendel mit Niels Gutschow am 11. Juli 1988 in Hannover
129 Reck, Artur, Städtebau im Deutschen Osten, in: Die Baukunst, H. 11, 1941, S. 220-230
130 A.a.O., S. 226
131 Ebd.

3 Drei Städte

132 Stadtbaudirektor Helmut Döscher bearbeitete im Reichsarbeitsministerium als Mitarbeiter von Max Büge die Finanzierung von Modellvorhaben. Gleichzeitig erarbeitete er Gutachten, wie etwa die im März 1941 im Auftrage Konstanty Gutschows verfaßte Schrift *Bauen im Marsch*. Im Juli 1943 erschien Döscher gemeinsam mit Büge in Lübeck, um sich einen Überblick über die Wiederaufbauplanungen zu verschaffen. Im Sommer 1945 übernahm Döscher die Leitung des Stadtplanungsamtes in Braunschweig, bevor er als Ministerialrat im Bundesministerium für Wohnungsbau erneut Modellvorhaben begleitete, u.a. im Rahmen der „Constructa" in Hannover 1951.
133 Max Büge wurde am 8. Dezember 1892 in Stralkowo bei Posen geboren. Nach dem Zweiten Weltkrieg leitete er die bautechnische Abteilung im Ministerium für Wiederaufbau des Landes Nordrhein-Westfalen. Zu seinem Aufgabengebiet gehörte die technische Be-

ratung im sozialen Wohnungsbau. Büge starb am 23. April 1978 in Düsseldorf. Quelle: Nachruf von Hans-Gerhart Niemeier in den *Mitteilungen der Deutschen Akademie für Städtebau und Landesplanung*, Januar 1979, S. 90-91
134 Roloff, Hermann, Die Mitarbeit der Wissenschaft bei der Ordnung und Gestaltung des Deutschen Ostraums, in: Raumforschung und Raumordnung, H. 11/12, 1939, S. 541
135 Die folgende Darstellung folgt weitgehend Danuta Czech, Kalendarium der Ereignisse im Konzentrationslager Auschwitz-Birkenau 1939-1945, Hamburg 1989, S. 23-35
136 Vermerk des Bezirksplaners vom 12. Dezember 1940, Betr. Lager Auschwitz. Quelle: APKr, Land Pl GO/S, Akte 467, S. 308-309
137 Brief von Walter Gebert an Fritz Arlt vom 7. Dezember 1940. Quelle: APKr, Land Pl GO/S, Akte 67
138 Schreiben von Gerhard Ziegler an Höß vom 23. Dezember 1940, Betr. Erweiterung des Lagers Auschwitz. Quelle: a.a.O., S. 304-305
139 Brief von Höß an Ziegler, Betr. Erweiterung des Lagers Auschwitz, vom 31. Dezember 1940. Quelle: a.a.O., S. 301
140 Vermerk von Ziegler über „Vortrag" bei Bracht, Betr. KZ-Auschwitz, vom 7. Januar 1941. Quelle: a.a.O., S. 302
141 Walendy, Udo (Hg.), Auschwitz im IG-Farben Prozeß, Vlotho 1981, S. 163
142 Erst kürzlich ist dieser Punkt wieder kontrovers diskutiert worden. Siehe: Deichmann, Hans, Hayes, Peter, Standort Auschwitz: Eine Kontroverse über die Entscheidungsgründe für den Bau des I.G. Farben-Werks in Auschwitz, in: 1999 – Zeitschrift für Sozialgeschichte des 20. und 21. Jahrhunderts, H. 1, 1996, S. 79-101
143 Florian Schmaltz stellte mir freundlicherweise das Manukript eines gemeinsam mit Karl Roth verfaßten Artikels zur Verfügung, der in Heft 2/1998 von 1999 – Zeitschrift für Sozialgeschichte des 20. und 21. Jahrhunderts, S. 100-116, erschien. Im folgenden halte ich mich an die Aussagen dieses Artikels.
144 Niederschrift der Vorstandssitzung der I.G. Farbenindustrie am 8. November 1939, zitiert nach Schmaltz/Roth. Quelle: Archiv der Hamburger Stiftung für Sozialgeschichte
145 A.a.O. Quelle: BArchB, R 25/38
146 So berichtete Hans Deichmann von dem Gespräch im *New Yorker* am 4. Juni 1990. Im Zeichen der von Schmaltz/Roth ausgewerteten Akten kann diese Darstellung nicht mehr bestritten werden.
147 Protokoll der 1. Baubesprechung. Quelle: APMO, D-Av III-Monowitz 4/1, Nr. 151234
148 A.a.O. (siehe Anmerkung 135), S. 84
149 Heinrich Gutsche, geboren am 17. Oktober 1898 in Glogau, seit 11. März 1934 Mitglied der NSDAP, wurde am 29. Juli 1940 nach Auschwitz als Amtskommissar abgeordnet und dort am 1.1.1942 zum Bürgermeister ernannt: „Gutsche ist weltanschaulich und charakterlich einwandfrei. Er verfügt über gutes Fachwissen. Das Bürgermeisteramt hat er zur vollen Zufriedenheit geführt." Quelle: BArchB-Zehlendorf (ehem. BDC)
150 Vermerk von Udo Froese vom 18. April 1941. Quelle: APKr, Land Pl GO/S, Akte 467, S. 191-193
151 In Lennep 1903 geboren, hatte Stosberg vorwiegend bei Walther Wickop in Hannover studiert, der seit 1940 bei der Entwicklung von Neubauerndörfern im Osten zu den wichtigsten Mitarbeitern von Konrad Meyer gehörte. Seine Dissertation *Brückenkopf Breslau* von 1935 über Breslau hatte den kämpferischen Untertitel *Bollwerk des Ostens*.

152 Brief von Greifelt an den Oberpräsidenten von Schlesien vom 23. November 1940. Quelle: BArchK, 49, Akte 902; zitiert nach Dwork, Debórah; Pelt, Robert-Jan van, Auschwitz – 1270 to the Present, New York 1996, S. 183
153 Quelle: APK, a.a.O., 1207, 1250, 1253
154 Hans Stosberg, Auschwitz. Erläuterungsbericht zur Raumordnungsskizze, 30. März 1941. Quelle: APKr, Land Pl GO/S, Akte 467, S. 198-206. Ins Englische übersetzt erschien der Erläuterungsbericht als Anhang zum Aufsatz von Robert-Jan van Pelt: From Architect's Promise to Inmate's Perdition, in: Modernism/Modernity, Vol.1, No. 1, 1994, S. 114-117, im Text versehentlich „Rosenberg" statt „Rechenberg"
155 Rechenberg, Fritz, Das Einmaleins der Siedlung. Richtzahlen für das Siedlungswesen, Berlin 1940
156 Eine Lichtpause des Plans ist (ohne Signatur) im Stadtarchiv Auschwitz erhalten. Der Plan wurde erstmals im Frühjahr 1994 auf der Ausstellung „La Ville" in Paris gezeigt. Abgebildet ist er bei van Pelt (siehe Anm. 154, S. 108) und bei Dwork und van Pelt (siehe Anm. 152), Plate 9
157 In Stettin 1901 geboren, studierte Kammler und promovierte dort 1932, nach Stationen in zahlreichen Planungsinstitutionen begann er 1936 als Referent im Reichsluftfahrtministerium, bevor er im Juni 1941 bei der SS das Hauptamt Haushalt und Boden übernahm und damit für alle Bauangelegenheiten der Konzentrationslager zuständig war.
158 Die Skizze ist nicht unterzeichnet, die Beschriftung ähnelt jedoch denjenigen, die sich in den darauffolgenden Monaten auf den Entwurfszeichnungen von Werkmann findet. Georg Werkmann konnte bisher nicht identifiziert werden.
159 Quelle: APMO, Neg. Nr. 20264. Der Plan ist publiziert in Dwork/van Pelt (siehe Anm. 152), Plate 6
160 Brief von Gutsche an die Lagerkommandantur vom 3. Juni 1941. Quelle: APKr, Land Pl GO/S, Akte 467. S. 189
161 Vermerk von Froese, Betr. Konzentrationslager Auschwitz vom 30. Juni 1941. Quelle: APKr, a.a.O., S. 180-183
162 Brief von Ziegler an das Generalreferat für Raumordnung vom 8. Oktober 1941. Quelle: APKr, a.a.O.,S. 167-168
163 Vermerk von Froese vom 3. Oktober 1941, Betr. Raumordnung Auschwitz - Abgrenzung des KZ-Lager-Bereichs. Quelle: APKr, a.a.O., S. 172-174
164 Brief von Regierungspräsident Springorum an die Planungsbehörde des Oberpräsidenten vom 18. Oktober 1941. Quelle: APKr, a.a.O., S. 165
165 Vermerk von Froese, Betr. Kommunale Grenzen im Raume Auschwitz vom 28. Oktober 1941. Quelle: APKr, a.a.O., S. 156-161
166 Brief von Ziegler an den Reichskommissar für die Festigung deutschen Volkstums vom 8. November 1941 mit Bezug auf die Besprechung in Berlin vom 1. November. Quelle: APKr, a.a.O., S. 154-155
167 Nach van Pelt 1994 und Dwork/van Pelt (Anm. 152), S. 263, dort ist auch der Lageplan des Kriegsgefangenenlagers und der Entwurf für die Unterkunftsbaracke abgebildet.
168 Centr chranenija istoriko-dokumentanych kollekcij (CCIDK), Moskau, 502/1/18
169 Brief des Wasserwirtschaftsdezernats an Ziegler vom 7. Februar 1942 mit Bezug auf die Besprechung bei Ziegler am 5. Februar. Quelle: APKr, Land Pl GO/S, Akte 467, S. 137-139

170 Froese hatte den Raumordnungsplan im Januar abgeschlossen und mit Schreiben vom 27. Januar an 27 verschiedene Behörden und Dienststellen in Ober- und Unterschlesien zur Begutachtung verschickt. Quelle: APKr, a.a.O., S. 126-127

171 Brief von Ziegler an die Hauptabteilung Planung und Boden, „Raumordnung Auschwitz", vom 18. Februar 1942. Quelle: APKr, a.a.O., S. 130-132

172 Eine Lichtpause der Planung befindet sich im APMO, BW 2/17, Neg. Nr. 20931/4. Der Plan ist abgedruckt in Dwork/van Pelt (Anm. 152), Plate 7 und jüngst für die Gestaltung des Titels des Buches *Homo Sacer. Sovereign Power and Bare Life* von Giorgio Agamben (Stanford 1998) benutzt worden.

173 Vermerk von Regierungspräsident Springorum, Betr. Grenzen des K-Lagerbereichs Auschwitz vom 24. März 1942. Quelle: APKr, Land Pl GO/S, Akte 467, S. 124-125

174 Schreiben des Regierungspräsidenten vom 16. April 1942, Betr. Festlegung der endgültigen Grenze des Geländes für das K-Lager Auschwitz zwischen Bahnhof und Solabrücke. Quelle: APKr, a.a.O., S. 119-121

175 Schreiben von Dr. Gerber vom SS-Wirtschafts-Verwaltungshauptamt vom 19. August 1942 an die Planungsbehörde beim Oberpräsidenten in Kattowitz. Quelle: APKr, a.a.O., S. 122

176 Vermerk von Froese, Betr. KL-Auschwitz, Eisenbahn-, Siedlungs-, Grenz- u. Wasserfragen. Sitzung im SS-Heim Auschwitz am 23.9.1942. Quelle: APKr, a.a.O., S. 96-99 und Protokoll von Höß der Besprechungen anläßlich des Besuches des SS-Obergruppenführers Pohl im Haus der Waffen-SS in Auschwitz am 23.9.1942 vom 24. September 1942. Quelle: CCIDK, Moskau, 502/1/19, S. 97-101

177 A.a.O., S. 95-96

178 Zitiert nach: Vespignani, Renzo, *Faschismus*, Berlin 1976, S. 123, und Czech, Danuta (siehe Anm. 135), S. 307

179 Schreiben des Landrates [Lohmann] an den Regierungspräsidenten, Betr. Abgrenzung und Bildung des Amtsbezirks KL.-Auschwitz, vom 22. Dezember 1942. Quelle: APKr, Land Pl GO/S, Akte 467, S. 75-80

180 Schreiben der Bergwerksverwaltung Oberschlesien G.m.b.H. der Reichswerke „Hermann Göring" vom 11. Januar 1943. Quelle: APKr, a.a.O., S. 82-84

181 Pressac, Jean-Claude, Les Crématoires d'Auschwitz. La Machinerie du Meurtre de Masse, Paris 1993, S. 119

182 Quelle: APMO, D-Av III-Monowitz / 4/ 1, Nr. 151234 und BArchB, Bestand R 8128/A 1990 I.G. Farbenindustrie A.G. - Werk Auschwitz

183 A.a.O.

184 A.a.O.

185 Abgebildet in: Lange, Albert, Vom Raumordnungsplan zum Hausbau, in: Der soziale Wohnungsbau in Deutschland, H.20, 1941, S. 691. Die Bildunterschrift erwähnt zudem die Mitwirkung der Architekten Faber, Gantefüher, Hannes, Kullmann, Martin, Schmitt und Bläumer.

186 Quelle: APMO, siehe Anm. 182

187 Quelle: APKr, Land Pl GO/S, Akte 467, S. 148-151. Auf dieses Dokument hatte mich 1989 Susanne Heim aufmerksam gemacht, es ist abgedruckt in: Gutschow, Niels, Bauaufgabe Auschwitz oder Von der so nicht geahnten Normalität eines Berufsstands, in: Centrum 1995, S. 63

188 Aktenvermerk vom 6. Dezember 1941, Betr. Generalplanung Auschwitz, unterzeichnet von Kammler. Quelle: CCIDK, 1372-6-22, S. 230-231. Florian Schmaltz machte mir die-

se Quelle 1998 zugänglich. Die dazugehörigen Planvorlagen entdeckte Schmaltz im Bundesarchiv Berlin im Bestand R 8128/ A 1990 I.G. Farbenindustrie A.G.-Werk Auschwitz.
189 Brief von Hans Stosberg vom 16. Januar 1942 an den Reichsführer SS, Oberführer Dr. Ing. Kammler. Quelle: a.a.O., S. 199-201
190 Vermerk von Pfeiffer vom 14. September 1942, Betr. Ortsplanung Auschwitz. Quelle: APKr, Land Pl GO/S, Akte 467, S. 103-105
191 Die Entwürfe für den Bahnhofsvorplatz und das Parteiforum sowie das Gemeinschaftshaus der NSDAP für die Bereitschaftssiedlung sind im Staatlichen Museum Auschwitz (APMO) überliefert und von Dwork/van Pelt (siehe Anm. 152), S. 251 publiziert.
192 Steinmetz, Georg, Grundlagen für das Bauen in Stadt und Land mit besonderer Rücksicht auf den Wiederaufbau in Ostpreußen, Berlin/München 1921
193 Niederschrift des Baudezernenten Töppler über die Besprechung am 15. und 16. Januar 1943 in der Prüfstelle des Reichswohnungskommissars, Kattowitz, den 30. Januar 1943. Quelle: APKr, a.a.O., S. 60-67
194 Schreiben von Stosberg an den Regierungspräsidenten vom 25. Februar 1943. Quelle: APKr, a.a.O., S. 38-40
195 Vermerk über die Reise von Ministerialdirigent Dr. Teubert von der Reichsstelle für Raumordnung in Berlin am 13. und 14. April 1943 in Oberschlesien. Quelle: APKr, a,a.O., S. 33-34
196 Aktenvermerk von Walter Dejaco, Betr. Offene Frage Planung Auschwitz im Zusammenhang mit der Stadtplanung Auschwitz, 14. Mai 1943. Quelle: APMO, Zentralbauleitung BW 1/2/13, S. 119
197 Brief von Hans Stosberg an Niels Gutschow vom 23. August 1989
198 Vermerk Betr. Planung in Auschwitz vom 29. Mai 1943. Quelle: APKr, a.a.O., S. 14-15
199 Quelle: APMO, KLAu I, BW 1/9
200 A.a.O.
201 Czech, Danuta, Kalendarium der Ereignisse im Konzentrationslager Auschwitz-Birkenau 1939-1945, Hamburg 1989, S. 210, 398, 433, 447, 725 oben
202 Mit Schreiben vom 21. Oktober 1943 werden dafür Planunterlagen angefordert. Quelle: APMO, KLAu I, BW 1/9. Im Kalendarium (siehe Anm. 201), S. 819, ist dieses Modell, das einen Zustand der Planung von Lothar Hartjenstein vom Herbst 1942 darstellt, abgebildet.
203 Gespräch von Niels Gutschow mit Eugeniusz Nosal, Oświęcim, Sinkiewicza 7 (geb. 19. 8. 1910, Häftlingsnr. 693)
204 A.a.O., siehe Anm. 181
205 Van Pelt, Robert-Jan, A Site in Search of a Mission, in: Gutman, Yisrael, Berenbaum, Michael (Hrsg.), Anatomy of the Auschwitz Death Camp, New York 1994, S. 93-156
206 Protokoll der Hauptverhandlung am Landesgericht für Strafsachen in Wien, Strafsache gegen Walter Dejaco und Fritz Ertl, 21. Jänner 1972. Quelle: APMO
207 A.a.O. (siehe Anm. 205), S. 119
208 Quelle: APMO, KLAu I, BW 1/9
209 A.a.O. (Anm. 62), S. 275
210 Diese Analyse veranlaßte van Pelt, seinen Beitrag im Sammelband Anatomy of the Auschwitz Death Camp (siehe Anm. 205) „A Site in Search of a Mission" zu nennen.
211 A.a.O. (siehe Anm. 201), S. 694
212 Ein von Hans Safrian in seiner Studie über die Eichmann-Männer (a.a.O., Anm. 8, S. 18) mit Hinweis auf Martin Broszat und Hans Mommsen geprägter Begriff

213 Bericht von Stahl über die Reise nach Krakau und Auschwitz vom 2.-9. August 1943. Quelle: BArchB-Zehlendorf (ehem. BDC), Akte Hans Frank, S. 185-188
214 Protokoll der Verwaltungsratssitzung der Pflanzenkautschuk- Forschungs-Gesellschaft m.b.H. vom 20. September 1943. Quelle: a.a.O., S. 194-195
215 Erlaß Himmlers vom 10. Juli 1943. Quelle: a.a.O., S. 183
216 Aktenvermerk von Fritz Ertl vom 22. Februar 1942. Quelle: CCIDK, 502,1,19, S.11-12
217 Brief von Fritz Ertl an das Hauptamt Haushalt und Boden vom 10. Oktober 1941. Quelle: CCIDK, a.a.O., S. 439
218 Aktenvermerk von Fritz Ertl vom 25. März 1942 über die Dienstbesprechung mit dem Amtschef C/III SS- Sturmbannführer Wirtz in der Zentralbauleitung der Waffen-SS und Polizei Auschwitz. Quelle: CCIDK, a.a.O., S. 353
219 Erläuterungsbericht zum Neubau des Wäscherei- und Aufnahmegebäudes mit Entlausungsanlage und Häftlingsbad im K.L. Auschwitz O/S vom 14. April 1942. Quelle: CCIDK, 502, 1, 347, S. 338-339
220 Brief der Industrie-Bau-A.G. vom 15. August 1942 an die Zentralbauleitung. Quelle: CCIDK, 502, 1 ,347, S. 248-249
221 A.a.O.
222 Aktenvermerk von Fritz Ertl vom 8. Juni 1942. Quelle: CCIDK, 502, 1, 19, S. 46
223 Aktenvermerk von Fritz Ertl über einen Besuch in Berlin, 13.-15. Oktober 1942. Quelle: CCIDK, 502, 1, 19, S. 116-119
224 A.a.O., S. 118-119
225 Brief des Vorstands der Fa. Gebr. Poensgen A.-G. an die Zentralbauleitung vom 28.9.1942, zitiert im Entwurf eines Briefes von Karl Bischoff an den Vorstand der Firma Gebr. Poensgen A.-G., o. D. Quelle: CCIDK, 502, 1 ,347, S. 237-238
226 Ebd.
227 Ebd.
228 Brief der Firma Gebr. Poensgen A.-G. vom 6. April 1943 an die Zentralbauleitung. Quelle: CCIDK, 502, 1, 347, S. 115-116
229 Quelle: CCIDK, 502, 1, 32
230 Aktenvermerk von Ziemssen vom 25. November 1942, Betr. Besprechung mit SS-Brigadeführer Dr. Kammler am 23. 11. 42. Quelle: CCIDK, 502, 1, 19, S. 141-142
231 Bericht über die Arbeitseinteilung beim Sofortprogramm im K.G.L. Auschwitz von Karl Bischoff vom 13. Mai 1943. Quelle: APMO, Zentralbauleitung, BW 1/2/13, S. 120-122
232 Quelle: BArchB-Zehlendorf (ehem. BDC), Personalakte Werner Jothann
233 Protokoll der „Übergabeverhandlung" vom 21. Oktober 1943. Quelle: CCIDK, 502, 2, 52, S. 85
234 Aktenvermerk von Werner Jothann vom 4. April 1944, Betr. Ausbau Bauabschnitt I u. II im Lager II. Quelle: CCIDK, 502, 1, 29, S. 21-22
235 Aktenvermerk von Werner Jothann vom 17. Juni 1944 Betr.: Besprechung anläßlich des Besuches des Hauptamtschefs, SS-Obergruppenführer und General der Waffen-SS Pohl, über bauliche Belange in Auschwitz. Quelle: CCIDK, 502,1,25, S. 189-190
236 Bericht über die Dienstreise des SS-Strm. Gierisch am 10. und 11. 2.1944 nach Berlin zum SS-WVHA. Quelle: CCIDK, 502,1,29, S. 12
237 Hilberg, Raul, Die Vernichtung der europäischen Juden, Frankfurt 1990, S. 1050-1051
238 Dittrich, Otto, Auf den Straßen des Sieges. Erlebnisse mit dem Führer in Polen, 1941, S. 92

239 Litzmannstädter Zeitung, 12. Januar 1940, zitiert nach Zorn, Gerda, Nach Ostland geht unser Ritt. Deutsche Eroberungspolitik und die Folgen. Das Beispiel Łódź, 1988, S.62
240 Quelle: Hamburgisches Architekturarchiv, Bestand Helmuth Baur. Baur hatte die Schrift von seinem Freund Hans Bartning bekommen, mit dem er gemeinsam im Stadterweiterungsamt Wilhelmshaven gearbeitet hatte. Ein zweites Exemplar ist in der Bauverwaltung von Wilhelmshaven überliefert. Hallbauer hatte die Schrift Walter Temp geschickt, der ab Mai 1939 als Stadtbaudirektor von Wilhelmshaven fungierte. Den Hinweis darauf verdanke ich Ingo Sommer (Brief vom 26. Mai 1988).
241 A.a.O., S. 2
242 A.a.O., S. 12
243 A.a.O., S. 21
244 Zorn, a. a. O. (siehe Anm. 239), S. 77
245 A.a.O., S. 94-95
246 Gespräch mit Heinz Killus am 11. Juli 1988 in Einbeck
247 Killus, Heinz, Der Totalitätsgedanke im neuen Städtebau, in: Monatshefte für Baukunst und Städtebau, H.4, 1940, S. 85-88
248 Der Reichsstatthalter in Hamburg, Der Architekt des Elbufers, Die Ortsgruppe als Siedlungszelle, Hamburg, den 20. Dezember 1940. Quelle: Autor
249 Brief von Wilhelm Hallbauer an Bürgermeister Dr. Marder, Litzmannstadt, den 17. 8. 1940. Quelle: APL, Bestand Stadtverwaltung Litzmannstadt, Bauverwaltung, Akte 111, Blatt 191
250 A.a.O., Blatt 192
251 Schreiben von Wilhelm Hallbauer an Walther Bangert, Litzmannstadt, den 1. 2. 1941. Quelle: APL, a.a.O., Blatt 25
252 A.a.O., Blatt 25ff
253 Gespräch mit Helmut Richter am 12. Juli 1989 in Kassel
254 Wilhelm Hallbauer, Litzmannstadt, in: Raumforschung und Raumordnung, H. 3-4, 1941, abgedruckt im Werbeteil
255 Alfred Dorn (Bearbeiter), Die Semlowerstraße in Stralsund. Entschandelung und Gestaltung, Herausgegeben vom Reichsinnungsverband des Malerhandwerks in Verbindung mit dem Deutschen Heimatbund und der Stadt Stralsund, Berlin 1940
256 Pinder, Wilhelm, Rettung der deutschen Altstadt, in: Denkmalpflege und Heimatschutz im Wiederaufbau der Nation, Tag für Denkmalpflege und Heimatschutz im Rahmen des Ersten Reichstreffens des Reichsbundes Volkstum und Heimat Kassel 1933, Berlin 1934, S. 131
257 Eine kolorierte Lichtpause dieses Planes befindet sich im APL, Bestand Stadtverwaltung Litzmannstadt, Bauverwaltung, Akte 111. Wolfgang Draesel übergab mir 1988 eine fotografische Verkleinerung im Maßstab 1:100000.
258 Einzelheiten über die Planung Stockhof finden sich in der Akte 111, APL, Bestand: Stadtverwaltung Litzmannstadt, Bauverwaltung. Eine ausführliche Dokumentation der Planung findet sich in der vom Landeskulturwalter und Gauhauptmann im Reichsgau Wartheland herausgegebenen Zeitschrift für Aufbau und Kultur im deutschen Osten: Helmut Richter, Stockhof. Eine Gartenstadt vor Litzmannstadt, in: Bauen im Wartheland, Blätter des Arbeitskreises Baugestaltung und Baupflege im Reichsgau Wartheland, enthalten in: Wartheland, H. 1, 1942, S. 37-49. Im Bestand Helmuth Baur, Hamburgisches Architekturarchiv, sind weitere Modellbilder von dem Projekt enthalten.
259 A.a.O., S. 45

260 Rauda, Wolfgang, Die Siedlung Litzmannstadt „Am Wiesenhang" als Beispiel städtebaulicher Planungs- und Gestaltungsfragen in Siedlungen, in: Bauwelt, H. 19/29, 1943, S. 5
261 Der Reichsstatthalter im Reichsgau Wartheland, Erlaß betr. Umbau und Neugestaltung der Stadt Litzmannstadt, Posen, den 20. Juni 1941. Quelle: APL, Bestand Stadtverwaltung Litzmannstadt, Bauverwaltung, Akte 115, Bl. 21-24
262 Notiz über die Arbeitstagung vom 6.-8.12.1941 in Posen, in: Raumforschung und Raumordnung, H. 5, 1942, S. 143, 144. Neben Hallbauer berichteten auf der Tagung Walter Geisler, Reinhold Niemeyer, Wolfram Vogel, Flörke und die Stadtbauräte Lüers (Posen) und Buchs (Königsberg).
263 Brief der jüdischen Gemeinde der Stadt Lemberg an den Stadthauptmann, zu Händen des Herrn Stadtbaudirektors Dr. Hallbauer, Lemberg, den 27. Mai 1942. Quelle: Staatsarchiv Lviv, Bestand P 37/4/140, Bl. 21-24. Den Hinweis auf dieses Dokument verdanke ich Susanne Heim.
264 Brief von Walther Bangert an Stadtbaurat Dr. Freytag vom 22. August 1942. Quelle: APL, a.a.O. (siehe Anm. 261)
265 Weber, Karl, Litzmannstadt. Geschichte und Probleme eines Wirtschaftszentrums im deutschen Osten, Kieler Vorträge, Bd. 70, Jena 1943, S. 12-13
266 A.a.O., S. 29
267 A.a.O., S. 14
268 „Zur Planung der Industriezellen". Quelle: APL, a.a.O., Akte 141
269 Niederschrift über die Sitzung, die am 19. Juni 1943 in der Reichsstelle für Raumordnung unter Vorsitz des Abteilungsleiters und Ersten Baudirektors Köster stattfand, betreffend Luftschutzgrundsätze in der Raumordnung von Stadtbereichen (Reichsbahnsiedlungen Litzmannstadt). Quelle: Archiwum Panstwowe Łódź, Bestand Stadtverwaltung Litzmannstadt, Bauverwaltung, Akte 141, Bl. 129-131
270 Ebda.
271 Willy Kirchner war nach dem Studium in Stuttgart mit Umlauf im Reichsheimstättenamt tätig gewesen und hatte ab 1938 im Büro Rimpl die Planung für Hermann-Göring-Stadt betreut.
272 Gespräch mit Franz Rosenberg am 11. Juli 1988 in Bremen
273 Quelle: APL, Stadtverwaltung Litzmannstadt, Bauverwaltung, Akte 124
274 Quelle; APL, Stadtverwaltung Litzmannstadt, Bauverwaltung, Akte190
275 Greiser, Arthur, Der Aufbau im Osten, Kieler Vorträge, Bd. 68, Jena 1942, S. 4
276 Zitiert nach Madaiczyk, Czeslaw, Die Okkupationspolitik Nazideutschlands in Polen 1939-1945, Köln 1988, S. 26
277 Quelle: APP, Reichsstatthalter, Akte 372: Personalakte von Willi Alfred Oskar Richert, geb. 24. 10. 1897 in Schönsee
278 Quelle: APP, Stadt Posen, Akte 24
279 Baumgarten, Paul, Die Umgestaltung des Großen Posener Staatstheaters, in: Zentralblatt der Bauverwaltung, H. 29/30, 1942, S. 333-338
280 Die Neugestaltung Posens, in: Bauen, Siedeln, Wohnen, H. 16, 1940, S. 545
281 Scheffler, Gauhauptstadt Posen – neues Zentrum, in: Berliner Börsenzeitung, Berlin, den 24. September 1940
282 Kunze, Hans-Joachim, Posen – Pfalz des Ostens. Großzügige Pläne zum Aufbau der Stadt, in: Berliner Börsenzeitung, Berlin, den 11. Dezember 1940

283 Entwurf von Hermann Jansen für die Neugestaltung Berlins, Abschnitte 8 und 8a, Selchow und Rotberg, vom 22. August 1941, in: Wolters, Rudolf, Stadtmitte Berlin, Tübingen 1978, S. 171
284 Geil, Rudolf, Cornberg – eine neue hessische Kleinstadt, in: Der soziale Wohnungsbau in Deutschland, H. 15, 1941, S. 525-541
285 Umfangreiche Umbauten im Posener Schloß, in: Bauen, Siedeln, Wohnen, H. 11, 1940, S. 392
286 Vier Neuplanungs-Bereiche in Posen. 1. Erlaß des Beauftragten des Führers für die Neugestaltung der Gauhauptstadt, in: Ostdeutscher Beobachter, Posen, den 26. Januar 1941
287 Im Wortlaut abgedruckt in: Dülffer, Josef, Thies, J., Henke, J., Hitlers Städte. Baupolitik im Dritten Reich, Köln/Wien 1978, S. 73
288 Die Neubaupläne für Posen, in: Der soziale Wohnungsbau in Deutschland, H. 9, 1941
289 Im Wortlaut abgedruckt in: Pahl-Weber, Elke, Die Reichsstelle für Raumordnung und die Ostplanung, in: Rössler, Mechthild, Schleiermacher, S. (Hg.), Berlin 1993, S. 154-174. Quelle: Archiv für bildende Kunst, Germanisches Nationalmuseum Nürnberg, Nachlaß Reichow, I, B-190 d, undatiert
290 Reichow, Hans Bernhard, Grundsätzliches zur Industrieplanung, Hamburg, den 3. März 1945, Schriftsatz D48 des Architekten für die Neugestaltung der Hansestadt Hamburg. Quelle: Autor
291 Vergl. Durth/Gutschow, a.a.O., (Anm. 1), S. 67-69
292 Wiepking-Jürgensmann, Heinrich, Raumordnung und Landschaftsordnung, in: Raumforschung und Raumordnung, H.1, 1941, Abb. XX
293 Wortmann, Wilhelm, Der Gedanke der Stadtlandschaft, in: Raumforschung und Raumordnung, H.1, 1941, S. 15-17
294 Greifelt, Ulrich, Festigung deutschen Volkstums im deutschen Ostraum, in: Raumforschung und Raumordnung, H. 1, 1941, S. 3
295 Reichow, Hans Bernhard, Siedlungsschema für Groß Hamburg, in: a.a.O. (Anm. 1), S. 615 und Reichow, Hans Bernhard, Organische Stadtbaukunst, Braunschweig 1948, S. 178. Zuletzt abgebildet in: Bosma, Koos; Hellinga, H., German Urban Planning. Between Urban Periphery and Region, in: Mastering the City, Bd. 1, Rotterdam 1997, S. 65
296 Reichow, Hans Bernhard, Organische Stadtbaukunst, Braunschweig 1948, S. 55. Auf Seite 61 ist der Plan zur Stadtlandschaft Posen abgebildet, weitere Erläuterungszeichnungen finden sich auf Seite 201.
297 Brief von Piotr Zaremba an Niels Gutschow vom 12. Juli 1989
298 Zaremba, Piotr, Pierwszy powojeny plan rozwoju Poznania, in: Kronika Miasta Poznania, H.1, 1985, S. 12-35

4 Zur Kontinuität des Leitbildes „Stadtlandschaft"

299 Blanck, Eugen, Bangert, W., Köln – ein städtebaulicher Versuch, in: Wasmuths Monatshefte für Baukunst, 1934, S. 45-48
300 Dörr, Heinrich, Stadt und Landschaft, in: Raumforschung und Raumordnung, H. 4-5, 1938, S. 166-173
301 Reichow, Hans Bernhard, Gedanken zur städtebaulichen Entwicklung des Groß-Stettiner Raumes, Stettin 1940

302 Reichow, Hans Bernhard, Von der Idee der Stadtlandschaft. In dem 18 Seiten umfassenden, undatierten Manuskript ist vermerkt: „erscheint demnächst im Verlag Alfred Metzner, Berlin". Quelle: Autor
303 Völckers, Otto, Dorf und Stadt. Eine deutsche Fibel, Leipzig 1942, S. 126
304 Schama, Simon, Landscape and Memory, New York 1995, S. 79-80
305 Kater, Michael H., Das „Ahnenerbe der SS" 1922-1945. Ein Beitrag zur Kulturpolitik des Dritten Reiches, Stuttgart 1974
306 Till, Rudolph, Handschriftliche Untersuchungen zu Tacitus Agricola und Germania, Berlin 1943
307 Wortmann, Wilhelm, Die Re-Urbanisierung, der Weg zu einer neuen Gestalt der Stadt, Abhandlungen zum neuen Städtebau und Städtebaurecht, Schriftenreihe DASL XIII, Tübingen 1962, S. 51-66
308 Protokolle des Arbeitsausschusses für Stadtplanung. Quelle: Staatsarchiv Hamburg, Bestand Baubehörde I, CA 6
309 Hillebrecht, Rudolf, Neuaufbau der Städte, in: Jasper, Reinhard (Hrg.), Handbuch moderner Architektur, Berlin 1957, S. 450
310 Geist, Johann Friedrich; Kürvers, K., Das Berliner Mietshaus 1945-1989, München 1989, S. 120
311 Die gegliederte und aufgelockerte Stadt, ohne Angabe der Verfasser, Berlin 1945, S. 14. Quelle: Archiv der Akademie der Künste, Berlin, Nachlaß Hans Scharoun
312 Roloff, Hermann, Aufgaben der Bundesraumordnung, Schriften des Deutschen Verbandes für Wohnungswesen, Städtebau und Raumplanung, H. 15, 1956, S. 31
313 Kroher, Ludwig, Städtebau im Atomzeitalter, in: Bauen und Wohnen, H. 9, 1951, S. 517-521
314 Stuckart, Wilhelm, Die gesetzlichen Grundlagen des Staatsaufbaus, in: Paul Meier-Benneckenstein (Hg.), Staat und Verwaltung. Der organisatorische Aufbau, Teil III, Berlin 1939, S. 9-27
315 Christaller, Walter, Das Grundgerüst der räumlichen Ordnung in Europa, Frankfurter Geographische Hefte, H.1, 1950
316 A.a.O., S. 5

Bibliographie

Primärliteratur

Auer, Wolfgang von, Aufgaben der Planung als Voraussetzung für den Wohnungsbau im Regierungsbezirk Zichenau, in: Der soziale Wohnungsbau in Deutschland, H. 14, 1941, 506-510
Besecke, Fritz, Planungsbeispiel Hauptdorfbereich Minden, in: Stabshauptamt (Hg.) 1943, 64-73
Böckler, Erich, Die Gestalt der deutschen Stadt im Osten, in: Raumforschung und Raumordnung, H. 3/4, 1941, 212-221
Böckler, Erich, Europäische Ausdrucksformen im östlichen Städtebau, in: Der Deutsche Baumeister, H. 9, 1941, 14-18
Böckler, Erich, Baugestaltung in östlicher Landschaft, in: Der Deutsche Baumeister, H. 12, 1941, 36
Böckler, Erich, Der Osten als Bauaufgabe, in: Der Deutsche Baumeister, H. 5, 1942, 2-8
Böhm, Herbert, Die Gestalt der Städte des neuen Ostens, in: Raumforschung und Raumordnung, H.3/4, 1941, 221-225
Christaller, Walter, Grundgedanken zum Siedlungs- und Verwaltungsaufbau im Osten, in: Neues Bauerntum, H. 9, 1940, 305-312
Christaller, Walter, Die Kultur- und Marktbereiche der zentralen Orte im deutschen Ostraum und die Gliederung der Verwaltung, in: Raumforschung und Raumordnung, H. 11/12, 1940, 498-503
Christaller, Walter, Die Zentralen Orte in den Ostgebieten und ihre Kultur- und Marktbereiche, Gemeinschaftsarbeit der Reichsarbeitsgemeinschaft für Raumordnung, Struktur und Gestalt der Zentralen Orte des deutschen Ostens, Teil 1, Leipzig 1941
Cords-Parchim, Großgehöfte für den Deutschen Osten, in: Bauwelt, H. 15/16, 1943, 1-8
Culemann, Carl, Die Gestaltung der städtischen Siedlungsmasse, in: Raumforschung und Raumordnung, H.3/4, 1941, 122-134
Culemann, Carl, Zur Methodik der Stadtgestaltungspläne, in: Raumforschung und Raumordnung, H.9, 1941, 403-410
Culemann, Carl, Aufbau und Gliederung gebietlicher Bereiche als Aufgabe räumlicher Gestaltung, in: Raumforschung und Raumordnung, H. 8/9, 1942, 249-256
Derichsweiler, Die Deutsche Arbeitsfront und ihre soziale Aufgabe im Osten, in: Der soziale Wohnungsbau in Deutschland, H. 6, 1942, 174-175
Dietrich, Otto, Auf den Straßen des Sieges. Erlebnisse mit dem Führer in Polen, München 1941 (8. Auflage, 351.-380. Tausend)
Dörr, Heinrich, Bomben brechen die „Haufen"-Stadt, in: Raumforschung und Raumordnung, H. 5, 1941, 269-273

Dorn, Alfred (Bearb.), Die Semlower Straße in Stralsund. Entschandelung und Gestaltung, Berlin 1940

Frank, Herbert, Querschnitt durch den ländlichen Aufbau des Ostens, in: Der Deutsche Baumeister, H. 11, 1941, 4-11

Frank, Herbert, Grundlagen der Dorfplanung, in: Schacht (Hg.) 1943, 47-60

Frank, Herbert, Dörfliche Planungen im Osten, in: Stabshauptamt (Hg.), Neue Dorflandschaften, Berlin 1943, 44-45

Geisler, Walter, Welche Struktur und welche Gestaltung sollen die zentralen Orte des Ostens und ihre Einzugsgebiete künftig erhalten? Gemeinschaftswerk der Reichsarbeitsgemeinschaft für Raumforschung, Struktur und Gestaltung der zentralen Orte des deutschen Ostens, Teil 2, Leipzig 1941

Görres, Guido, Das Hauptdorf Minden mit dem Dorf Gartenfelde. Ein Wettbewerb und einige grundsätzliche Anmerkungen über die neue Landgestaltung in Ostpreußen, in: Der Landbaumeister / Neues Bauerntum, H. 6, 1942, 11-14

Greifelt, Ulrich, Festigung deutschen Volkstums im deutschen Ostraum, in: Raumforschung und Raumordnung, H. 1, 1941, 2-6

Greiser, Arthur, Der Aufbau im Osten, Kieler Vorträge, Bd. 68, Jena 1942

Grünberg, Hans Bernhard von, Hauptgesichtspunkte für die Aufstellung eines Wohnungsbauprogrammes im Regierungsbezirk Zichenau, in: Der soziale Wohnungsbau in Deutschland, H. 14, 1941, 490-494

Helmigk, Aufbauarbeit im Warthegau, dargestellt an den Arbeiten des Landesbaumeisterseminars bei der Gauselbstverwaltung im Reichsgau Wartheland, in: Bauwelt, H. 27/28, 1943, 18

Henselmann, Hermann; Wentzel, G., Aufbau im Osten. Wiederaufbau kriegszerstörter Gehöfte im Wartheland, in: Bauwelt, H.1/10, 1943, 1-8

Hornung, Willy, Die Aufgabe, in: Der soziale Wohnungsbau in Deutschland, H.6, 1942, 176-180

Huth, Wilhelm, Die Wiederherstellung des Deutschen Gesichts der Landschaft im Reichsgau Danzig-Westpreußen, in: Der Deutsche Baumeister, H. 3, 1940, 3-5

Isenberg, Gerhard, Die Verteilung der Bevölkerung und der Berufe auf die Strukturtypen der Städte im neuen Osten, in: Raumforschung und Raumordnung, H. 3/4, 1941, 134-148

Jarmer, Ernst, Die Aufgabe der Raumordnung im neuen Osten, in: Raumforschung und Raumordnung, H. 1, 1941, 1-2

Johst, Hanns, Ruf des Reiches - Echo des Volkes. Eine Ostfahrt, München 1940

Killus, Heinz, Der Totalitätsgedanke im neuen Städtebau, in: Monatshefte für Baukunst und Städtebau, H. 4, 1940, 85-88

Kulke, Erich, Grundgedanken einer baulichen Neugestaltung des bäuerlichen Dorfes im Osten, in: Der Deutsche Baumeister, H.3, 1940, 9-18

Liedecke, Ewald, Der neue deutsche Osten als Planungsraum, in: Neues Bauerntum, H. 4/5, 1940, 135-137

Liedecke, Ewald, Deutscher Städtebau in polnischen Städten, in: Bauen, Siedeln, Wohnen, H. 24, 1940, 909-913

Liedecke, Ewald, Die gestalterische Aufgabe des Wohnungsbaues im Deutschen Osten, in: Bauen, Siedeln, Wohnen, H. 24, 1940, 892-893

Liedecke, Ewald, Die Städte des deutschen Ritterordens in der Raumordnung der Gegenwart, in: Raumforschung und Raumordnung, H. 3/4, 1941, 159-163

Liedecke, Ewald, Über die Vorarbeiten zum Bau einer neuen Kreisstadt bei Leipe, in: Der soziale Wohnungsbau in Deutschland, H. 16, 1941, 571-575

Liedecke, Ewald; Löhmer, H., Die neue Landstadt Dobrin und ihre landschaftliche Gestaltung, in: Der Landbaumeister - Neues Bauerntum, H. 10/11/12, 1943, 201-207

Lindner, Werner, Wiederaufbau im deutschen Osten, in: Heimatpflege-Heimatgestaltung / Der Deutsche Baumeister, H.10, 1939, 109-120

Lindner, Werner, Pflege und Verbesserung des Ortsbildes im deutschen Osten, in: Heimatpflege-Heimatgestaltung / Der Deutsche Baumeister, H. 9/10, 1940, 53-63

Lindner, Werner, Pflege und Verbesserung des Ortsbildes im deutschen Osten, in: Baugilde, H. 31, 1940, 459-462

Lindner, Werner, Landesbaupflege im Deutschen Osten, in: Der Deutsche Baumeister, H. 10, 1940, 7-15

Lochmann, Hans, Die Aufgaben der „Neue Heimat" im Reichsgau Danzig-Westpreußen, in: Bauen, Siedeln, Wohnen, H. 24, 1940, 922-926

Löhmer, Helmut, Pflanzgärten im Reichsgau Danzig-Westpreußen, in: Der Landbaumeister - Neues Bauerntum, H.3/4, 1944, 121-125

Lüers, Gerd, Baugestaltung im Wartheland, in: Der soziale Wohnungsbau in Deutschland, H.6, 1942, 185

Mankel, Deutsche Wohnkultur im Warthegau, in: Der soziale Wohnungsbau in Deutschland, H.6, 1942, 188-190

Mappes, Michael, Gestaltung der deutschen Siedlungslandschaft im Osten, in: Die Gartenkunst, H. 12, 1942, 165-178

Meyer, Konrad, Planung und Ostaufbau, in: Raumforschung und Raumordnung, H. 9, 1941, 392-397

Neupert, Karl, Der Aufbau der Deutschen Kulturlandschaft im Osten, in: Bauen, Siedeln, Wohnen, H. 5, 1940, 134

Neupert, Karl, Gestaltung der deutschen Siedlungslandschaft im Osten, Siedlungsgestaltung aus Volk, Raum und Landschaft, 5. Planungsheft des Reichsheimstättenamtes der Deutschen Arbeitsfront, Berlin 1941

Nicolaus, Friedrich, Wehrhafter Städtebau. Betrachtungen und Erfahrungen zur Gestaltung der neuen Stadt, in: Der soziale Wohnungsbau in Deutschland, H. 5, Berlin 1.3.1941, 153-167

Niemeyer, Reinhold, Deutschland und der osteuropäische Raum, in: Raumforschung und Raumordnung, H. 3/4, 1940, 151-171

Pries, Karl, Die deutsche Stadt im Osten, in: Schacht (Hg.), Bauhandbuch für den Aufbau im Osten, Berlin 1943, 104-115

Rauda, Wolfgang, Die städtebauliche Neugestaltung der Stadt Kempen als Beispiel für die städtebauliche Neuordnung im Osten, in: Wohnungswesen, Städtebau und Raumordnung, Nr. 3-4, Stuttgart 1943, S. 184-188

Rauda, Wolfgang, Die Siedlung Litzmannstadt „Am Wiesenhang" als Beispiel städtebaulicher Planungs- und Gestaltungsfragen der Siedlungen, in: Bauwelt, H. 19/20, 1943, 1-8

Rauda, Wolfgang, Zur Methode städtebaulichen Planens, in: Bauen im Wartheland, März 1943, in: Wartheland, H. 4-6, Posen 1943, 27-42

Reck, Artur, Städtebau im deutschen Osten. Arbeiten der preußischen Staatshochbauverwaltung, in: *Die Baukunst*, H. 12, 1941, 220-230

Reichow, Hans, Grundsätzliches zum Städtebau im Altreich und im neuen deutschen Osten, in: Raumforschung und Raumordnung, H. 3/4, 1941, 225-230

Reichskommissar für die Festigung deutschen Volkstums, Stabshauptamt, Hauptabteilung Planung und Boden (Hg.), Planung und Aufbau im Osten, Berlin 1942

Reiser, Dietrich, Wohnungsbau als volkspolitische Waffe. Erläutert am Beispiel des Regierungsbezirks Zichenau, in: Der soziale Wohnungsbau in Deutschland, H. 14, 1941, 502-506

Ritter, Hubert, Krakau, die Stadt des General-Gouvernements, in: Monatshefte für Baukunst und Städtebau, H. 4, 1941, 89-92

Ritter, Hubert, Der Generalbebauungsplan von Krakau, in: Technisches Gemeindeblatt, H. 5, 1941, 53-54.

Roloff, Hermann, Die Mitarbeit der Wissenschaft bei der Ordnung und Gestaltung des Deutschen Ostraums, in: Raumforschung und Raumordnung, H. 11/12, 1939, 535-542

Roosch, Heinz, Wohnungsbau als kolonisatorische Aufgabe, in: Bauen, Siedeln, Wohnen, H.24, 1940, 890-91

Rosenkranz, Otto, Die Besiedlung der neuen Reichsgaue im Osten, in: Raumforschung und Raumordnung, H. 3/4, 1940, 198-199

Rothstein, Fritz, Bauten im Distrikt Warschau, in: Monatshefte für Baukunst und Städtebau, H. 7, 1942, 157-164

Rühle, Siegfried, Das Deutschtum im Wartheland, in: Bauen, Siedeln, Wohnen, H.9, 1940, 316-318

Schacht, Hans Joachim, Bauhandbuch für den Aufbau im Osten, Deutsche Landbuchhandlung Berlin 1943

Schauroth, Udo von, Wirtschaftliche Standortplanung auf Grund der für den neueingegliederten Osten erwünschten Siedlungsstruktur, in: Raumforschung und Raumordnung, H. 3/4, 1941, 148-151

Schauroth, Udo von, Raumordnungsskizzen und ländliche Planung, in: *Die* Gartenkunst, H. 3, 1943, 30-32

Schepers, Hans Julius, Raumordnung im Generalgouvernement, in: Raumforschung und Raumordnung, H. 6/7, 1942, 202-216

Schiller, Hans, Gestaltung der deutschen Siedlungslandschaft im Osten, in: Die Gartenkunst, H. 3, 1943, 17-26

Schlichting, Horst, Gdingen-Gotenhafen, in: Der Deutsche Baumeister, H. 3, 1940, 6-8

Schlums, Johannes, Verfahren zur Abschätzung der Stärke des Straßenverkehrs ohne Durchführung neuer Verkehrszählungen, angewendet auf das Straßennetz des Reichsgaues Wartheland, in: Raumforschung und Raumordnung, H. 8/9, 1942, 237-249

Schmidt, Hans Werner, Deutsche Baukultur im Wartheland, in: Bauen, Siedeln, Wohnen, H. 9, 1940, 301-312

Schmidt, Kurt, Bauaufgaben im Warthegau, in: Der soziale Wohnungsbau in Deutschland, H.6, 1942, 181-182

Schmidt, Otto, Organische Gestaltung. Ein Beitrag zur Ostraumplanung, in: Monatshefte für Baukunst und Städtebau, H. 7, 1940, 169-172

Schmitter, Ernst, Aufgaben der Planungsabteilung des Gauheimstättenamtes Wartheland, in: Bauen, Siedeln, Wohnen, H. 9, 1940, 320-321

Schmitter, Ernst Peter, Planungsaufgaben im Warthegau, in: Der soziale Wohnungsbau in Deutschland, H. 6, 1942, 183-185

Seifert, Alwin, Die Zukunft der ostdeutschen Landschaft, in: Bauen, Siedeln, Wohnen, H. 9, 1940, 312-316

Stabshauptamt des Reichskommissars für die Festigung deutschen Volkstums (Hg.), Neue Dorflandschaften. Gedanken und Pläne zum ländlichen Aufbau in den neuen Ostgebieten und im Altreich, Deutsche Landbuchhandlung, Berlin 1943

Stosberg, Hans, Planung und Aufbau in Hannover. VI. Rückblick und Ausblick, in: Baukunst und Werkform, H. 2, 1956, 35-36

Teubert, Werner, Die Grundlagen für die Verkehrsplanung in neu zu gestaltenden Räumen, dargestellt an einem Ausblick auf den künftigen Verkehr im Osten, in: Raumforschung und Raumordnung, H. 6/7, 1941, 283-289

Umlauf, Josef, Die Zusammenfügung von Stadt und Land, in: Neues Bauerntum, H. 6, 1940, 100-123

Umlauf, Josef, Grundsätzliches zur Stadtplanung in den neuen Ostgebieten, in: Raumforschung und Raumordnung, H. 3/4, 1941, 100-122

Umlauf, Josef, Der Stand der Raumordnungsplanung für die eingegliederten Ostgebiete, in: Neues Bauerntum, H. 8, 1942, 281-293

Völckers, Otto, Planung und Aufbau in der Gauhauptstadt Posen, in: Deutsche Bauzeitung, H. 38, 1941, 229

Völckers, Otto, Zur Neugestaltung Posens, in: Technisches Gemeindeblatt, H. 5, 1941, 53-54

Völckers, Otto, Dorf und Stadt. Eine deutsche Fibel, Leipzig 1942

Wagner, Hermann, Wohnungspolitische Aufgaben in dem Reichsgau Wartheland, in: Bauen, Siedeln, Wohnen, H. 9, 1940, 319-320

Wagner, Hermann, Wohnungs- und siedlungspolitische Aufgaben im deutschen Osten, in: Bauen, Siedeln, Wohnen, H. 14, 1940, 477-478

Wahl, Friedrich, Die Standortfrage des Kleingewerbes beim Aufbau der ländlichen Siedlungsgebiete im Osten, in: Der soziale Wohnungsbau im Osten, H. 14, 1941, 494-502

Weber, Karl, Litzmannstadt. Geschichte und Probleme eines Wirtschaftszentrums im deutschen Osten, Kieler Vorträge, Bd. 70, Jena 1943

Wesemann, Hans Otto, Die wirtschaftlichen Grundlagen des Ostraumes, in: *Der Deutsche Baumeister*, H. 9, 1942, 3-7

Wickop, Walther, Grundsätze und Wege der Dorfplanung, in: Der Landbaumeister, H. 6, 1942, 2-8

Wickop, Walther, Grundsätze und Wege der Dorfplanung, in: Stabshauptamt (Hg.), Neue Dorflandschaften, Berlin 1943, 46-58

Wiepking-Jürgensmann, Heinrich, Raumordnung und Landschaftsgestaltung. Um die Erhaltung der schöpferischen Kräfte des deutschen Volkes, in: Raumforschung und Raumordnung, H. 1, 1941, 17-23

Wolf, Paul, Der Neuaufbau von Dorf und Stadt im deutschen Ostraum, Gemeinschaftswerk der Reichsarbeitsgemeinschaft für Raumforschung: Struktur und Gestaltung der zentralen Orte des deutschen Ostens, Teil 4, Leipzig 1941

Wortmann, Wilhelm, Der Gedanke der Stadtlandschaft, in: Raumforschung und Raumordnung, H. 1, 1941, 15-17

Zechlin, Hans Josef, Der Schrötterburger Wettbewerb, in: Monatshefte für Baukunst und Städtebau, H. 3, 1942, 53-60

Ziegler, Gerhard, Grundlagen des künftigen Städtebaus in Oberschlesien, in: Raumforschung und Raumordnung, H. 3/4, 1941, 151-159

Ziegler, Gerhard, Raumordnung als Gemeinschaftsaufgabe, in: Raumforschung und Raumordnung, H. 2/3, 1942, 35-41

Zinkahn, Willy, Aufgaben des Wohnungs- und Siedlungswesens im Generalgouvernement, in: Der soziale Wohnungsbau in Deutschland, H. 23, 1941, 830-833

Sekundärliteratur

Ein umfassendes Verzeichnis von Quellen und Literaturangaben findet sich in: Sybille Steinbacher, „Musterstadt" Auschwitz. Germanisierungspolitik und Judenmord in Ostoberschlesien, München 2000

Aly, Götz; Heim, S., Vordenker der Vernichtung. Auschwitz und die deutschen Pläne für eine neue europäische Ordnung, Hamburg 1991
Aly, Götz, „Endlösung". Völkerverschiebung und der Mord an den europäischen Juden, Frankfurt a. M. 1995
Bauman, Zygmunt, Moderne und Ambivalenz. Das Ende der Eindeutigkeit, Hamburg 1992
Deichmann, Hans; Hayes, P., Standort Auschwitz: Eine Kontroverse über die Entscheidungsgründe für den Bau des I.G. Farben-Werks in Auschwitz, in: 1999 - Zeitschrift für Sozialgeschichte des 20. und 21. Jahrhunderts, H. 1, Hamburg 1996, 79-86
Dwork, Debórah; Pelt, R. J. van, Auschwitz. Von 1270 bis heute, Zürich u.a. 1998 (amerikanische Erstveröffentlichung 1996: Auschwitz 1270 to the present, danach zitiert)
Dwork, Debórah, Pelt, R. J. van, Reclaiming Auschwitz, in: Hartmann, Geoffrey H. (Hg.), Holocaust Remembrance. The Shapes of Memory, Blackwell, Cambridge 1994, 233- 251
Eichholtz, Dietrich, Der „Generalplan Ost" als genozidale Variante der imperialistischen Ostexpansion, in: Rössler 1993, 118-124
Esch, Michael G., „Ohne Rücksicht auf historisch Gewordenes". Raumplanung und Raumordnung im besetzten Polen 1939-1944, in: Beiträge zur Nationalsozialistischen Gesundheits- und Sozialpolitik, H. 10, 1992, 77- 123
Gröning, Gert; Wolschke-Bulmahn, J., Die Liebe zur Landschaft, Teil III: Der Drang nach Osten, Arbeiten zur sozialwissenschaftlich orientierten Freiraumplanung, Band 9, München 1987
Gröning, Gert, Die „Allgemeine Anordnung Nr. 20/VI/42" über die Gestaltung der Landschaft in den eingegliederten Ostgebieten, in: Rössler, M.; Schleiermacher, S., a.a.O., 131-147
Gutschow, Niels, Klain, B., Planer erobern Raum, in: Kunzmann, Klaus R. u.a. (Hg.), 20 Jahre Raumplanung. Eine Disziplin institutionalisiert sich, Dortmunder Beiträge zur Raumplanung 50, Dortmund 1990, 27-30
Gutschow, Niels, Raumordnung im Warthegau 1939-1945. Der „Generalplan Ost" in der Kontroverse - Planer weisen Wege zur „Eindeutschung" des Mustergaues, in: Kunzmann, K. u.a. (Hg.), 20 Jahre Raumplanung. Eine Disziplin institutionalisiert sich, Dortmunder Beiträge zur Raumplanung 50, Dortmund 1990, 31-40
Gutschow, Niels, Stadtplanung im Warthegau 1939-1944, in: Rössler, M., Schleiermacher, S., a.a.O., 232-270
Gutschow, Niels; Klain, B., Vernichtung und Utopie. Stadtplanung Warschau 1939-1945, Hamburg 1994

Gutschow, Niels, Bauaufgabe Auschwitz oder Von der „so nicht geahnten Normalität eines Berufsstands", in: Centrum. Jahrbuch Architektur und Stadt 1995, Wiesbaden 1995, 54-63

Gutschow, Niels, Eindeutschung, Verdeutschung, Rückdeutschung. Deutsche Architekten 1939-45 im Dienste von Ethnokraten in Polen, in: Dortmunder Beiträge zur Raumplanung 80, Dortmund 1997, 33-42

Klain, Barbara, Stadtplaner im Krieg: Warschau 1939-1945, in: Dortmunder Beiträge zur Raumplanung 50, Dortmund 1990, 14-26

Klain, Barbara, Warschau 1939-1945: Vernichtung durch Planung, in: Rössler, M., Schleiermacher, S., a.a.O., 294-327

Kunzmann, Klaus R., Petz, U. v., Schmalz, K. M. (Hg.), 20 Jahre Raumplanung. Eine Disziplin institutionalisiert sich, Dortmunder Beiträge zur Raumplanung 50, Dortmund 1990

Madajczyk, Czeslaw, Vom „Generalplan Ost" zum „Generalsiedlungsplan", in: Rössler, M., Schleiermacher, S., a.a.O., 12-24

Marcuse, Harold, Architecture and Auschwitz, in: Journal of Architectural Education, 1995, S. 123-134

Matzerath, Horst, Siedlungs- und Raumplanung für das „Großdeutsche Reich", in: Dortmunder Beiträge zur Raumplanung 80, Dortmund 1997, 55-72

Müller, Rolf-Dieter, Hitlers Ostkrieg und die deutsche Siedlungspolitik, Frankfurt 1991

Münk, Dieter, Die Organisation des Raumes im Nationalsozialismus. Eine soziologische Untersuchung ideologisch fundierter Leitbilder in Architektur, Städtebau und Raumplanung des Dritten Reiches, Bonn 1993

Pahl-Weber, Elke, Die Reichsstelle für Raumordnung und die Ostplanung, in: Rössler, M., Schleiermacher, S., a.a.O., 148-174

Pelt, Robert-Jan van, A Site in Search of a Mission, in: Gutman, Yisrael, Berenbaum, M. (Hg.), Anatomy of the Auschwitz Death Camp, Indiana University Press, 1994, 93-156

Pelt, Robert-Jan van, Auschwitz: From Architect's Promise to Inmate's Perdition, in: Modernism/Modernity, Vol. 1, No. 1, Johns Hopkins University Press 1994, S. 80-120

Pressac, Jean-Claude, Les Crématoires d'Auschwitz. La Machinerie du meurtre de masse, Paris 1993

Rössler, Mechtild, Die Institutionalisierung einer neuen Wissenschaft im Nationalsozialismus, Raumforschung und Raumordnung 1935-1945, in: Geographische Zeitschrift, H.3, 1987, 164-177

Rössler, Mechtild; Schleiermacher, S. (Hg.), Der „Generalplan Ost". Hauptlinien der nationalsozialistischen Planungs- und Vernichtungspolitik, Akademie Verlag, Berlin 1993

Rössler, Mechtild, Konrad Meyer und der „Generalpan Ost" in der Beurteilung der Nürnberger Prozesse, in: Rössler, M., Schleiermacher, S., a.a.O., 356- 367

Roth, Karl Heinz, „Generalplan Ost" - „Gesamtplan Ost". Forschungsstand, Quellenprobleme, neue Ergebnisse, in: Rössler, M., Schleiermacher, S., a.a.O., 25-96

Schama, Simon, Landscape and Memory, New York 1995

Schmaltz, Florian; Roth, K.H., Neue Dokumente zur Vorgeschichte des I.G. Farben Werks Auschwitz-Monowitz. Zugleich eine Stellungnahme zur Kontroverse zwischen Hans Deichmann und Peter Hayes, in: 1999 - Zeitschrift für Sozialgeschichte des 20. und 21. Jahrhunderts, H.2, 1998, 100-106

Seckendorf, Martin, Die „Raumordnungsskizze" für das Reichskommissariat Ostland vom November 1942 – Regionale Konkretisierung der Ostraumplanung, in: Rössler, M., Schleiermacher, S., a.a.O., 175-197

Steinbacher, Sybille, „Musterstadt" Auschwitz. Germanisierungspolitik und Judenmord in Ostoberschlesien, Darstellungen und Quellen zur Geschichte von Auschwitz, Band 2, München 2000

Wasser, Bruno, Himmlers Raumplanung im Osten. Der Generalplan Ost in Polen 1940-1944, Basel, Berlin, Boston 1993

Wasser, Bruno, Die „Germanisierung" im Distrikt Lublin als Generalprobe und erste Realisierungsphase des „Generalplans Ost", in: Rössler 1993, 271-293

Wasser, Bruno, Zamosc als raumordnungspolitisches Versuchsmodell des „Generalplans Ost", in: Dortmunder Beiträge zur Raumplanung 80, Dortmund 1997, 43-54

Wippermann, Wolfgang, Wie modern war der „Generalplan Ost"? Thesen und Antithesen, in: Rössler, M., Schleiermacher, S., a.a.O., 125-130

Wolschke-Bulmahn, Joachim, Gewalt als Grundlage nationalsozialistischer Stadt- und Landschaftsplanung in den „eingegliederten Ostgebieten", in: Rössler, M., Schleiermacher, S., a.a.O., 328-338

Zlonicky, Peter, Stadtplanung nach Auschwitz. Persönliche Anmerkungen, in: Dortmunder Beiträge zur Raumplanung 80, Dortmund 1997, 239-245

Zorn, Gerda, Nach Ostland geht unser Ritt. Deutsche Eroberungspolitik und die Folgen. Das Beispiel Łódź, Köln 1988

Personenverzeichnis

Aepler 161
Alder, Waldemar 36
Aly, Götz 13, 22
Ambros, Otto 78, 82ff., 102, 189
Anders, Klement 78, 84, 110, 112, 183, **184–185**
Arlt, Fritz 71, 81, 98
Auer, Wolfgang von 72

Bangert, Walther 11, 57, 62, 120, 145, 148ff., 154, 159, 162, 165ff., 169f., 173
Bangert, Wolfgang 173f.
Bartning, Hans 59, 154ff.
Bauch, Werner 123, 139
Bauman, Zygmunt 14
Baumgarten, Paul 162
Bensel & Kamps 208
Berndt, Richard 184
Best, Werner 16
Beutler 67
Bischoff, Karl 68, 93, 127, 129ff., 137, 140, 142, 195
Blanck, Eugen 173ff.
Blecken, Heinrich 33, 65, 81
Blum, Otto 120
Böhmer, Franz 166
Bonatz, Paul 60, 191, 208
Boos, Friedrich 133, 136, 139
Bracht, Fritz 33, 65, 70, 82, 94, 195
Buddeberg 98
Büge, Max 77, 118, 120
Burleigh, Peter 16
Brandt, Hans 166
Bredemeier 136

Caesar, Joachim 127, 133, 139
Christaller, Walter 31, 181f.
Cuda, Alfred 62f., 166
Culemann, Carl 29f., 206
Czech, Danuta 127, 132

Dejaco, Walter 78, 94, 102, 122, 128, 132, 134, 140, 185f.
Delisle, Karl 58
Demuth, Iris 12
Dengel, Oskar 43, 45, 49
Dengler 94
Derichsweiler 41
Dietrich, Otto 19f., 143
Distel & Grubitz 208
Dobelke 160
Döllgast, Hans 39, 64
Döring 143
Dörr, Heinrich 21f., 65, 70, 173, 207
Döscher, Helmut 77, 118, 120, 122f., 160, 180, 189
Dorn, Alfred 58
Draesel, Wolfgang 11, 62, 147, 159, 162, 166
Dürrfeld, Walter 78, 84, 102, 110
Dwork, Debórah 130

Eggeling, Karl 135, 140
Eggert 137
Eichmann, Adolf 22
Eiermann, Egon 36
Eisfeld, Walter 79, 83
Englisch 79f.
Eplinius, Walter 58

Ertl, Fritz 78, 81, 93, 129, 132f., 135ff., 140f., 183ff., **185–187**

Falke, Adolf 196, 198
Faust, Max 83, 91
Feder, Gottfried 46, 73, 147, 207
Feuchtinger, Max-Erich 201
Fiebelkorn, Kurt 75
Fiechter, Ernst 191
Fischer, Ludwig 45
Fischer, Max 12, 37, 78, 110, 120, 123ff., 183f., 186, **187–189**
Flier 98, 122
Flörke 166
Frank, Hans 43, 45, 49, 51, 144
Frank, Herbert 28, 35
Freytag 159f.
Fricke, Wilhelm 73
Friedländer, Saul 176
Froese, Udo 14, 25, 67, 77, 81, 83, 85, 90f., 98, 100f., 123, 183f., **189–191**

Gabriel, Werner 9
Gabrys 113
Gebert, Walter 81
Geil, Rudolf 166
Geist, Jonas 180
Giesler, Hermann 162
Gierisch 143
Gleitmann 95
Glücks, Richard 81, 142
Göderitz, Johannes 179f.
Göring, Hermann 21, 83, 130

Goldhagen, Daniel 14
Gollert, Friedrich 14, 20, 50, 75
Gollert 75
Graubner, Gerhard 33, 191f.
Greifelt, Ulrich 70, 84, 86, 170, 175
Greiser, Arthur 25, 38, 41, 51, 144, 147, 157, 159, 162, 207
Gretsch, Hermann 40f.
Grimm, Hans 46
Gröning, Gert 35
Groß, Hubert 10f., 43, 45f., 57, 75
Gsaenger, Georg 33
Gutsche, Heinrich 84, 88
Gutschow, Konstanty 17, 147, 168, 175

Haesler, Otto 58f.
Hafemann, Günther 64
Hallbauer, Wilhelm 16, 43, 57f., 144ff., 148, 150, 154, 157, 159
Hänisch, Hans 50
Hartjenstein, Friedrich 142
Hartjenstein, Lothar 78, 97ff., 122, 183f., 191–192
Hartleb 196
Heck, Erich 65
Heim, Susanne 13
Heinemann, Gustav 212
Helmigk 64
Henselmann, Hermann 35
Hentrich und Petschnigg 202
Herbert, Ulrich 16
Herff, von 196
Heydrich, Reinhard 22
Hillebrecht, Rudolf 178, 198
Himmler, Heinrich 11, 14, 21ff., 26, 33f., 38, 41, 43, 69ff., 81ff., 102, 130f., 143, 157, 175, 177, 195
Hitler, Adolf 19, 37, 45, 110, 176, 181

Höß, Rudolf 81f., 88, 90, 94, 96, 131f., 142
Hofer 54
Hoffmann, Hubert 179f.
Horn, Walter 20
Hornung, Willy 39, 41
Horstmann, Edgar 57
Hüttner, Hans 56

Isenberg, Gerhard 31
Jansen, Hermann 27, 62f., 66, 203
Jarmer, Ernst 37
Johst, Hanns 34f.
Jothann, Werner 78, 140

Kammann, Dietrich 127
Kammler, Hans 77, 88, 98f., 111, 132, 139, 183ff., 191, 192–196
Kanold 196
Kershaw, Ian 16
Keßler, Erich Graf 210
Killus, Heinz 58, 59, 147
Kirchner, Willy 161
Knaup 161
Koch, Robert 72
Koettgen, Arnold 210
Koettgen, Franz 57
Kolesniko 153
Köster, Karl 160
Krämer, Josef 57
Krauch, Carl 83
Kreis, Wilhelm 162
Kremer, Johann Paul 95
Kretschmar, Max 46
Kuhn 160
Kühn 64

Lendholt, Werner 162
Lenzer 135
Leist, Ludwig 50
Leufgen, Hans-Hubert 50
Ley, Robert 33, 69, 72, 178
Liebehenschel, Arthur 142
Liedecke, Ewald 27f., 29ff., 62, 183, **206–209**

Lindner, Werner 58, 110
Löhmer, Helmut 36
Ludowici, Wilhelm 207
Luers, Gerd 43, 64, 162
Lüer, Richard 162

Mahlberg, Maria 37
Manke 39
March, Werner 162
Mattern, Hermann 75, 157f.
Matuschka, Michael Graf 210
Maurer, Gerhard 142
Mebes, Paul 193
Meer, Fritz 84, 186
Mensebach, Alfred 51
Meyer, Konrad 14, 23ff., 31f., 71, 78, 81, 92, 178, 185
Miller, Toni 30
Moest, Walter 62f., 166
Molotow, Wjatscheslaw 22
Muesmann, Adolf 58, 60
Müller, Gottfried 32
Müller, Rolf-Dieter 23
Münter, Georg 64
Mussolini, Benito 176f.
Muß, Hermann 27

Nicolaus, Friedrich 160
Nissen, Godber 36, 64
Nosal, Eugeniusz 127
Nowak 98
Nürnberger, Otto 46

Otto, Karl 44, 160

Pabst, Friedrich 11, 49f.
Pavlu, Robert 56
Pelt, Robert-Jan 127, 130
Perret 65
Petrich, Georg 166
Pfeiffer, Karl 33
Pinder, Wilhelm 58, 150f.
Poelzig, Hans 201
Poensgen 137f.

Pohl, Oswald 77f., 95f., 98f., 111f., 130, 132, 142, 194, 198, 211
Prendel, Jan Wilhelm 12, 73ff.
Pressac, Jean-Claude 127
Prüß, Elisabeth 65f.

Rainer, Roland 179f.
Rauda, Wolfgang 50, 58, 60f., 157f., 161
Rechenberg, Fritz 33, 86
Reck, Artur 73ff.
Reichow, Hans Bernhard 147, 160, 168ff., 175, 177
Reiser, Dietrich 72
Ribbentrop, Joachim von 22
Richert, Willi 25ff., 164, 183f., 186, 205–208
Richter, Günther 61
Richter, Helmut 38, 58, 60, 64, 150, 153f., 157, 163
Rimpl, Herbert 50, 160f.
Ritter Hubert 51ff.
Roloff, Hermann 79, 180
Rosenberg, Franz 32, 62, 162
Roth, Karl Heinz 83

Säume, Günther 64
Safrian, Hans 14
Santo, Camill 65, 78, 83ff., 102, 183ff., 199–202
Saur, Karl Otto 195
Schama, Simon 176f.
Scharoun, Hans 180
Schauroth, Udo von 92
Scheffler, Gerhard 164, 166
Schiffer 144
Schilling 153
Schlachter, August 78, 81, 133
Schmaltz, Florian 83
Schmid 51
Schmidt, Erhard 166
Schmitthenner, Paul 65ff., 98, 183, 191, 201, 203, 205, 208

Schneider 137
Schnitzler, Georg von 84
Schönwalder, Franz Josef 34, 65, 69ff.
Schubert 161
Schulenburg, Fritz-Dietlof Graf von der 210
Schultze-Naumburg, Paul 28
Schumacher, Fritz 175
Schwippert, Hans 39
Sitte, Camillo 73
Speer, Albert 32f., 45, 69, 73, 110, 136, 164, 166, 177, 178, 187, 195, 199
Springorum, Walter 71, 91
Steiger, Rudolf 173
Steinbacher Sybille 129
Stosberg, Hans 11, 32, 65, 75, 77, 85ff., 91, 95, 98, 102f., 105f., 114ff., 127, 175, 183ff., 191, **196–199**, 207, 211
Stuckart, Wilhelm 181
Stutzke, Helmut 71
Stroop, Jürgen 50
Suppinger, Erwin 46, 50
Syrkus, Helena 173
Syrkus, Szymon 173

Tacitus 176f.
Taeschner, Titus 78, 110
Tamms, Friedrich 186, 199
Teichmann, Heinrich 135, 140
Tessenow, Heinrich 58
Teubert, Wolfgang 122
Thomsen 139
Tippel, Klaus 36f., 64

Ulmer 132
Umlauf, Josef 11, 28, 33, 58, 62, 65, 69ff., 75, 77, 92, 145, 159, 185, 203
Urban, Herbert 57

Vetterlein, Ernst 64, 183, 196, 205

Völckers, Otto 176
Vogel, Wolfram 59, 160
Volck, Herbert 144
Vollbehr, Ernst 20

Wagner, Hermann 38
Waldmann, Gerhard 38, 58f., 150f., 153
Walzl 136
Weber, Karl 159
Wentzel, Günther 35
Werkmann, Georg 78, 88, 94, 131f., 134, 186, 195
Wetzel, Heinz 30, 73, 97, 203
Wickop, Walther 196
Wiederanders, Max 184
Wiepking-Jürgensmann, Heinrich 14, 37f., 77, 120, 124, 162, 169, 185, 188f.
Wigand, Arpad 79
Wirtz 133
Wolschke-Bulmahn, Joachim 35
Wolters, Rudolf 16
Wortmann, Wilhelm 37, 58, 169f., 172, 175, 177f., 198

Zahn 71
Zaremba, Piotr 172f.
Ziegler, Gerhard 32f., 65, 67, 69ff., 77, 81f., 84f., 90ff., 122ff., 183f., 197, 203, 207, **208–212**
Zoder, Max 50
Zoch, Wilhelm 59

Ortsverzeichnis

Aachen 78
Alpirsbach 211
Altenburg 187
Ankara 191, 203
Augsburg 11
Apolda 36
Athen 173
Auschwitz (Oświęcim) 11, 14, 25, 32ff., 37, 65, 75, 77–143, 173, 175, 177, 180, 183, 185, 187, 189, 191, 195, 198ff., 211
Aussig 210

Babitz (Babice) 91, 130
Bad Dürkheim 189
Balzweiler (Balczewo) 35
Berlin 9, 20, 25ff., 36, 49f., 58, 70, 73, 75, 78, 81, 90, 94f., 110f., 122, 124, 129, 131, 133, 138f., 142, 160, 166, 168, 170, 180, 187f., 190, 191ff., 203, 210
Biberach 78
Bielitz (Bielsko) 77, 79, 81, 85, 91, 97f., 135, 197
Birnbaum 25
Birkenau (Brzezinka) 92, 101, 127, 130f., 140, 143
Blachstädt (Blachownia) 198
Bochum 193
Brandenburg 36
Braunschweig 180, 199
Breitbrunn 186
Bremen 64, 121, 170, 199
Breslau 23, 32f., 60, 65, 67, 77, 79, 81, 86, 97, 129, 137, 164, 196f., 202

Brzeszcze 96f., 198
Bromberg (Bydgoszcz) 21, 23f., 64, 191f., 202
Broszkowice 103
Brüssel 49, 187
Buchenwald 130
Bückeburg 207
Budapest 53
Burg 180
Buxtehude 78

Canberra 53
Celle 58
Chemnitz 191
Compiégne 175
Cosel (Koźle) 65
Cranz 203

Dachau 191
Danzig (Gdańsk) 19, 23, 27f. 37, 166, 183, 192f., 202, 204f., 208
Darmstadt 166
Dębniki 53
Dessau 183, 186
Dobrin (Dobrzyń) 30f., 62, 205
Dortmund 62
Drancy 96
Dresden 50, 53, 58, 60, 162, 187
Düsseldorf 33, 129, 183, 187, 192, 199
Dyhernfurth 201
Dwory 82, 85, 87, 93, 129

Essen 187
Eisenberg 188

Fontedamo 177
Frankfurt/Main 124, 201
Frankfurt/Oder 162, 191
Freiburg 181
Freudenstadt 205, 212

Gadebusch 59
Gargan 162
Gdingen, siehe Gotenhafen
Gelsenberg 201
Genf 208
Gerstingen (Gostyń) 64
Gießen 184, 189
Gleiwitz (Gliwice) 33
Gostinin 64
Gotenhafen (Gdingen, Gdynia) 19, 21, 22, 30, 43, 202, 204
Graudenz (Grudziądz) 25
Grojetz (Grojec) 98
Groß-Rosen 143
Güstrow 59
Gumbinnen 210

Hamburg 38, 58, 69, 121, 147, 168, 170, 172, 175, 207f.
Hannover 9, 51, 73, 75, 120, 178, 183, 187, 189, 191ff., 196ff., 200, 205, 212
Harmense (Harmęze) 91
Heidelager 187
Heilbronn 208, 211
Hildesheim 75
Heydebreck (Kędzierzyn) 34, 65f., 201
Hohensalza (Inowrocław) 11, 21, 35, 64, 203

Hridinstko 187
Hüls 65, 110
Husum 139

Innleiten 187
Innsbruck 78

Jarosław 19
Jawischowitz (Jawiszowice) 76f.
Jena 43
Jößnitz 123
Julianow 157f.

Kalisch (Kalisz) 58, 64, 203
Karlsbad 210
Karlsruhe 9, 191, 199, 202
Kassel 150
Kattowitz (Katowice) 21, 23, 33, 65, 65, 71f., 77, 79, 81, 83ff., 92, 96, 100ff., 123, 133, 142, 190, 192, 197, 202f., 211
Kempen (Kępno) 60ff.
Kenty (Kęty) 86
Kiel 159, 162
Kielce 19
Koblenz 86, 211
Köln 129, 133, 136, 173, 201, 208
Königsberg 23, 59, 72, 189, 203, 205, 210
Königsfeld 210
Koło 25
Konin 25
Krakau (Kraków) 12, 23, 34, 50, 51–57, 187, 197
Künzelsau 211
Kulm (Chełmno) 25
Kutno 21, 38, 51, 64

Lahr 199
Leipe (Lipno) 30f., 62, 205f.
Leipzig 51
Lemberg (Lwów) 59, 159
Lennep 196
Leuna 110, 188

Lille 49
Linz 69, 78, 186, 201
Lissa (Leszno) 51
Litzmannstadt, s. Lodsch
Livry 162
Lodsch (Łódź) 11f., 16, 19, 21, 35, 38f., 43, 50, 51, 57, 58f., 62, 120, 143–161, 173
London 187
Los Angeles 209
Lübeck 64
Lublin 96, 161
Ludwigshafen 78, 84, 92, 102, 184ff., 189f., 199, 202
Ludwigslust 75
Ludwinow 51
Luxemburg 53

Madrid 203
Magdeburg 180, 207
Mainz 205
Maltsch 196
Mannheim 184
Marienwerder (Kwidzyn) 202
Marl 187
Mauthausen 143
Merseburg 84, 201
Metz 161
Mielau (Mława) 73
Modlin 75
Monowitz (Monowice) 85, 87, 92
Moskau 12, 127, 140, 209
München 58, 69, 184, 188f., 193, 196
Myslowitz (Mysłowice) 79

Neiße 123, 212
Neuhammer am Quais (Swietow nad Kwisa) 129
Neustadt 78
Neu-Tomischel 25
Newark 209
New York 203, 208f.
Nürnberg 69, 82, 178, 185

Oberhausen 45
Odessa 36
Öhringen 211
Okecie 19
Oldenburg 73
Oppau 187
Oppeln (Opole) 90, 95, 111, 123, 190
Oranienburg 139
Ostenburg (Pułtusk) 73
Osiek 92
Oświęcim, s. Auschwitz

Pabjanice (Pabianice) 19, 59
Paris 161, 187
Pinneberg 38
Plauen 123
Pölitz (Police) 185, 188, 201
Poremba 92
Posen (Poznań) 11f., 21, 24f., 27f., 36ff., 43, 49, 62, 120, 144, 147, 160f., 161–172, 173, 175, 202ff., 207
Potsdam 193
Prag 36
Przemyśl 34

Radom 51
Raisko (Rajsko) 85, 91, 127, 139
Ratibor (Racibórz) 33
Rattwitz 84
Reichenberg 210
Riga 32, 49
Rosenheim 187
Rotberg 166

Sachsenhausen 78f.
Salzburg 186
Schkopau 65, 188, 201
Schönebeck 205
Schönsee 205
Scholven 201
Selchow 166
Sieradsch (Sieradz) 38
Sosnowitz (Sosnowiec) 33f., 65, 67ff., 70ff.

Spatenfelde 64
Stalingrad 121
Stawy 87
Sterkrade 45
Stettin (Szczecin) 59, 121, 147, 168, 172, 175, 185, 188, 192
Stockhof (Stoki) 154ff.
Stralsund 58f., 150
Stuttgart 9, 97, 183, 191, 203, 208, 212
Suez 37

Tarnów 81, 127
Teschen 85
Thening 186
Thorn (Toruń) 21, 39, 64
Tichau (Tychy) 33
Tilsit 210
Tomaszów 19
Troppau 210
Tübingen 211f.

Ulm 192

Versailles 23

Wadowitz (Wadowice) 86
Warschau (Warszawa) 12, 14f., 19f., 35, 43–51, 75, 81, 96, 187
Washington 53
Wedel 207
Weihenstephan 187
Weimar 162
Welungen (Wieluń) 62f.
Westerbork 96
Wien 129, 186, 210
Wiesbaden 203, 205
Wiesenstadt (Wielichowo) 59
Wilhelmshaven 34, 144, 147
Wirschau (Wereszow) 64
Wittenberg 207
Wlosienitza (Wlosienica) 92
Worms 185
Würzburg 43, 45, 49
Wuppertal 62

Zaborze 87
Zator 86
Zempelburg 25
Zichenau (Ciechanów) 12, 21, 72ff., 203
Zombkowitz 34, 71
Zoppot (Sopot) 37, 169, 175
Zürich 173
Zwiefalten 208

Bauwelt Fundamente
(lieferbare Titel)

1 Ulrich Conrads (Hg.), Programme und Manifeste zur Architektur des 20. Jahrhunderts
2 Le Corbusier, 1922 – Ausblick auf eine Architektur
3 Werner Hegemann,1930 – Das steinerne Berlin
12 Le Corbusier, 1929 – Feststellungen
14 El Lissitzky, 1929 – Rußland: Architektur für eine Weltrevolution
16 Kevin Lynch, Das Bild der Stadt
51 Rudolf Schwarz, Wegweisung der Technik und andere Schriften zum Neuen Bauen 1926–1961
53 Robert Venturi, Denise Scott Brown und Steven Izenour, Lernen von Las Vegas
56 Thilo Hilpert (Hg.), Le Corbusiers „Charta von Athen". Texte und Dokumente. Kritische Neuausgabe
58 Heinz Quitzsch, Gottfried Semper – Praktische Ästhetik und politischer Kampf
71 Lars Lerup, Das Unfertige bauen
73 Elisabeth Blum, Le Corbusiers Wege
79 Christoph Hackelsberger, Beton: Stein der Weisen?
83 Christoph Feldtkeller, Der architektonische Raum: Eine Fiktion
85 Ulrich Pfammatter, Moderne und Macht
86 Christian Kühn, Das Schöne, das Wahre und das Richtige. Adolf Loos und das Haus Müller in Prag
89 Reyner Banham, Die Revolution der Architektur
90 Gert Kähler (Hg.), Dekonstruktion? Dekonstruktivismus?
91 Christoph Hackelsberger, Hundert Jahre deutsche Wohnmisere – und kein Ende?
92 Adolf Max Vogt, Russische und französische Revolutionsarchitektur 1917 · 1789
97 Gert Kähler (Hg.), Schräge Architektur und aufrechter Gang
100 Magdalena Droste, Winfried Nerdinger, Hilde Strohl, Ulrich Conrads (Hg.), Die Bauhaus-Debatte 1953
101 Ulf Jonak, Kopfbauten. Ansichten und Abrisse gegenwärtiger Architektur
102 Gerhard Fehl, Kleinstadt, Steildach, Volksgemeinschaft

103 Franziska Bollerey (Hg.), Cornelis van Eesteren. Urbanismus zwischen „de Stijl" und C.I.A.M.
104 Gert Kähler (Hg.), Einfach schwierig
105 Sima Ingberman, ABC. Internationale Konstruktivistische Architektur 1922-1939
106 Martin Pawley, Theorie und Gestaltung im Zweiten Maschinenzeitalter
107 Gerhard Boeddinghaus (Hg.), Gesellschaft durch Dichte
108 Dieter Hoffmann-Axthelm, Die Rettung der Architektur vor sich selbst
109 Françoise Choay, Das architektonische Erbe: eine Allegorie
110 Gerd de Bruyn, Die Diktatur der Philanthropen
111 Alison und Peter Smithson, Italienische Gedanken
112 Gerda Breuer (Hg.), Ästhetik der schönen Genügsamkeit oder Arts & Crafts als Lebensform
113 Rolf Sachsse, Bild und Bau
114 Rudolf Stegers, Räume der Wandlung. Wände und Wege
115 Niels Gutschow, Ordnungswahn
116 Christian Kühn, Stilverzicht. Typologie und CAAD als Werkzeuge einer autonomen Architektur
117 Gerd Albers, Zur Entwicklung der Stadtplanung in Europa
118 Thomas Sieverts, Zwischenstadt
119 Beate und Hartmut Dieterich, Boden – Wem nutzt er? Wen stützt er?
120 Peter Bienz, Le Corbusier und die Musik
121 Hans-Eckhard Lindemann, Stadt im Quadrat. Geschichte und Gegenwart einer einprägsamen Stadtgestalt
122 Peter Smithson, Italienische Gedanken – weitergedacht
123 André Corboz, Die Kunst, Stadt und Land zum Sprechen zu bringen
124 Gerd de Bruyn, Fisch und Frosch – oder die Selbstkritik der Moderne

Françoise Choay

**Das architektonische Erbe,
eine Allegorie**

**Geschichte
und Theorie
der Baudenkmale**

Als Allegorie in einem doppelten Sinne lesen wir unser architektonisches und städtisches Erbe. Bindet es nicht unsere Ängste, wenn wir uns in ihm narzißtisch spiegeln? Und scheint es uns nicht ein Labyrinth zu sein, in dem wir uns mit dem Eigentlichen des Menschen zu versöhnen hoffen, das heute bedroht ist: der Kompetenz zu bauen?

276 Seiten, 22 sw-Abb., Broschur
(BF 109) ISBN 3-7643-6384-3
Architekturgeschichte / Denkmaltheorie

Gerd de Bruyn

**Die Diktatur
der Philanthropen**

**Entwicklung der
Stadtplanung aus dem
utopischen Denken**

Der Ursprung moderner Planung ist das utopische Denken. Indem es den Menschen Gerechtigkeit und Glück verheißt, rechnet es mit deren solidarischem Handeln. Doch das stellt sich nur in Ausnahmefällen ein. Die Stadtplanung muß also selbst als Segensbringer agieren und kommt damit zu jenen illegalen Formen von Herrschaft, die sie im Grunde vernichten will.

315 Seiten, 53 sw-Abb., Broschur
(BF 110) ISBN 3-7643-6385-1
Städtebau / Gesellschaftspolitik / Urbanismus

**Cornelis van Eesteren
Urbanismus zwischen
de Stjil und C.I.A.M.**

**Herausgegeben und
kommentiert
von
Franziska Bollerey**

Berlin braucht Ruhe. Nicht ich. So beginnt van Eesteren im März 1922 ein Tagebuch, das, bis 1926 weitergeführt, hier ins Zentrum von Selbstzeugnissen des bedeutenden Urbanisten gestellt ist. Aus der Verknüpfung von Persönlichem und Ideellem entsteht, mit großer Sorgfalt kommentiert, jenes soziokulturelle Geflecht, das moderne metropolitane Gemeinwesen kennzeichnet.

288 Seiten, 22 farbige und 70 sw-Abb., Broschur
(BF 103) ISBN 3-7643-6378-9
Städtebau und Architektur der Klassischen Moderne

Rolf Sachsse

Bild und Bau

**Zur Nutzung
technischer Medien
beim Entwerfen
von Architektur**

Von ihrer Umgebung isoliert und durch raffinierte Lichtregie überhöht und perspektivisch dramatisiert, wird photographierte Architektur zunehmend mediales Ereignis. Eine kritische Geschichte der Architekturphotographie und ihrer Gebrauchsformen, die zeigt, daß die Beziehung von Bild und Bau bis heute nicht zuletzt immer auch akquisitorischer Natur war.

277 Seiten, 36 sw-Abb., Broschur
(BF 113) ISBN 3-7643-6388-6
Architekturgeschichte / Medientheorie

Rudolf Stegers

Räume der Wandlung. Wände und Wege

Studien zum Werk von Rudolf Schwarz

Mit Sankt Fronleichnam in Aachen und Sankt Anna in Düren hat Rudolf Schwarz die Baukunst im Abstand eines Vierteljahrhunderts um zwei sakrale Utopien bereichert. Er sah sein Bauen „jenseits von Tradition und Moderne". Und seine Kirchen galten ihm als „Bilder Gottes". Insofern war er ebenso Eidetiker wie Visionär. Doch auch ein deutscher Architekt des 20. Jahhunderts.

203 Seiten, 54 sw-Abb., Broschur
(BF 114) ISBN 3-7643-6389-4
Architekturtheorie / Zeitgeschichte

André Corboz

Die Kunst, Stadt und Land zum Sprechen zu bringen

Daß die Texte von André Corboz einen Rhythmus von fast künstlerischem Rang besitzen, liege, vermutet Martin Warnke, an der Präsenz zweier Verfahren: dem einen, das mit Thesen, Vermutungen, Assoziationen arbeitet, und dem andern, das heterogene Elemente und Indizien zu neuen Figurationen verknüpft. Reflexionen, bei denen eine Maxime eine Hauptrolle spielt: das Risiko.

251 Seiten, 40 sw-Abb., Broschur
(BF 123) ISBN 3-7643-6342-8
Städtebautheorie

Bei Fragen zur Produktsicherheit wenden Sie sich bitte an:
If you have any questions regarding product safety,
please contact:

Birkhäuser Verlag GmbH
Im Westfeld 8
4055 Basel, Schweiz
productsafety@degruyterbrill.com